ITALIAN

The Easy Way

SECOND EDITION

ITALIAN

The Easy Way

SECOND EDITION

Marcel Danesi
University of Toronto

BARRON'S

All inquiries should be addressed to:
Barron's Educational Series, Inc.
250 Wireless Boulevard
Hauppauge, New York 11788

Library of Congress Catalog Card No. 95-80199
International Standard Book No. 0-8120-9146-9

PRINTED IN THE UNITED STATES OF AMERICA

19 18 17 16 15 14 13 12

Contents

Introduction

Welcome to Italian! You are about to learn the language spoken by approximately 56 million Italian inhabitants and countless people of Italian origin living in North America.

Learning Italian will open up for you a rich new cultural panorama. Italian painting, sculpture, literature, and music are important cultural artifacts known throughout the world. Names such as Michelangelo, Leonardo da Vinci, Galileo, Dante, Petrarch (the list could go on and on) are forged into world history. Knowing Italian will also open up the exciting modern world of artisanship and design, because Italy is renowned in the fields of clothing, furniture, and automobiles. And, of course, if you know Italian you will be able to fully enjoy your stay in such enchanting places as Rome, Venice, Florence, and Naples. So, welcome, once again, to the Italian language—your key to Italy and Italians!

Purpose and design of this book

This book is written with a simple style and each new concept is explained in easy language. Technical terminology usually found in "grammar" books is avoided. The focus of the book is language *use*. The language topics are tied to specific situations and will teach you to use the language for such things as greeting people, naming people and things, asking for information, and so forth. Often you will learn a new concept by doing the exercises and activities found in the "practice set." There really is no better way to learn than by *doing*. For most speech situations, you will need five basic verb tenses: the present, the imperative, the past (perfect and imperfect), the future, and the conditional.

- Each chapter is built on communicative themes.
- You will have a chance to practice each new topic as soon as it is introduced. Indeed, many of the practice sets that make up the bulk and backbone of this book (115 in all!), introduce related topics and themes. The best way to learn is by doing the exercises.
- After every two chapters, you will find a "putting it all together" section that is designed to help you review and reinforce what has been learned in the two chapters.
- After every six chapters, there is a "vocabulary checkpoint," which will allow you to keep track of the new vocabulary you have learned in the six chapters.
- An answer key, a chart of irregular verbs, and Italian-English/English-Italian vocabularies complete this book.

How to use this book

If you are using this book for self-study, you will find it to be an easy-to-follow, step-by-step approach to "practical" Italian. Simply start on page 1 and work your way through at your own pace.

This book is also useful as a study aid if you are taking Italian at school. It will help clarify the points of language introduced in your course. And, it will give you plenty of extra practice. It might even help you raise your grades!

If you are using this book in an Italian class, then your teacher will help you work your way through it. It can be used in any introductory course where the focus is on language use.

However you may wish to use this book, never forget to enjoy yourself!

Buon divertimento!

CHAPTER 1

Suoni e nomi italiani
Italian Sounds and Names

In this chapter you will learn:

- how to pronounce and write the vowels
- how to pronounce and write the consonants
- common Italian names

Dialogue and Comprehension Activity 1

Ciao!

Daniela:	Ciao, Mario.	*—Hi, Mario.*
Mario:	Ciao, Daniela.	*—Hi, Daniela.*
Daniela:	Ecco Laura e Marcello.	*—Here's Laura and Marcello.*
Mario:	E anche Giovanni e Maria.	*—And also John and Mary.*
Daniela:	Ciao a tutti!	*—Hi, everyone!*

Match the Italian sentence with its English equivalent.

1. C Ciao!
2. E Ciao, Giovanni.
3. B Ecco Laura.
4. A Ecco Marcello.
5. F E anche Mario.
6. D Ciao a tutti!

a. *Here's Marcello.*
b. *Here's Laura.*
c. *Hi!*
d. *Hi, everyone!*
e. *Hi, John.*
f. *And Mario too.*

Le vocali
The Vowels

In Italian, as in any language, there are two main kinds of sounds: *vowels* and *consonants*. Vowels are produced by air passing through the mouth without being blocked. The letters that represent the Italian vowels are: *a, e, i, o, u*.

When you read and work with the words in this book, always try to sound them out to yourself. Throughout your study, you occasionally might want to refer to the charts in this chapter to help you reinforce your pronunciation.

The examples used in the chart below are all Italian (first) names. You will see that there are many correspondences between Italian and English names. So for your first practice set, see if you can guess what the English equivalents are (if they exist).

Practice Set 1

ALPHABET LETTERS	SOUNDS	EXAMPLES	ENGLISH EQUIVALENTS
a	Similar to the *a* sound in *father*, or to the exclamation *ah!*	*A*nna *A*ntonio *A*lberto	1. ________ 2. ________ 3. ________
e	Similar to the *e* sound in *bet*, or to the exclamation *eh!*	*E*lena *E*lio *E*mma	4. ________ 5. ________ 6. ________
i	Similar to the *i* sound in *machine*, or to the exclamation *eeh!*	*I*sabella *I*rma *I*laria	7. ________ 8. ________ 9. ________
o	Similar to the *o* sound in *sorry*, or to the exclamation *oh!*	*O*rnella *O*rland*o* *O*ttavi*o*	10. ________ 11. ________ 12. ________
u	Similar to the *oo* sound in *boot*, or to the exclamation *ooh!*	*U*go *U*mberto	13. ________ 14. ________

Speakers in different parts of Italy will pronounce *e* and *o* with the mouth relatively more open or closed. In many areas, however, both pronunciations are used. To get an idea of what this means, consider how the *a* in *tomato* is pronounced in North America. In some areas it is pronounced like the *a* in *father*. In other areas it is pronounced like the *a* in *pay*. But whether it is pronounced one way or the other, no one will have any difficulty understanding that the word is *tomato*. This is exactly what happens in the case of Italian *e* and *o*.

The letter *i* can also stand for the semivowel sounds represented by the *y* in *yes* and *say* when preceded or followed by another vowel *(a, e, o, u)*.

i PRONOUNCED LIKE *YES* (= *i* BEFORE ANOTHER VOWEL)	*i* PRONOUNCED LIKE *SAY* (= *i* AFTER ANOTHER VOWEL)
ieri *yesterday* piatto *plate* più *more*	mai *never* poi *then* lei *she*

This pronunciation feature occurs when the *i* is next to another vowel and both are pronounced rapidly together. The kind of syllable they form is known as a *diphthong*. However, in some words there is a slight pause between the two vowels. In such cases, the *i* is pronounced in its normal way.

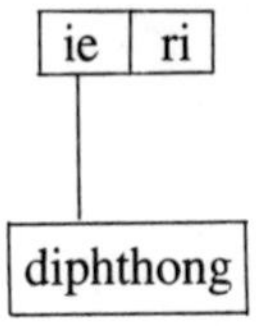

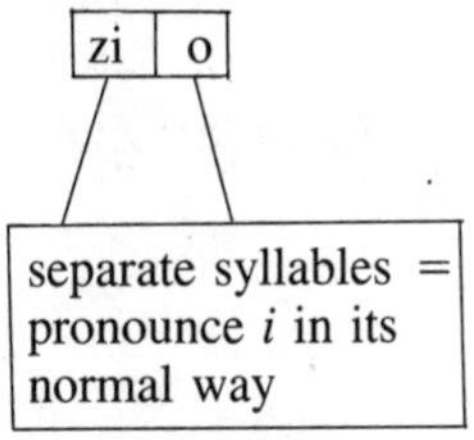

There are very few words pronounced like **zio** "uncle." To point these out to you, a dot will be put under the stressed vowel (**zịo**) the first time the word is introduced, and again in the vocabulary at the end of this book.

In a similar fashion the letter *u* can also stand for the semivowel sounds represented by the *w* in *way* and *how* when preceded or followed by another vowel.

u PRONOUNCED LIKE *WAY* (= *u* BEFORE ANOTHER VOWEL)	*u* PRONOUNCED LIKE *HOW* (= *u* AFTER ANOTHER VOWEL)
uomo *man* guanto *glove* quale *which*	aula *classroom* pausa *pause* causa *cause*

Once again, this occurs when the *u* is next to another vowel and the two are pronounced rapidly together to form a diphthong. However, there are a few words in which there is a slight pause between the two vowels, and the *u* is pronounced in its normal way. These cases will be pointed out to you with a dot under the *u* when they are introduced.

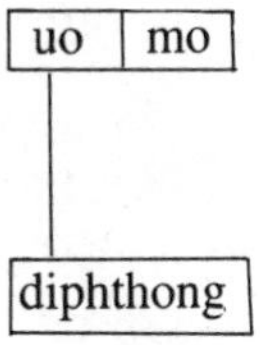

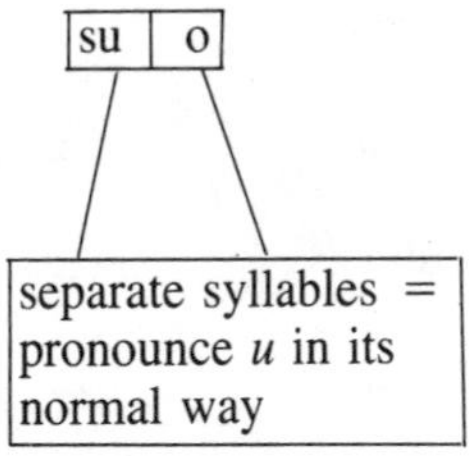

Finally, when *three* vowels come together they form what is known as a *triphthong*. In such cases, the *i* and the *u* always represent the semivowel sounds just described.

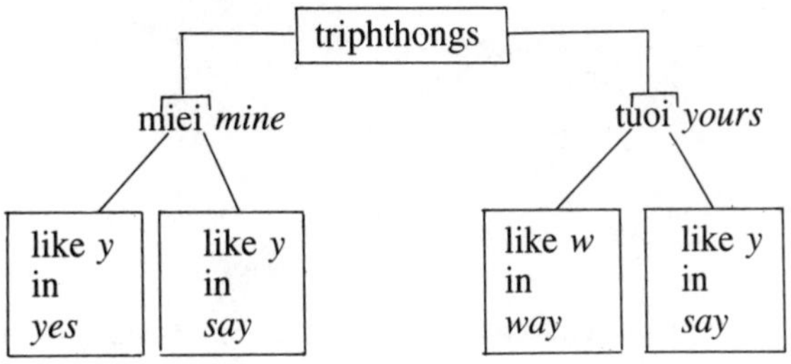

Practice Set 2

Here are some more Italian names. Pronounce them as well as you can. Then try to guess their English equivalents (if these exist).

NAMES WITH A DIPHTHONG	ENGLISH EQUIVALENTS
1. Dan*ie*la	____________________
2. Cl*au*dia	____________________
3. P*ie*ra	____________________
4. L*au*ra	____________________
5. Mar*io*	____________________
6. Fabriz*io*	____________________
7. Mauriz*io*	____________________
8. P*ie*ro	____________________
9. P*ie*tro	____________________
NAMES WITHOUT A DIPHTHONG	
10. Gabriẹlla	____________________
11. Adriạna	____________________
12. Marịa	____________________
13. Pạola	____________________
14. Luịsa	____________________
15. Lucịa	____________________
16. Luịgi	____________________
17. Pạolo	____________________

Le consonanti
The Consonants

The following consonants (and their letters) correspond, more or less, to the English ones, so they shouldn't cause you many problems. Once again, Italian names are given as examples. See if you can guess their English equivalents. (You may have seen some of them already.)

Practice Set 3

ALPHABET LETTERS	SOUNDS	EXAMPLES	ENGLISH EQUIVALENTS
b	Identical to the *b* sound in *boy*.	Bruna Bruno	1. ________ 2. ________
d	Identical to the *d* sound in *day*. This is true even when followed by *r*, in which case English speakers raise the tongue a bit more above the teeth.	Dino Domẹnico	3. ________ 4. ________
f	Identical to the *f* sound in *fun*.	Francesca Fạbio	5. ________ 6. ________
l	Identical to the *l* sound in *let*. This is true even when it comes at the end of a word or syllable, in which case English speakers raise the back of the tongue a bit more (as in *bill*).	Loretta Luịgi	7. ________ 8. ________
m	Identical to the *m* sound in *man*.	Marina Marco	9. ________ 10. ________
n	Identical to the *n* sound in *not*.	Nicola Nina	11. ________ 12. ________
p	Identical to the *p* sound in *price*.	Pasquale Pina	13. ________ 14. ________
r	Like the rolled *r* in some Scottish dialects. Similar to the *tt* sound in *butter*. Pronounced with a flip of the tongue against the upper gums.	Roberto Renato	15. ________ 16. ________

ALPHABET LETTERS	SOUNDS	EXAMPLES	ENGLISH EQUIVALENTS
t	Like the *t* sound in *too*. This is true even when followed by *r*, in which case English speakers raise the tongue a bit more above the teeth.	*T*ommaso *T*eresa	17. ________ 18. ________
v	Identical to the *v* sound in *very*.	*V*incenzo *V*ito	19. ________ 20. ________

The following letters and consonants are a little more problematic. Once again, try your hand at guessing the English equivalents of Italian names.

Practice Set 4

ALPHABET LETTERS	SOUNDS	EXAMPLES	ENGLISH EQUIVALENTS =
c, ch	Both sound like the *k* sound in *kit*. As in English, *c* is used before *a, o, u* and any consonant. *Ch* is used before *e* and *i*. In some English words *ch* is used in a similar fashion, e.g., *chemistry* and *ache*.	*C*arlo Mi*ch*ele *C*aterina *C*laudio	1. ________ 2. ________ 3. ________ 4. ________
c, ci	Both stand for the *ch* sound in *much*. *C* is used before *e* and *i; ci* is used before *a, o, u*. In some English words *ci* is used in a similar fashion; e.g. *social* and *special*. Remember in such cases *not* to pronounce the *i*, e.g., **ciao** *hi* is pronounced more or less like *chow*.	Mar*c*ello Fran*c*esco Lu*ci*ano Lu*ci*o	5. ________ 6. ________ 7. ________ 8. ________

ALPHABET LETTERS	SOUNDS	EXAMPLES	ENGLISH EQUIVALENTS
g, gh	Both stand for the *g* sound in *good. G* is used before *a, o, u* and any consonant. *Gh* is used before *e* and *i,* e.g., **spaghetti** and **ghetto.**	*G*uido *G*raziella Ali*gh*iero	9. ________ 10. ________ 11. ________
g, gi	Both stand for the *j* sound in *jet. G* is used before *e* and *i; gi* is used before *a, o, u.* In some English words, *gi* is used in a similar fashion, e.g., *Belgian.* Remember in such cases *not* to pronounce the *i,* e.g., **giù** *down* is pronounced *joo.*	*G*ina An*g*ela *Gi*or*gi*o *Gi*ovanni *Gi*useppe	12. ________ 13. ________ 14. ________ 15. ________ 16. ________
gli	Represents a sound similar to the *lli* sound in *million.*	Gi*gli*ola	17. ________
gn	Represents a sound similar to the *ny* sound in *canyon.*	*(No names.)* Bolo*gn*a *(city)*	\
qu	Identical to English *qu* in *question.*	Pas*qu*ale	18. ________
s	Stands for the *z* sound in *zip* when followed by *b, d, g, l, m, n, r, v;* otherwise, it is pronounced like the *s* in *sip.*	Like *zip:* O*s*valdo Like *sip:* *S*ilvana *S*andra France*s*ca	 19. ________ 20. ________ 21. ________ 22. ________
	Between vowels, either sound may be used, although the tendency is to use the *z* sound.	Between vowels: Ro*s*a *z* *s* Mari*s*a	 23. ________ 24. ________
sc, sch	Both stand for the *sk* sound in *skip. Sc* is used before *a, o, u* and any consonant; *sch* is used before *e* and *i.*	*(No names.)* *sc*arpa *shoe* *sch*iena *back (body)*	

ALPHABET LETTERS	SOUNDS	EXAMPLES	ENGLISH EQUIVALENTS =
sc, sci	Both stand for the *sh* sound in *shall*. *Sc* is used before *e* and *i; sci* is used before *a, o, u*.	*(No names.)* scena *scene* sciarpa *scarf*	
z	Stands for either the *ts* sound in *cats*, or the *ds* sound in *lads* in initial position, e.g., **zio** *ts* *ds*	Renzo Maurizio	25. __________ 26. __________

The letter *h* does not represent any sound. It is like the silent *h* of *hour*, **ho** *I have* (pronounced like *o*).

Most Italian consonants have a corresponding double consonant, which can only occur within words. These double consonants are pronounced by simply doubling, or lengthening, the corresponding single consonant. Once again, try your hand at guessing the English equivalents of Italian names (if such exist).

Practice Set 5

SINGLE CONSONANTS	DOUBLE CONSONANTS	EXAMPLES	ENGLISH EQUIVALENTS
b	bb	*(No names.)* *e.g.*, babbo/ *dad*	
c, ch ("k")	cc, cch	Rocco vecchio/*old*	1. __________
c, ci ("ch")	cc, cci	Puccini (opera composer) faccia/*face*	
d	dd	freddo/*cold*	
f	ff	Raffaello	2. __________
g, gh ("g")	gg, ggh	Legga!/*Read!*	
g, gi ("j")	gg, ggi	peggio/*worse*	
l	ll	Marcello	3. __________
m	mm	Emma	4. __________

SINGLE CONSONANTS	DOUBLE CONSONANTS	EXAMPLES	ENGLISH EQUIVALENTS
n	nn	Giova*nn*i	5. ________
p	pp	Giuse*pp*e	6. ________
r	rr	bi*rr*a/*beer*	
s	ss	ro*ss*o/*red*	
t	tt	ga*tt*o/*cat*	
v	vv	da*vv*ero/*really*	
z	zz	pi*zz*a/*pizza*	

Practice Set 6

A. The following names and words (introduced above) are missing either a single or a double consonant. Can you supply the appropriate sound?

Example: Giova**nn**i

1. A____a
2. Pi____a
3. ____runo
4. ba____o
5. ____ino
6. fre____o
7. Mi____ele
8. ____laudia
9. Ra____aello
10. ____rancesca
11. ____uigi
12. Marce____o
13. ____arina
14. E____a
15. ____asquale
16. Giuse____e
17. Fran____esco
18. Lu____ano
19. ____raziella
20. spa____etti
21. An____ela
22. Gior____o
23. Gi____ola
24. Bolo____a
25. pi____a
26. Ren____o
27. ____arpa *scarf*
28. ____arpa *shoe*
29. Pas____ale
30. Ro____o
31. ve____io
32. fa____a
33. pe____o
34. ro____o
35. bi____a
36. ga____o

B. After having had all that practice with Italian names and their English equivalents, can you figure out what your own name might be in Italian (if such is possible)?

Il mio nome (in italiano) è ______________________________.

My name (in Italian) is

Reading and Comprehension Activity for Chapter 1

Now it's time for you to test your reading skills. Read the following brief passage, then do the follow-up activity. Some of the words are glossed for you. You should be able to figure out the meaning of the others on your own.

Lettura
Reading

Mario *è* italiano. *Anche* Maria *è*	*is/also*
italiana. Lynn è americana. Bill è	
americano. Mario *ha* un gatto. Anche	*has*
Maria ha un gatto. Bill *ama* la pizza e	*loves/and*
Lynn ama gli spaghetti. Maria, Lynn,	
Mario e Bill *sono amici.*	*are friends*

A. *Vero* (true) o *falso* (false)?

	vero	falso
1. Maria e Bill sono amici	☑	☐
2. Lynn ama la pizza.	☐	☑
3. Bill ama gli spaghetti.	☐	☑
4. Mario è italiano.	☑	☐
5. Maria è americana.	☑	☐
6. Bill è americano.	☑	☐
7. Lynn è italiana.	☐	☑
8. Mario ha un gatto.	☑	☐
9. Anche Maria ha un gatto.	☑	☐

B. Now write your own little story. In it, say that . . .

1. Claudia loves pizza. 2. Pat loves spaghetti. 3. John has a cat. 4. Frances also has a cat. 5. Lucy is Italian. 6. Michael is Italian. 7. Rose is American. 8. Maurice is American. 9. Paul, Paula, and Raphael are friends.

____

____

____

____

____

____

____

____

____

CHAPTER 2

Accento, intonazione, e ortografia
Stress, Intonation, and Spelling

In this chapter you will learn:

- basic stress and intonation patterns
- some spelling patterns
- a little bit about Italian geography

Dialogue and Comprehension Activity 2

Mario studia l'italiano!

Roberto:	Ciao, Gina. Dove vai?	*—Hi, Gina. Where are you going?*
Gina:	Alla città di Firenze.	*—To the city of Florence.*
Roberto:	È molto bella.	*—It's very beautiful.*
Gina:	Anche Mario va in Italia.	*—Mario's also going to Italy.*
Roberto:	Studia l'italiano ogni lunedì, vero?	*—He studies Italian every Monday, right?*
Gina:	Sì, e anche il dottor Smith studia l'italiano.	*—Yes, and Dr. Smith also studies Italian.*
Roberto:	Veramente?	*—Really?*
Gina:	Sì. Ciao, Roberto.	*—Yes. Bye, Robert.*
Roberto:	Ciao, Gina.	*—Bye, Gina.*

Vero (true) o *falso* (false)?

	vero	falso
1. Gina va alla città di Firenze.	☑	☐
2. Il dottor Smith studia l'italiano.	☑	☐
3. Mario va in Italia ogni lunedì.	☐	☑
4. Roberto studia l'italiano.	☐	☑
5. Firenze è molto bella.	☑	☐
6. Mario studia l'italiano.	☑	☐

Accento e intonazione
Stress and Intonation

Knowing where to put the stress, or main accent, on an Italian word is not always predictable. Here are some general guidelines:

- In many words, the stress falls on the next-to-last syllable.

Ro	ber	to

↑ next-to-last syllable stressed

Robert

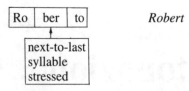

- But be careful! This is not always the case.

An	ge	la

↑ first syllable stressed

Angela

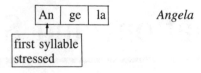

- Problematic cases encountered in this book will be identified with a small dot under the stressed syllable when they are first introduced.

- A few words show an accent mark on the final vowel. This is where you put the stress.

caf	fè

↑ stress indicated by accent mark

coffee

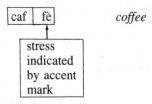

- The accent mark in Italian can always be made to slant to the left, for example, **caffè** *coffee* and **città** *city*. But in words ending in **-ché**, it normally slants to the right: for example, **perché** *because*. In Italian you will find an accent mark only on a final vowel.

Like English, there are three main degrees of intonation in Italian.

- The type used for normal information exchanges.

Roberto	**è**	**italiano.**
Robert	*is*	*Italian.*

= statement

- The type used for asking questions, which involves raising your voice at the end of the sentence.

È	**italiano**	**Roberto?**
Is	*Robert*	*Italian?*

= question

- The type used for emphasizing something, which involves speaking with more force.

Roberto	**è**	**proprio**	**italiano!**
Robert	*is*	*really*	*Italian!*

= emphatic statement

Practice Set 7

With all that practice you have had pronouncing Italian names, you might have noticed that there is a pattern in the names themselves that allows you to differentiate between males and females. In fact, you may have noticed that the names for males generally end in **-o**, whereas those for females end in **-a**.

Robert**o** *Robert* — indicates that the person named is a male

Robert**a** *Roberta* — indicates that the person named is a female

Examples:

MALE NAMES	CORRESPONDING FEMALE NAMES
Mari**o**	Mari**a**
Carl**o**	Carl**a**
Pin**o**	Pin**a**
etc.	*etc.*

So as your last exercise in pronouncing Italian names, write out the missing names in the following chart, utilizing the above pattern when it is applicable. There may be some names that do not follow the pattern. Try your hand at these as well. Always remember to pronounce them to yourself and to pay particular attention to where the main stress falls.

MALE NAMES	CORRESPONDING FEMALE NAMES
Ạngelo	1. Angela
2. Dino	Dina
Renato	3. Renata
4. Claudio	Claudia
Gino	5. Gina
6. Bruno	Bruna
Silvano	7. Silvana
8. Franco	Franca
Luigi	9. Luiga
10. Giuvanni	Giovanna

Ortografia
Spelling Patterns

As you have already seen, Italian spelling is quite simple compared to English. To spell Italian words, just follow the guidelines described in these first two chapters. Italian uses the same punctuation marks as English.

The Italian alphabet does not have the letters *j, k, w, x,* and *y*. These are found, nevertheless, in words that Italian has borrowed from other languages, primarily English; for example, *jazz, weekend, yacht*.

Like English, capital letters are used:

- At the beginning of sentences.

  La ragazza è italiana. *The girl is Italian.*

- With proper nouns (names, surnames, place names, etc.).

  La ragazza si chiama **Roberta**. *The girl's name is Roberta.*

  La città di **Bologna** è bella. *The city of Bologna is beautiful.*

Unlike English, capital letters are *not* used:

- For the pronoun **io** *I*, unless, of course, it is the first word of a sentence.

- For titles (although they may be capitalized as in English).

  il signor Rossi *Mr. Rossi*
  il dottor Verdi *Dr. Verdi*

- For adjectives and nouns referring to languages and nationalities:

NATION	NATIONALITY & LANGUAGE
Italia *Italy*	**italiano** *Italian*
Francia *France*	**francese** *French*
Spagna *Spain*	**spagnolo** *Spanish*

- For the days of the week and months of the year, for example, **lunedì** *Monday,* **maggio** *May*, etc.

Practice Set 8

The following are simple Italian sentences. However, in each one there is a spelling error. Can you find and correct each error? Each sentence is translated in English to help you understand it.

1.

La città	di firenze	è	molto bella.
The city	*of Florence*	*is*	*very beautiful.*

2.

Maria	è	Italiana.
Mary	*is*	*Italian.*

____

3.

Ogni Lunedì	Mario	studia	l'italiano.
Every Monday	*Mario*	*studies*	*Italian.*

______________________________ Studio

4.

Angela	va	in Italia	a Maggio.
Angela	*is going*	*to Italy*	*in May.*

____

5.

il dottor Smith	non è	italiano.
Dr. Smith	*is not*	*Italian.*

____

6.

Marco	è	inglese;	abita	in inghilterra.
Mark	*is*	*English;*	*he lives*	*in England.*

____

7.

Gina	studia	l'italiano	ogni Venerdì.
Gina	*studies*	*Italian*	*every Friday.*

____

L'Italia
Italy

Here is some more practice in reading and pronouncing Italian. You will also learn a few things about Italy. Read the following facts about Italy out loud. Each fact is translated to help you understand it completely.

Fatti sull'Italia *(Facts on Italy)*

- L'Italia è una penisola. *Italy is a peninsula.*
- L'Italia è circondata dal Mar Mediterraneo. *Italy is surrounded by the Mediterranean Sea.*

- Roma è la capitale d'Italia. *Rome is the capital of Italy.*
- L'Italia ha due catene di montagne, le Alpi e gli Appennini. *Italy has two mountain chains, the Alps and the Apennines.*
- I due vulcani più famosi d'Italia sono il Vesuvio e l'Etna. *The two most famous volcanoes of Italy are Vesuvius and Etna.*
- Il fiume più lungo d'Italia è il Po. *The longest river of Italy is the Po.*
- Nel nord il clima è continentale. Nel resto d'Italia è mediterraneo. *In the north the climate is continental* (seasonal). *In the rest of Italy it is Mediterranean* (moderate).
- Per le regioni e le principali città d'Italia, consultare la cartina geografica. *For the regions and main cities of Italy, consult the map* (see following page).
- L'unità di moneta italiana è la lira. *The unit of Italian money is the lira.*
- I colori della bandiera italiana sono bianco, rosso e verde. *The colors of the Italian flag are white, red, and green.*

Practice Set 9

After you have read the facts on page 15 a few times, try to complete the following sentences from memory.

1. L'unità di moneta italiana è la ____________.
2. I colori della bandiera italiana sono ____________, ____________ e ____________.
3. Nel nord il clima è ____________. Nel resto d'Italia è ____________.
4. Il fiume più lungo d'Italia è il ____________.
5. I due vulcani più famosi d'Italia sono il ____________ e l'____________.
6. L'Italia è una ____________.
7. L'Italia ha due catene di montagne: le ____________ e gli ____________.
8. ____________ è la capitale d'Italia.
9. L'Italia è circondata dal Mar ____________.

Reading and Comprehension Activity for Chapter 2

Now it's time for you to test your reading skills. Read the following brief passage, then do the follow-up activity. Some of the words are glossed for you. You should be able to figure out the meaning of the others on your own.

Valle d'AOSTA
Aosta
PIEMONTE
Torino
Milano
LOMBARDIA
TRENTINO-ALTO ADIGE
Trento
FRIULI-VENEZIA GIULIA
VENETO
Venezia
Trieste
Genova
EMILIA-ROMAGNA
Bologna
LIGURIA
MAR LIGURE
Firenze
TOSCANA
Ancona
Perugia
MARCHE
UMBRIA
L'Aquila
MAR ADRIATICO
LAZIO
ABRUZZI
Roma
MAR TIRRENO
MOLISE
Campobosso
PUGLIE
Napoli
Bari
Potenza
SARDEGNA
CAMPANIA
BASILICATA
Cagliari
CALABRIA
Catanzaro
Palermo
MAR IONIO
SICILIA
MAR MEDITERRANEO

Lettura

Marco ama L'Italia. *Abita* in Inghilterra.	*he lives*
Va in Italia a maggio *con* il signor	*with*
Lalonde. Il signor Lalonde non è	
italiano. *Lui* è francese. Anche lui ama	*He*
l'Italia *molto*. Marco e il signor	*a lot*
Lalonde sono amici.	

A. Match the items to make complete sentences.

1. B Marco e il . . .
2. A Marco . . .
3. —— Anche il signor Lalonde ama . . .
4. —— Il signor Lalonde non . . .
5. —— Il signor Lalonde è . . .
6. —— Marco abita . . .
7. —— Va in Italia . . .

a. ama l'Italia.
b. signor Lalonde sono amici.
c. è italiano.
d. francese.
e. l'Italia molto.
f. a maggio.
g. in Inghilterra.

B. Now write your own little story about a trip that your friend Maria is planning. In it, say that . . .

1. Maria loves Italy a lot. 2. Maria lives in Spain. 3. Maria is Spanish. 4. Maria and Mario are friends. 5. Maria is going to Italy in May with Mario.

maria ama Itala molto,
maria abita in Spain
maria nationalita è Spanish
maria e Mario sono amici
maria va a Italia in magio con mario

Putting It All Together (Chs. 1 and 2)

After every two chapters you will find a practice set that will allow you to "put together" what you have learned in the previous two chapters. So, always go over everything you have learned one more time before attempting the practice set in these minireview sections. You will find the answers to these practice sets also at the end of the book.

Practice Set 10

A. In the following word-search puzzle there are ten hidden words you encountered in Chapters 1 and 2. Each one has a double consonant. Can you find them? The words go either horizontally or vertically.

c	a	f	f	è	d	d	r	u	i	o	j	l	l	o	u	p	c
n	m	m	i	l	l	y	p	b	n	r	l	f	f	n	m	o	i
b	i	r	r	a	n	m	i	l	l	o	p	k	m	n	m	f	t
f	d	f	l	p	p	d	z	d	t	s	m	m	n	n	c	c	t
s	s	r	g	g	b	b	a	t	t	s	p	e	g	g	i	o	à
d	d	e	v	v	b	g	a	t	t	o	l	p	t	m	n	o	p
c	c	d	b	a	b	b	o	m	n	m	f	a	c	c	i	a	s
g	g	d	b	n	m	k	l	p	o	i	y	t	r	h	j	l	p
k	l	o	b	v	e	c	c	h	i	o	m	n	k	l	o	p	p

B. Each of the following words is misspelled. Can you correct each one?

1. yeri *(yesterday)* ieri
2. pyatto *(plate)* piatto
3. pyù *(more)* ~~più~~ più
4. womo *(man)* uomo
5. gwanto *(glove)* guando
6. may *(never)* mai
7. pawsa *(pause)* ______
8. chow *(hi)* ciao
9. spagetti ______
10. sciarpa *(shoe)* Scarpa
11. scarpa *(scarf)* ______
12. skiena *(back)* ______
13. caffe *(coffee)* ______
14. citta *(city)* Citta
15. perche *(because)* Perchè
16. Francese *(French)* ______
17. Maggio *(May)* ______
18. italia *(Italy)* ______

C. Study the map in Chapter 2 of Italy's regions and main cities. Now match each city with its region.

CITTÀ		REGIONI
1. ______	Palermo	a. Puglie
2. ______	Catanzaro	b. Basilicata
3. ______	Napoli	c. Campania
4. ______	Potenza	d. Calabria
5. ______	Campobasso	e. Molise
6. ______	Bari	f. Sicilia
7. ______	l'Ạquila	g. Abruzzi
8. ______	Aosta	h. Lazio
9. ______	Torino	i. Ụmbria
10. ______	Milano	j. Marche

11. ______________	Trento	k. Toscana
12. ______________	Venezia	l. Liguria
13. ______________	Trieste	m. Emilia-Romagna
14. ______________	Gẹnova	n. Piemonte
15. ______________	Bologna	o. Valle d'Aosta
16. ______________	Firenze	p. Lombardịa
17. ______________	Perugia	q. Vẹneto
18. ______________	Ancona	r. Friuli-Venezia Giulia
19. ______________	Roma	s. Trentino-Alto Ạdige
20. ______________	Cạgliari	t. Sardegna

CHAPTER 3

Ciao, come va?
Hi, How's It Going?

In this chapter you will learn:

- how to greet people
- how to introduce yourself to others
- your first verbs

Dialogue and Comprehension Activity 3

Ciao, Claudia!

Maria:	Ciao, Claudia. Come va?	*—Hi, Claudia. How's it going?*
Claudia:	Molto bene. E tu?	*—Very well, and you?*
Maria:	Così, così, purtroppo.	*—So, so, unfortunately.*
Claudia:	Perché?	*—Why?*
Maria:	Perché ho mal di testa.	*—Because I have a headache.*
Claudia:	Pazienza. Ciao!	*—(That's) too bad (patience). Bye.*
Maria:	Arrivederci, a domani.	*—Goodbye. See you tomorrow.*

Buongiorno, signor Rossi!

La signora Verdi:	Buongiorno, signor Rossi. Come sta?	*—Good morning, Mr. Rossi. How are you?*
Il signor Rossi:	Abbastanza bene, grazie. E Lei?	*—Quite well, thank you. And you?*
Verdi:	Anche io sto molto bene.	*—I too am very well.*
Rossi:	Buongiorno, a presto.	*—Goodbye. See you soon.*
Verdi:	ArrivederLa.	*—Goodbye.*

Now it's your turn to greet these people.

Example: Greet Claudia.

Ciao, Claudia.

1. Greet Maria. 2. Greet Mr. Rossi. 3. Greet Mrs. Rossi. 4. Ask Claudia how she is. 5. Ask Mr. Rossi how he is. 6. Say that you are very well, thank you. 7. Say that you are so, so, unfortunately. 8. Say that you have a headache. 9. Say goodbye to Claudia and tell her you will see her tomorrow. 10. Say goodbye to Mrs. Verdi and tell her you will see her soon.

Salutare la gente
Greeting People

Note the following useful expressions:

GREETING A FRIEND, FAMILY MEMBER, ETC. = FAMILIAR GREETINGS		
Ciao,	Alberto, Maria, Claudia,	come va?
Salve,		come stai?
Hi,	*Albert, Mary, Claudia,*	*how's it going?*
Hi/ Greet-ings,		*how are you?*

GREETING SOMEONE POLITELY (A STRANGER, A SUPERIOR, ETC.) = POLITE GREETINGS		
Buongiorno,	signor Rossi, signora Verdi, dottor Dini,	come va?
Buonasera,		come sta?
Hello/Good morning/Good day,	*Mr. Rossi, Mrs. Verdi, Dr. Dini,*	*how's it going?*
Hello/Good afternoon/ Good evening		*how are you?*

<table>
<tr><th colspan="3">FAMILIAR AND POLITE REPLIES</th></tr>
<tr><td>Bene,</td><td rowspan="5">grazie,</td><td rowspan="8">e tu (familiar)/ Lei (polite)?</td></tr>
<tr><td>Molto bene,</td></tr>
<tr><td>Benissimo,</td></tr>
<tr><td>Abbastanza bene,</td></tr>
<tr><td>Non c'è male,</td></tr>
<tr><td>Così, così,</td><td rowspan="3">purtroppo,</td></tr>
<tr><td>Non bene,</td></tr>
<tr><td>Male.</td></tr>
<tr><td>Well,</td><td rowspan="5">thanks,</td><td rowspan="8">and you?</td></tr>
<tr><td>Very well,</td></tr>
<tr><td>Very well (with emphasis),</td></tr>
<tr><td>Quite well,</td></tr>
<tr><td>Not bad(ly),</td></tr>
<tr><td>So, so,</td><td rowspan="3">unfortunately,</td></tr>
<tr><td>Not well,</td></tr>
<tr><td>Bad(ly),</td></tr>
</table>

<table>
<tr><th colspan="3">A POSSIBLE REJOINDER—FAMILIAR AND POLITE</th></tr>
<tr><td rowspan="3">Anche io</td><td rowspan="3">sto</td><td>bene.</td></tr>
<tr><td>molto bene.</td></tr>
<tr><td>ecc.</td></tr>
<tr><td rowspan="3">I too</td><td rowspan="3">am</td><td>well.</td></tr>
<tr><td>very well.</td></tr>
<tr><td>etc.</td></tr>
</table>

SAYING GOODBYE—FAMILIAR	
Ciao,	a presto.
	a domani.
Arrivederci,	a più tardi.
	a lunedì/martedì/ecc.
Ci vediamo.	
Buonanotte.	
Bye,	*see you soon.*
	see you (till) tomorrow.
(Good)bye,	*see you (till) later.*
	see you (till) Monday/Tuesday/ etc.
See you.	
Good night.	

SAYING GOODBYE—POLITE	
Buongiorno,	a presto.
	a domani.
Buonasera,	a più tardi.
ArrivederLa,	a lunedì/martedì/ecc.
Buonanotte.	
Goodbye (Good day),	*see you soon.*
Good afternoon/ evening,	*see you (till) tomorrow.*
Goodbye,	*see you (till) later.*
	see you (till) Monday/Tuesday/ etc.
Good night.	

There are many similarities between familiar and polite ways of greeting people. But there are also differences, and it is important to keep them in mind. Otherwise you might run the risk of sounding rude.

Note the following:

- In polite greetings, **buongiorno** and **buonasera** are used for saying both *hello* and *goodbye*. In familiar greetings, you need only say **ciao. Buongiorno** literally means "good day" and can be written as two words: **buon giorno.** Similarly, **buonasera** literally means "good evening" and can be written as two words: **buona sera. Buongiorno** is used from morning to early afternoon; **buonasera** from late afternoon onward. There is no equivalent to "good afternoon." **Buonanotte** (also written as two words: **buona notte**) is used for *good night* in both familiar and polite speech. At this point, a summary chart might help.

		TIME OF DAY	
		MORNING	AFTERNOON–EVENING
Polite	*hello*	buongiorno	buonasera
	goodbye	buongiorno/ arrivederLa	buonasera/arrivederLa

		TIME OF DAY	
		MORNING	AFTERNOON–EVENING
Familiar	*hello*	ciao	
	goodbye	ciao/arrivederci	

- Titles in Italian have both a masculine and a feminine form. You use the former, of course, with males, and the latter with females. Here are a few common ones.

TITLES	
Masculine	Feminine
signore *Mr.*	signora *Mrs.* signorina *Miss/Ms.*
professore *Professor*	professoressa *Professor*
dottore *Dr.*	dottoressa *Dr.*

- In front of a name, you drop the final **-e** of masculine titles.

signore *Mr.*	signor Verdi *Mr. Verdi*
dottore *Dr.*	dottor Rossi *Dr. Rossi*

- This does not apply to titles that end in any other vowel.

avvocato *lawyer*	avvocato Bianchi *(lawyer) Bianchi*

Practice Set 11

A. Maria and Gino are good friends. One morning they run into each other. The following is the beginning of their encounter. Some words and expressions are missing. Can you complete their dialogue?

Maria: Oh, (1) Ciao, Gino.

Gino: Ciao, Maria, (2) Come va?

Maria: (3) Va bene, e (4) tu?

Gino: Non c'è (5) male, grazie.

B. Mr. Rossi works for Mrs. Verdi. One afternoon they run into each other. The following is the end of their dialogue. Can you supply the missing words and expressions?

Verdi: Buonasera, (1) signore Rossi, a domani.

Rossi: (2) Ciao, signora Verdi.

C. Imagine meeting the following people. How would you say:

hello in the morning hours . . .

1. to a family member? buongiorno (Ciao)
2. to a salesclerk? buongiorno
3. to Mr. Dini (using his name)? buongiurno signure Dini
4. to Mrs. Dini (using her name)? ______

hello in the afternoon–evening hours . . .

5. to a friend? ciao
6. to Professor Verdi (a male, using his name)? ______
7. to Professor Bianchi (a female, using her name)? ______

goodbye in the morning hours . . .

8. to a child? ______
9. to Dr. Rossi (using his name)? ______
10. to Dr. Martini (using her name)? ______

goodbye in the afternoon–evening hours . . .

11. to a schoolmate? ciao
12. to your boss? arriverdeLa

good night . . .

13. to your husband or wife? buonanotte
14. to your teacher? bunonanotte

"Well, thank you, and you?" . . .

15. to your brother or sister? ______
16. to a superior? ______

"Not well, unfortunately, and you?" . . .

17. to your cousin? ______
18. to your boss? ______

"Very well." . . .

19. normally? ____________________

20. with emphasis? ____________________

"How's it going?" . . .

21. to a friend? ____________________

22. to a superior? ____________________

"How are you?" . . .

23. to your uncle? ____________________

24. to your professor? ____________________

D. Match the following.

1. Quite Well abbastanza bene		a. see you
2. not bad non c'è male		b. I too
3. so, so così, così		c. quite well
4. bad (ly) male		d. bad(ly)
5. See you Soon a presto		e. see you soon
6. till tomorrow a domani		f. till tomorrow
7. See you later a più tardi		g. so, so
8. See you mon. a lunedì		h. not bad(ly)
9. I too anche io		i. see you later
10. See you ci vediamo		j. see you Monday

Presentiamoci!
Let's Introduce Ourselves!

Note the following useful expressions:

INTRODUCTIONS

WHAT'S YOUR NAME?
(fam.) Come ti chiami (tu)?
(pol.) Come si chiama (Lei)?
RESPONSE
Mi chiamo *(name)*.

INTRODUCING YOURSELF
(fam.) Permetti che mi presenti.
(pol.) Permette che mi presenti.
Allow me to introduce myself.

INTRODUCING OTHERS
(fam.) Ti presento *(name)*.
(pol.) Le presento *(name)*.
Let me introduce you to (name).
(fam.) Permetti che ti presenti *(name)*.
(pol.) Permette che Le presenti *(name)*.
Allow me to introduce you to (name).

REPLIES		
Piacere (Molto) lieto *(m.)*/ lieta *(f.)** Felice	di	*(fam.)* conoscerti. *(pol.)* conoscerLa. *(fam.)* fare la tua conoscenza. *(pol.)* fare la sua conoscenza.
A pleasure *Delighted/ Nice* *Happy*	*to*	*know you.* *make your acquaintance.*

**m.* = masculine; *f.* = feminine

POSSIBLE REJOINDERS—FAMILIAR AND POLITE
Anche io.
Me too.
Il piacere è mio.
The pleasure is mine.

Note that these familiar and polite introductions also have some slight differences. Study them carefully.

Note, as well, that to say *Delighted/Nice (to know you)* you say **lieto** if you are a male, but **lieta** if you are a female.

Practice Set 12

A. Claudio and Mario run into Claudia and Maria. Mario does not know either woman, so Claudio introduces them to him. Can you complete the dialogue?

Claudio: Claudia, Maria, ciao!

Claudia e Maria: Oh, ciao Claudio. Come va?

Claudio: Non c'è male, grazie. Ti (1) presento Mario Persini.

Claudia: (2) piacere di conoscerti.

Maria: Molto (3) felice di fare la tua conoscenza.

Mario: Il (4) piacere è mio.

Claudia: Mi (5) Chiamo Claudia Corelli.

Maria: E io *(and I)* mi (6) Chiamo Maria Silvetti.

After a while:

Mario: Arrivederci, Claudia e Maria, (7) a domani.

Claudia e Maria: (8) Ciao.

Claudio: Ci (9) vediamo.

B. Professor Verdi runs into one of his students, Miss Dini, and her friend Mr. Rossi. Can you complete the dialogue?

Dini: Buongiorno, professor Verdi. Come sta?

Verdi: Bene, grazie, e Lei?

Dini: Molto bene. (1) ______________ che Le presenti il signor Rossi.

Rossi: Piacere di (2) ______________.

Dini: Anche (3) ______________.

After a while:

Verdi: ArrivederLa signorina Dini. ArrivederLa (4) ______________ Rossi.

Dini e Rossi: ArrivederLa (5) ______________.

C. How would you say:

"What's your name?" . . .

1. to a child? Como ti Chiama?
2. to a stranger? Somo si Chiama?

"Let me introduce you to" . . .

3. to a family member? Ti presento. . . .
4. to your boss? Le presento

"Allow me to introduce you to" . . .

5. to a friend? ______________
6. to Dr. Smith? ______________

"Delighted/Nice" . . .

7. if you are a male? ______________
8. if you are a female? ______________

D. Do the following.

1. Introduce yourself.

____

2. Say what your name is.

____

3. Say that it is a pleasure to know Mr. Rossi.

____

4. Say that you are happy to make the acquaintance of Mrs. Dini.

____

5. Say that the pleasure is (all) yours.

____

Essere e avere
To Be and To Have

The time has come to learn your first two Italian verbs: **essere** *to be* and **avere** *to have*.

ESSERE

Sono	Franco Marchi. Marisa Dini. il signor Dini.
I am	*Frank Marchi.* *Marisa Dini.* *Mr. Dini.*

Sei	italiano *(m.)* italiana *(f.)*
You (fam.) are	*Italian.*

È		Franco Marchi. Marisa Dini.
He *She*	*is*	Frank Marchi Marisa Dini.
You (pol.) *are*		*Frank Marchi.* *Marisa Dini.*

AVERE

Ho	un orologio. una matita.
I have	*a watch.* *a pencil.*

Hai	un orologio. una matita.
You (fam.) have	*a watch.* *a pencil.*

Ha		un orologio. una matita.
He *She*	*has*	*a watch.* *a pencil.*
You (pol.) *have*		*a watch.* *a pencil.*

Siamo	italiani.
We are	Italian(s).

Abbiamo	una matita.
We have	*a pencil.*

Siete	italiani.
You (pl.) *are*	*Italian(s).*

Avete	un orologio.
You (pl.) *have*	*a watch.*

Sono	italiani.
They are	*Italian(s).*

Hanno	una matita.
They have	*a pencil.*

You have just seen how to use these verbs according to the *subject* of the sentence, that is, the person performing the action. The different forms of a verb, according to the subject make up a *conjugation.*

The subjects of a sentence are, logically enough, first person singular *(I)* and plural *(we)*; second person singular and plural *(you);* and third person singular *(he, she, it)* and plural *(they).* In English and Italian, these subjects are known as *pronouns*. Notice that they must be used in English, but not in Italian. You will learn about Italian subject pronouns in the next chapter.

Since each form of the conjugation allows the speaker to speak about, or indicate, an action going on in the present (or in a permanent state), the conjugation is known as the *present indicative*.

All this information (without which you cannot use **essere** and **avere**) is best illustrated in this handy chart.

THE PRESENT INDICATIVE OF			
SUBJECT		**Essere**	**Avere**
Singular	1st person	**sono** *I am*	**ho** *I have*
	2nd person	**sei** *you* (familiar) *are*	**hai** *you have*
	3rd person	**è** *he/she/it is*	**ha** *he/she has*
		è *you* (pol.) *are*	**ha** *you* (pol.) *have*
Plural	1st person	**siamo** *we are*	**abbiamo** *we are*
	2nd person	**siete** *you are*	**avete** *you have*
	3rd person	**sono** *they are*	**hanno** *they have*

Note the following:

- Remember not to pronounce the *h* in the forms **ho, hai, ha,** and **hanno** of **avere.**
- Note that, just as with Italian greetings and introductions, there are familiar and polite forms. When speaking in a familiar way, you use the second person singular forms **(sei/hai)**; and when speaking politely, you use the third person singular forms **(è/ha)**.

FAMILIAR (2nd person singular)	POLITE (3rd person singular)
Ciao, Maria, **sei** tu? *Hi, Mary, is it you?*	Buongiorno, signora Dini, **è** Lei? *Hello, Mrs. Dini, is it you?*
Marco, **hai** una matita? *Mark, do you have a pencil?*	Signor Rossi, **ha** una matita? *Mr. Rossi, do you have a pencil?*

- In the plural, there is a tendency in current Italian to use one form: the second person plural form **(siete/avete)**:

FAMILIAR	POLITE
Maria, Marco, **siete** voi? *Mary, Mark, is it you?*	Signora Dini, signor Rossi, **siete** voi? *Mrs. Dini, Mr. Dini, is it you?*
Maria, Marco, **avete** una matita? *Mary, Mark, do you* (both) *have a pencil?*	Signora Dini, signor Rossi, **avete** una matita? *Mrs. Dini, Mr. Rossi, do you* (both) *have a pencil?*

- More will be said about this later.

The third person singular forms also allow you to express the subject pronoun *it*.

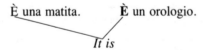

È una matita. **È** un orologio.

It is

Although subject pronouns are not necessary in Italian, you may need to use them to avoid ambiguity. This will be discussed in Chapter 6.

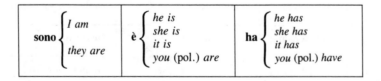

sono { *I am* / *they are*	**è** { *he is* / *she is* / *it is* / *you* (pol.) *are*	**ha** { *he has* / *she has* / *it has* / *you* (pol.) *have*

Often you will be able to figure out the meaning from the context.

È italiano. — *He is* — indicates a male

È italiana. — *She is* — indicates a female

Now that you know how to conjugate these two verbs, you can form your first simple Italian sentences.

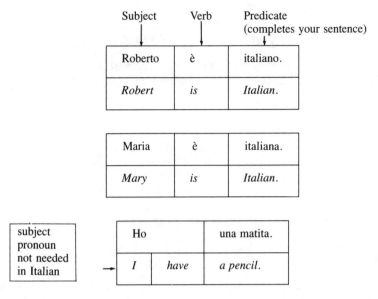

Subject → Verb → Predicate (completes your sentence)

Subject	Verb	Predicate
Roberto	è	italiano.
Robert	*is*	*Italian.*

Maria	è	italiana.
Mary	*is*	*Italian.*

subject pronoun not needed in Italian →

Ho		una matita.
I	*have*	*a pencil.*

You can combine simple sentences, or their parts, with the following words:

e	*and*
o	*or*
ma	*but*

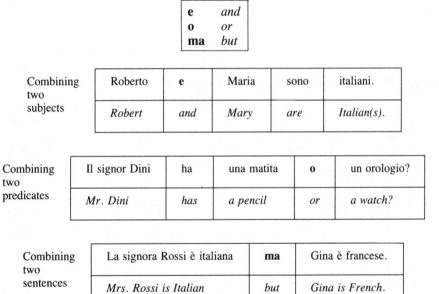

Combining two subjects

Roberto	**e**	Maria	sono	italiani.
Robert	*and*	*Mary*	*are*	*Italian(s).*

Combining two predicates

Il signor Dini	ha	una matita	**o**	un orologio?
Mr. Dini	*has*	*a pencil*	*or*	*a watch?*

Combining two sentences

La signora Rossi è italiana	**ma**	Gina è francese.
Mrs. Rossi is Italian	*but*	*Gina is French.*

The word **anche** *also/too* is also useful in this way.

Maria	è	italiana.
Mary	*is*	*Italian.*

Anche Claudia	è	italiana.
Claudia also	*is*	*Italian.*

Note the following useful expressions:

SINGULAR	PLURAL
IF YOU WANT TO INDICATE WHERE SOMEONE OR SOMETHING IS	
È una matita. *It is a pencil.*	Sono due matite. *They are two pencils.*
C'è una matita. *There is a pencil.*	**Ci sono** due matite. *There are two pencils.*
IF YOU WANT TO POINT OUT SOMEONE OR SOMETHING	
Ecco una matita. *Here/There is a pencil.* (pointing to the pencil)	**Ecco** due matite. *Here/There are two pencils.* (pointing to the pencils)

Recall that to ask how someone is you say **Come stai?** (*familiar*) or **Come sta?** (*polite*). In this case, you use the verb **stare** instead of **essere**. As you will discover, **stare** is not a synonym for **essere**. It has many more meanings. Here is its conjugation:

PRESENT INDICATIVE OF **STARE**		
Singular	1st person	**Sto** bene. *I am well.*
	2nd person	**Stai** bene, Maria? *Are you well, Mary?*
	3rd person	**Sta** bene, dottore? *Are you well, doctor?*
Plural	1st person	**Stiamo** bene. *We are well.*
	2nd person	**State** bene? *Are you (both) well?*
	3rd person	**Stanno** bene. *They are well.*

Finally, the verb **avere** can be used in expressions that allow you to convey your feelings and state of mind. But be careful! They are translated with *to be* in English.

avere	fame	to be	*hungry*
	sete		*thirsty*
	sonno		*sleepy*
	fretta		*in a hurry*
	paura		*afraid*
	caldo		*warm/hot*
	freddo		*cold*
	ragione		*right*
	torto		*wrong*
	voglia di	*to feel like*	*(doing something)*

Examples:

Ho fame. = *I am hungry* (lit., "I have hunger").

Marco ha paura. = *Mark is afraid* (lit., "Mark has fear").

BE CAREFUL!	
IS	*AND*
è (with accent mark)	**e** (without accent mark)

Practice Set 13

A. Here's a chance for you to practice the verbs you have just learned (**essere, avere, stare**) in a "mechanical" way. It is, of course, necessary to become familiar with the forms themselves before being able to use them. Write the suggested forms.

ESSERE	**AVERE**	**STARE**
______ 1. *you* (fam.) *are*	______ 2. *you* (fam.) *have*	______ 3. *you* (fam.) *are* (*well,* etc.)
______ 4. *I am*	______ 5. *I have*	______ 6. *I am* (*well,* etc.)
______ 7. *they are*	______ 8. *they have*	______ 9. *they are* (*well,* etc.)

noi sono	noi abbiamo	noi stiamo
10. *we are*	11. *we have*	12. *we are* (*well*, etc.)
~~Ao~~		
13. *you* (pl.) *are*	14. *you* (pl.) *have*	15. *you* (pl.) *are* (*well*, etc.)
voi ~~avete~~ siete	avete	voi state
16. *he is*	17. *he has*	18. *he is* (*well*, etc.)
19. *she is*	20. *she has*	21. *she is* (*well*, etc.)
22. *you* (pol.) *are*	23. *you* (pol.) *have*	24. *you* (pol.) *are* (*well*, etc.)

B. In the following short dialogues the verbs **essere** and **stare** are missing. Can you complete each dialogue with the appropriate verbs in their correct forms?

Buongiorno, dottor Marchi, come (1) va ?

Bene, grazie, e Lei?

Anche io (2) sto bene, grazie.

Buonasera. Come si chiama?

Mi chiamo Franco Rinaldi.

(3) ____________ italiano (Lei)?

Sì (*yes*), (4) ____________ italiano.

Salve, Marco, come (5) ____________?

Così, così, e tu?

Non c'è male. Marco, (6) ____________ francese?

Sì. Anche Maria (*his girlfriend*) (7) ____________ francese.

Marco, Maria, come (8) ____________?

(9) ____________ molto bene, grazie.

Marco, Maria, (10) ____________ italiani?

Sì, (11) ____________ italiani.

Anche Gino e Gina (*their friends*) (12) ____________ italiani.

C. Now choose between **essere** and **avere** to fill in the blanks.

Maria (1) ____________ paura.

Maria (2) ____________ italiana.

Giovanni e Paolo (3) ____________ italiani.

Giovanni e Paolo (4) ____________ fame e sete.

Maria, (5) ____________ freddo? —Sì, (6) ____________ freddo.

Maria, (7) ____________ spagnola? —Sì, (8) ____________ spagnola.

Marco, Gina, (9) ____________ caldo? —Sì, (10) ____________ caldo.

Marco, Gina, (11) ____________ italiani? —Sì, (12) ____________ italiani.

D. Finally, turn each of the following pairs of sentences into single ones using the suggested words. Do not forget to make any necessary changes.

Example: Gino ha freddo. Maria ha freddo. (Use **e**.)
Gino is cold. *Mary is cold.*

Ans: **Gino e Maria hanno freddo.**
Gino and Mary are cold.

1. Il signor Dini è italiano. La signora Pace è italiana. (Use **e**.)

   ____

2. Marisa ha ragione. Alberto ha torto. (Use **ma**.)

   ____

3. Claudio ha paura. Claudio ha fretta. (Use **e**.)

   ____

4. Carla sta bene. Carla sta male. (Use **o**.)

   ____

5. La signorina Dini ha fame. Il signor Rossi ha fame. (Use both **e** and **anche**.)

   ____

Reading and Comprehension Activity for Chapter 3

Now it's time for you to test your reading skills. Read the following brief passage, then do the follow-up activity. Some of the words are glossed for you. You should be able to figure out the meaning of the others on your own.

Lettura

Il signor Rossi sta male. Ha mal di	
testa *perché* ha fame e sete. Ha	*because*
fretta. È italiano. Abita a	
Firenze. «Ecco la signora Verdi», *dice* il	*says*
signor Rossi. «Buongiorno, signora	
Verdi, come va?» «Ah, signor Rossi,	
buongiorno. Sto bene.» Il signor Rossi	
e la signora Verdi *vanno* a un *bar*	*go, coffee bar*
insieme.	*together*

A. *Vero* (true) o *falso* (false)?

	vero	falso
1. Il signor Rossi sta bene.	☐	☐
2. Il signor Rossi e la signora Verdi vanno a un bar.	☐	☐
3. La signora Verdi sta bene.	☐	☐
4. Il signor Rossi non ha sete.	☐	☐
5. Il signor Rossi ha fame.	☐	☐
6. Il signor Rossi abita a Firenze	☐	☐
7. La signora Verdi ha fretta.	☐	☐
8. Il signor Rossi ha mal di testa.	☐	☐

B. Now write your own little story about Ms. Balboni. In it, say that Ms. Balboni . . .

1. is feeling well. 2. is sleepy. 3. lives in Rome. 4. is Italian. 5. has a watch.

____

____

____

____

____

CHAPTER 4

Persone e cose
Persons and Things

In this chapter you will learn:

- how to ask basic questions
- how to talk about yourself
- how to name people and things

Dialogue and Comprehension Activity 4

Roberto, dove abiti?

Daniela:	Roberto, dove abiti?	*—Robert, where do you live?*
Roberto:	Abito in centro, in via Nazionale, 33.	*—I live downtown, at 33 National Street.*
Daniela:	Perché abiti in città?	*—Why do you live in the city?*
Roberto:	Perché lavoro in centro.	*—Because I work downtown.*
Daniela:	Che fai adesso?	*—What are you doing now?*
Roberto:	Niente.	*—Nothing.*
Daniela:	Hai fame?	*—Are you hungry?*
Roberto:	Sì.	*—Yes.*
Daniela:	Andiamo a un ristorante?	*—Shall we go to a restaurant?*
Roberto:	Va bene.	*—OK.*

Match the answers in the right-hand column to the questions in the left-hand column.

1. Dove abita (*is living*) Roberto? ___
2. Che fa (*is doing*) adesso? ___
3. Chi (*who*) ha fame? ___
4. Dove vanno (*are going*) Daniela e Roberto? ___
5. Perché Roberto abita in città? ___

a. Non fa niente.
b. Roberto ha fame.
c. Abita in via Nazionale, 33.
d. Perché lavora in centro.
e. Vanno a un ristorante.

Fare domande semplici
Asking Basic Questions

There are two basic kinds of questions to be asked in Italian:

1. The kind to which you want a *yes* or *no* reply. These can be asked in one of two ways:

- Simply add the normal intonation for questions to your sentence.

  Roberto è italiano? *Robert is Italian?*

  Il signor Dini ha ragione? *Mr. Dini is right?*

- Put the subject of your sentence at the end, not forgetting to add the normal intonation for questions. This is the more common of the two types.

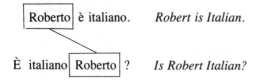

Subject

[Roberto] è italiano. *Robert is Italian.*

È italiano [Roberto] ? *Is Robert Italian?*

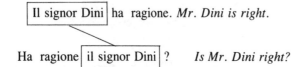

Subject

[Il signor Dini] ha ragione. *Mr. Dini is right.*

Ha ragione [il signor Dini] ? *Is Mr. Dini right?*

2. The kind that seeks specific information. For this type of question you need to know the following words:

dove	*where*	**chi**	*who*
perché	*why*	**quale**	*which*
che / **cosa** / **che cosa**	*what*	**come**	*how*

To answer a question that asks for specific information, simply tell the speaker what he/she wants to know.

To answer a question that requires a *yes* or *no* reply, do the following:

YES REPLY	*NO* REPLY
Simply start your reply with **Sì** *Yes*:	Start your reply with **No** *No*, and put **non** right before the verb:
Sì, Roberto è italiano.	**No**, Roberto **non** è italiano. *No, Robert is not Italian.*
Sì, il signor Dini ha ragione.	**No**, il signor Dini **non** ha ragione. *No, Mr. Dini is not right.*

Other possible *no* answers require the following:

non. . . neanche; nemmeno	*not even*
non. . . mai	*never*
non. . . più	*no more, no longer*
non. . . niente; nulla	*nothing*
non. . . nessuno	*no one, nobody*

Remember always to keep **non** before the verb when replying.

QUESTION	*NO* REPLY
È italiana **anche** Maria? *Is Mary also Italian?*	No, **non** è italiana **neanche** Maria. *No, not even Mary is Italian.*
Ha fame Maria? *Is Mary hungry?*	No, Maria **non** ha **mai** fame. *No, Mary is never hungry.*
Ha fretta Claudia? *Is Claudia in a hurry?*	No, Claudia **non** ha **più** fretta. *No, Claudia is no longer in a hurry.*

- With **dove, quale**, and **come** you can drop the final **-e** only before the verb form **è**. Then add an apostrophe to **dove** and **come**, but not to **quale**.

Dove è?	*or*	**Dov'è?**	*Where is it?*
Come è?	*or*	**Com'è?**	*How is it?*
Quale è?	*or*	**Qual è?**	*Which is it?*

Now, let's review all of the interrogative words discussed above.

QUESTION	POSSIBLE REPLY
Dov'è Maria? *Where is Mary?*	Ecco Maria. *Here is Mary.*
Come sta, signore? *How are you, sir?*	Non c'è male, grazie. *Not bad, thank you.*
Perché hai fretta? *Why are you in a hurry?*	Perché sono in ritardo. *Because I am late.*
Che è?/Cosa è?/Che cosa è? *What is it?*	È una matita. *It is a pencil.*
Chi sono? *Who are they?*	Sono Marco e Marisa. *They are Mark and Marisa.*
Qual è? *Which is it?*	È la matita. *It is the pencil.*

Notice that **perché** also means *because*.

Practice Set 14

A. Answer the following questions in complete sentences with either **Sì** or **No**, as suggested. Do not forget to make all logical changes.

Examples: È italiana Maria? (No) *Is Mary Italian?*	Hai freddo? (Sì) *Are you* (fam.) *cold?*
No, Maria non è italiana. *No, Mary is not Italian.*	**Sì, ho freddo.** *Yes, I am cold.*

1. Hanno torto Giovanni e Maria? (Sì)

   ______________________________.

2. Avete ragione? (Sì)

   ______________________________.

3. Hai caldo? (No)

   ______________________________.

4. Ha sonno Claudia? (No)

   ______________________________.

5. Ha (*pol.*) sonno? (*Are you sleepy?*) (Sì)

   ______________________________.

6. C'è una matita? (Sì) (*Is there a pencil?*)

   ______________________________.

7. C'è una matita? (No) (Put **non** before **c'è**.)

   ______________________________.

8. Ci sono due matite? (No) (Don't forget to put **non** before **ci sono**.)

   ______________________________.

9. Gino e Gina sono spagnoli? (No)

   ______________________________.

10. È un orologio? (Sì)

   ______________________________.

B. Now read the following story about Maria and Mario and answer the questions (in complete sentences, of course).

Maria è italiana. Non sta bene. Sta male perché ha sonno. Anche Mario è italiano. Ha fame e sete. Sta molto bene.

1. Chi è Maria?

____.

2. È italiano anche Mario?

____.

3. Come sta Maria?

____.

4. Perché?

____.

5. E Mario come sta?

____.

6. Che cosa ha Mario?

____.

C. Can you figure out what questions would elicit the following replies?

Examples: No, non siamo italiani.
No, we are not Italian(s).

Siete italiani?
Are you (pl.) *Italian(s)*?

Sto bene, grazie.
I am well, thank you.

Come sta (pol.)?/**Come stai,** (fam.)?
How are you?

1. No, Mario non è spagnolo.

____.

2. È un orologio.

____.

3. È Claudia.

____.

4. Sto male perchè ho fame.

____.

5. No, Claudia non ha mai fretta.

____.

6. Mi chiamo Giovanni.

____.

Parlare di sè
Talking about Oneself

Now it is time for you to talk about yourself—in Italian, of course.

Chi	è	(Lei) (*pol.*)?
	sei	(tu) (*fam.*)?
Who	*are*	*you?*

Sono Mi chiamo	Provide your name (in Italian if you know it).
I am *My name is*	

Sono	uno studente (*m.*)	d'italiano.
	una studentessa (*f.*)	
I am	*a student*	*of Italian.*

Sono	sposato (*m.*).	Non sono	sposato (*m.*).
	sposata (*f.*).		sposata (*f.*).
I am	*married.*	*I am not*	*married.*

Sono	italiano (*m.*)/italiana (*f.*).
	americano (*m.*)/americana (*f.*).
	australiano (*m.*)/australiana (*f.*).
	spagnolo (*m.*)/spagnola (*f.*).
	tedesco (*m.*)/tedesca (*f.*).
	inglese (*m./f.*).
	canadese (*m./f.*).
	francese (*m./f.*).

I am	*Italian*
	American
	Australian
	Spanish
	German
	English
	Canadian
	French

Dove	abita (*pol.*)?
	abiti (*fam.*)?
Where	*do you live?*

Abito	in campagna	in via Nazionale, 33.
	in centro	
	in città	in corso Garibaldi, 46.
	in periferia	in viale Rossini, 2.
I live	*in the country*	
	downtown	*on 33 National Street.*
	in the city	*on 46 Garibaldi Avenue.*
	in the suburbs	*on 2 Rossini Street/Avenue.*
		(Notice that in Italian the number of the street or avenue comes last.)

Qual è	il	tuo (*fam.*)	nome?
		suo (*pol.*)	
What is	*your*		*name?*

TITOLO	NOME	COGNOME	INDIRIZZO
TITLE	FIRST NAME	SURNAME	ADDRESS
il signor *Mr.*	Marco	Dini	via Nazionale, 33
la signora *Mrs.* *etc.*	Gina	Rossi	corso Garibaldi, 46

Practice Set 15

Answer the following questions about yourself in proper Italian.

1. Come si chiama?

____

2. È sposato/sposata?

____

3. Give your nationality (if you know it in Italian).

____

4. Dove abita?

____

5. Fill in the following:

TITOLO	NOME	COGNOME	INDIRIZZO

Now you know who you are in Italian!

Nominare le cose: prima parte
Naming Things: Part I

From what you have learned so far, you already know quite a bit about naming people. Recall that it is the ending that allows you to distinguish between males and females.

NAMING PEOPLE	
-o (for males)	**-a** (for females)
Robert**o** Mari**o** Carl**o**	Robert**a** Mari**a** Carl**a**

So from now on the **-o** ending will be called *masculine,* and the **-a** ending *feminine*. The names you learned in Chapter 1 are known as *proper nouns*. Other kinds of proper nouns include the names of continents, countries, cities, bodies of water, etc.

You have also seen how to name languages and their speakers. Notice that most languages end in **-o** and are classified as masculine. A speaker can, of course, be either masculine (if male) or feminine (if female).

NAMING LANGUAGES AND THEIR SPEAKERS			
LANGUAGES	SPEAKERS		
	Male	*Female*	
italian**o**	italian**o**	italian**a**	*Italian*
spagnol**o**	spagnol**o**	spagnol**a**	*Spanish*
tedesc**o**	tedesc**o**	tedesc**a**	*German*

You may have noticed, however, that some language names end in **-e,** and that these refer to both male and female speakers, that is, they are classified as both masculine and feminine.

LANGUAGES	SPEAKERS		
	Male	*Female*	
ingles**e**	ingles**e**	ingles**e**	*English*
frances**e**	frances**e**	frances**e**	*French*

Let's summarize! Naming in Italian is done with nouns that end in **-o, -a,** or **-e.** If they end in **-o** they are masculine; if they end in **-a** they are feminine; and if they end in **-e** they may be either.

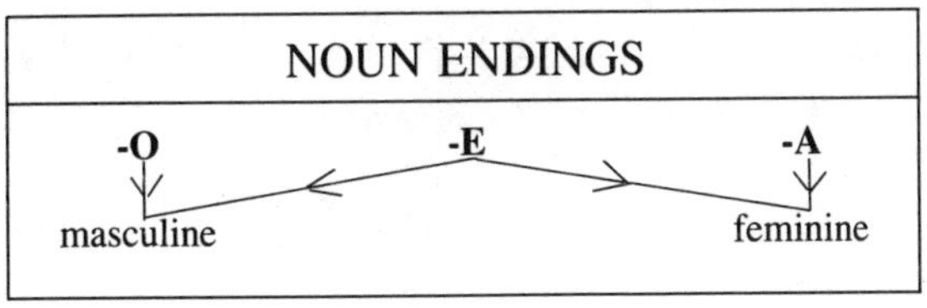

Naming objects is just as easy. *Common* nouns also end in **-o, -a,** and **-e.** You will simply have to learn how they are classified in this case. You cannot "predict" it (more or less) as you could in the case of first names or of speakers of languages. Nouns referring to objects ending in **-e** are either masculine *or* feminine, but not both. To be sure which one it is, consult the vocabularies at the end of this book.

Now let's name some of the people and objects that make up our world at home, school, and work.

A CASA AT HOME					
COSA È?					
È	un	salotto.	È	una	stanza.
		bagno.			porta.
		tetto.			finestra.
		muro.			cạmera.
		soffitto.			sala da pranzo.
		piano.			cucina.
		pavimento.			scala.
		corridọio.			terrazza.
		tetto.			poltrona.
		armạdio.			parete (*f.*).
		comodino.			sẹdia.
		interruttore (*m.*).			tạvola.
		divano.			

(This table continues on the next page)

A CASA AT HOME					
COSA È?					
It is	*a*	*living room.*	*It is*	*a/an*	*room.*
		washroom.			*door.*
		roof.			*window.*
		wall.			*bedroom.*
		ceiling.			*dining room.*
		floor (level).			*kitchen.*
		floor (ground).			*staircase.*
		roof.			*terrace/balcony.*
		closet.			*armchair.*
		night table.			*partition.*
		switch.			*chair.*
		sofa.			*eating table.*

A CASA AT HOME					
CHI È?					
È	un	marito.	È	una	moglie (*f.*).
		figlio.			figlia.
		bambino.			bambina.
		padre (*m.*).			madre (*f.*).
		fratello.			sorella.
He is	*a*	*husband.*	*She is*	*a*	*wife.*
		son.			*daughter.*
		child.			*child.*
		father.			*mother.*
		brother.			*sister.*

A SCUOLA AT SCHOOL					
COSA È?					
È	un	libro.	È	una	matita.
		quaderno.			penna.
		tạvolo.			lavagna.
		banco.			scrivanịa.
		gesso.			classe (*f.*).
		cancellino.			lezịone (*f.*).
		esercịzio.			
		esame (*m.*).			
		errore (*m.*).			
	uno	zạino.		un'	entrata.
		sbạglio.			uscita.
		scaffale (*m.*).			ạula.
It is	*a/an*	*book.*	*It is*	*a/an*	*pencil.*
		workbook.			*pen.*
		table.			*chalkboard.*
		(student) desk.			*(writing) desk.*
		(piece of) chalk.			*class (of students).*
		eraser.			*lesson/class.*
		exercise.			
		exam(ination).			
		error.			
		knapsack/school bag.			*entrance.*
		mistake.			*exit.*
		bookshelf.			*classroom.*

A SCUOLA AT SCHOOL					
CHI È?					
È	*un*	ragazzo.	È	una	ragazza.
		insegnante (*m.*).			studentessa.
		professore (*m.*)			professoressa.
		amico.			compagna.
		compagno.			
	uno	studente (*m.*)		un'	amica.
					insegnante (*f.*).
He is	*a*	*boy*.	She is	a	*girl*.
		teacher (m.).			*student (f.)*.
		professor (m.).			*professor (f.)*.
		friend.			*school friend*.
		school friend.			
		student (m.).			*friend*.
					teacher (f.).

AL LAVORO AT WORK					
COSA È?					
È	un	ufficio.	È	una	segreteria.
		ascensore (*m.*).			
	uno	studio.			
It is	*a/an*	*office*.	*It is*	*a*	*secretarial office*.
		elevator.			
		professional office.			

AL LAVORO AT WORK					
CHI È?					
È	un	uomo.	È	una	donna.
		impiegato.		un'	impiegata.
He is	*a/an*	*man.*	*She is*	*a/an*	*woman.*
		employee (m.).			*employee* (f.).

By now you may have figured out how to say *a/an* in Italian. The following chart will help you summarize all you need to know.

A/AN	
WITH MASCULINE NOUNS	WITH FEMININE NOUNS
If the noun starts with **z,** or **s** + a consonant	If the noun starts with any consonant (including **z,** or **s** + a consonant)
uno — zaino (starts with **z**); **sb**aglio, **sc**affale, **st**udio (starts with **s** + consonant)	**una** — **r**agazza, **st**udentessa, **sc**rivania, **c**lasse, **b**ambina, **m**atita
If the noun starts with any other consonant or a vowel	If the noun starts with any vowel
un — **r**agazzo, **s**alotto, **l**ibro, **a**mico, **e**same	**un'** — **a**mica, **e**ntrata, **u**scita, **a**ula

Just remember that there is *no* apostrophe in the masculine.

a male friend	a female friend
un amico	**un'**amica

Just one more thing: Remember your titles? Well, these can also be used to name people.

MR.	*GENTLEMAN*
Buongiorno, signor Dini. *Hello, Mr. Dini.*	È un signore. *He is a gentleman.*
MRS.	*LADY/MARRIED WOMAN*
Buonasera, signora Dini. *Hello, Mrs. Dini.*	È una signora. *She is a lady/woman.*
MISS/MS.	*GIRL/UNMARRIED WOMAN*
ArrivederLa, signorina Dini. *Goodbye, Miss/Ms. Dini.*	È una signorina. *She is a girl/young lady.*

Practice Set 16

A. Now it's your turn to name things. Answer in complete sentences.

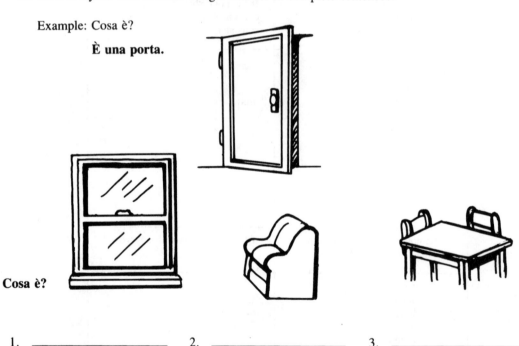

Example: Cosa è?

È una porta.

Cosa è?

1. ______________ 2. ______________ 3. ______________

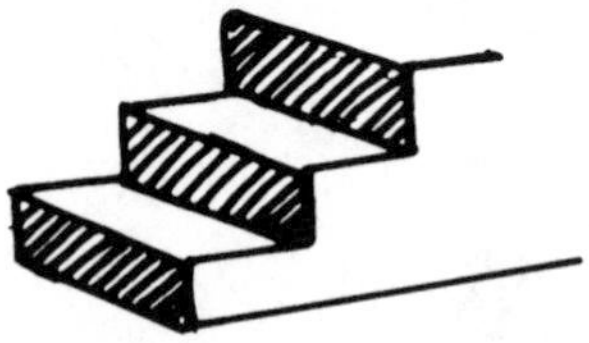

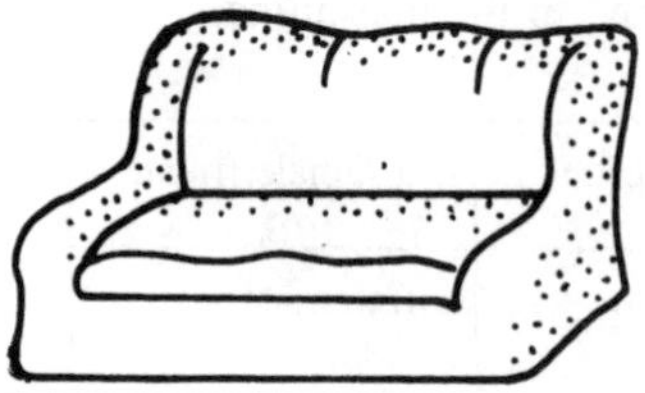

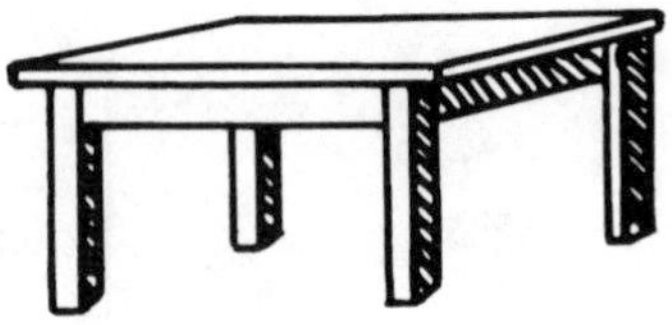

4. ______________ 5. ______________ 6. ______________

7. ____________________

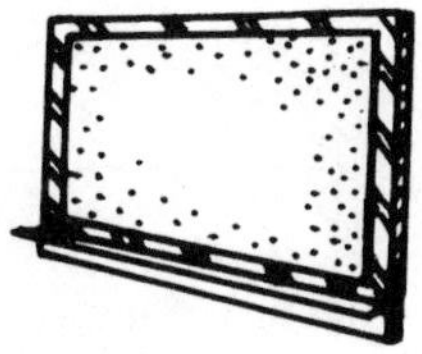

8. ____________________

9. ____________________

10. ____________________

11. ____________________

12. ____________________

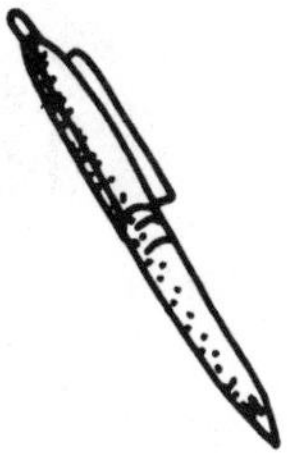

13. ____________________

14. ____________________

B. Can you name the rooms in the house (indicated by numbers) and the parts (indicated by letters)? Use complete sentences.

1. ______________ 2. ______________

3. ______________ 4. ______________

5. ______________

a. ______________ b. ______________

c. ______________ d. ______________

C. And now for some more important mechanical practice. Try putting the correct form of *a/an* in front of the following nouns. Just to make sure you keep on thinking, try to guess where the things described in each question belong (at home, at school, or at work).

1. ______________ salotto, ______________ pavimento, ______________ corridoio

______________ tetto, ______________ armadio, ______________ comodino,

______________ terrazza, ______________ stanza, e ______________ interruttore.

Dov'è? ______________________________

2. ______________ segreteria, ______________ ufficio, ______________ studio, e

______________ ascensore.

Dov'è? ______________________

3. ____________ banco, ____________ gesso, ____________ cancellino,

____________ esercizio, ____________ scrivania, ____________ zaino,

____________ sbaglio, ____________ scaffale, ____________ classe,

____________ lezione, ____________ aula, ____________ uscita, e

____________ entrata.

Dov'è? ______________________

D. Finally, can you complete the chart?

CORRESPONDING	
MALES	FEMALES
un marito	una moglie
un figlio	(1)
(2)	una bambina
un padre	(3)
(4)	una sorella
un amico	(5)
(6)	una compagna
un professore	(7)
(8)	un'insegnante
un ragazzo	(9)
un impiegato	(10)
(11)	una donna

Reading and Comprehension Activity for Chapter 4

Now it's time for you to test your reading skills. Read the following brief passage, then do the follow-up activity. Some of the words are glossed for you. You should be able to figure out the meaning of the others on your own.

Lettura

Il signor Dini e la signora Dini, marito e moglie, *abitano* in una casa molto *bella*. Il signor Dini e la signora Dini abitano in *periferia*.	*live* *beautiful* *suburbs*
Hanno un figlio e una figlia. Il ragazzo si chiama Roberto e la ragazza si chiama Roberta. Roberto e Roberta vanno a scuola. Il signor Dini lavora in un ufficio. È un impiegato. Anche la signora Dini lavora in un ufficio. È un'impiegata.	

A. Answer the following questions with complete sentences.

1. Come si chiama l'uomo (il marito)?

   ______________________________.

2. Come si chiama la donna (la moglie)?

   ______________________________.

3. Come si chiama il figlio?

   ______________________________.

4. Come si chiama la figlia?

   ______________________________.

5. Dove abitano?

   ______________________________.

6. Com'è la loro *(their)* casa?

   ______________________________.

7. Dove vanno Roberto e Roberta?

   ______________________________.

8. Dove lavora il signor Dini?

   ______________________________.

9. Chi è il signor Dini?

   ______________________________.

10. Dove lavora la signora Dini?

    ______________________________.

11. Chi è la signora Dini?

    ______________________________.

B. Now write your own little story about Mr. Rinaldi and Mrs. Vera-Rinaldi. In it, say that . . .

1. Mr. Rinaldi works in a school. 2. Mrs. Vera-Rinaldi works in a school too. 3. Mr. and Mrs. Rinaldi have a son and a daughter. 4. The daughter is a student. 5. The son is also a student.

____

____

____

____

____

Putting It All Together (Chs. 3 and 4)

Practice Set 17

A. You are being asked a series of questions by *la professoressa Marchi*. Go ahead and answer her. (*M* = Marchi; *Y* = You)

M: Buongiorno. Come va?

Y: 1. ______________________________.

M: Come si chiama?

Y: 2. ______________________________.

M: Dove abita, in campagna, in città...?

Y: 3. ______________________________.

M: Qual è il suo indirizzo (*What is your address*)?

Y: 4. ______________________________.

M: È sposato/sposata?

Y: 5. ______________________________.

M: È italiano/italiana?

Y: 6. ______________________________.

M: Grazie e buongiorno.

Y: 7. ______________________________.

B. There are missing parts in the following dialogue. Can you supply them? (*R* = il signor Rossi; *V* = la signora Verdi; *D* = la dottoressa Dini)

R: Ah, buonasera, dottoressa. Come va?

D: Buonasera, signor Rossi. Sto (1)__________ bene, e Lei?

R: Anche io (2) ____________.

D: Permette che Le (3) ____________ la signora Verdi.

R: Molto (4) ____________ di fare (5) ____________.

V: Il (6) ____________ è mio.

R: Permette che (7) ____________ presenti. (8) ____________ Marco Rossi.

C. Can you put the following "thoughts" into Italian?

1. John is right, and he is never wrong.

____.

2. I am no longer cold, sleepy, hungry, and thirsty.

____.

3. Mary, are you afraid?

____.

4. Is there a chair?

____.

5. Yes, there are two chairs.

____.

6. Where are they?

____.

7. Here is a chair.

____.

D. Finally, here is a challenging association game for you. Can you complete each of the following sequences logically?

Example: una moglie, un marito, una figlia, ___?___

un figlio (= family members)

1. un professore, una professoressa, un dottore, ________________
2. un compagno, una compagna, un amico, ________________
3. un'insegnante, un insegnante, un'impiegata, ________________
4. una ragazza, un ragazzo, una donna, ________________

CHAPTER 5

Desidera?
May I Help You?

In this chapter you will learn:

- how to say things politely
- how to agree and disagree
- how to name people and things with the definite article; and then how to refer to them in the plural

Dialogue and Comprehension Activity 5

Desidera, signore?

Cliente: (customer)	Scusi, signorina.	*—Excuse me, miss (young lady).*
Commessa: (female store clerk)	Avanti. Desidera, signore?	*—Come in. May I help you?*
Cliente:	Lei vende orologi?	*—Do you sell watches?*
Commessa:	Sì, certo.	*—Yes, certainly (of course).*
Cliente:	Per favore, ho bisogno di un orologio per mia moglie.	*—Please, I need a watch for my wife.*
Commessa:	Abbiamo orologi molto belli, ma costano molto.	*—We have very beautiful watches, but they cost a lot.*
Cliente:	Non c'è problema. Quanto costa quello?	*—No problem. How much does that one cost?*
Commessa:	Un milione di lire.	*—A million lire (just under $1000).*
Cliente:	Va bene, lo prendo, grazie.	*—OK, I'll take it, thank you.*
Commessa:	Prego.	*—You're welcome.*

Now it's your turn to be a customer. Fill in the blanks.

You: (1) _______, signorina.
Commesso: Avanti, signore/signora/signorina. Desidera? *(male store clerk)*

You: Sì, (2) _______ vende scarpe *(shoes)?*
Commessa: Sì, certo.
You: Per (3) _______. Ho bisogno di scarpe per me *(me).*
Commesso: Abbiamo scarpe molto belle, ma costano molto.
You: Non c'è (4) _______. (5) _______ costano quelle?
Commesso: Un milione di lire.
You: Va (6) _______. Le *(them)* prendo, (7) _______.
Comesso: Prego.

Esprimersi cortesemente
Expressing Oneself Politely

You have already learned quite a few things about being polite. You have learned how greetings and introductions vary according to whether you are on a first-name basis with others (= familiar speech) or not (= polite speech).

Now let's see how *you* is rendered in Italian.

YOU		
	SINGULAR	PLURAL
Familiar	**tu** →	**voi**
Polite	**Lei** ⇢	**(Loro)**

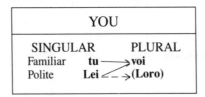

- In current Italian, the plural form of both **tu** and **Lei** is **voi** in most speech situations. But **Loro** as the plural of **Lei** is still used in very formal situations (for example, when being addressed by waiters, salesclerks, etc.).
- The polite forms may be capitalized, but this is not strictly necessary. In this book the polite forms will always be capitalized so that you can easily recognize them.
- Keep in mind, as you learned in the previous chapter, to use the correct forms of the verb.

tu →	use the 2nd person singular forms: **tu sei/tu hai**/etc.
Lei →	use the 3rd person singular forms: **Lei è/Lei ha**/etc.
voi →	use the 2nd person plural forms: **voi siete/voi avete**/etc.
Loro →	use the 3rd person plural forms: **Loro sono/Loro hanno**/etc.

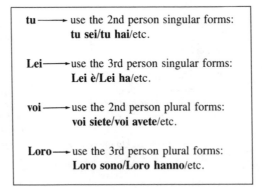

Incidentally, when approached by a waiter, a salesclerk, etc., you might hear:

Desịdera?	*May I help you* (sing.)?
Desịderano?	*May I help you* (pl.)?
	Literally, "Do you desire (something)?"

Now, here are some important polite expressions:

EXCUSE ME		
FAMILIAR	POLITE	
Scusa.	Scusi.	Used, as in English, to say that you are sorry (if, for example, you just bumped into someone), or simply to say *excuse me*.
Permesso.		Used to say *excuse me* when you do not want someone's attention (e.g., making your way through a crowd).
Prego/Permesso?		Used to get someone's attention: *May I come in?*

REPLYING	
Prego.	*Please do (come in).*
Avanti.	*Come in.*
S'accọmodi. (*pol.*)/ Accọmodati. (*fam.*)	*Make yourself comfortable.*

PLEASE AND THANK YOU	
Per favore/Per piacere.	*Please.*
Grazie.	*Thank you.*
Prego.	*You're welcome.*

As you have seen, the word **prego** sure comes in handy!

MISCELLANEOUS EXPRESSIONS		
FAMILIAR	POLITE	
Ti dispiace?	Le dispiace?	*Do you mind?*
Sei molto gentile.	È molto gentile.	*You are very nice.*
Non importa.		*It doesn't matter.*
Buon appetito!		Used before a meal; lit., "Good appetite!"
Salute!		Used before drinking: *To your health*!
Grazie, altrettanto!		Reply: *Thank you, and to you too!*

Salute! is also used after someone has sneezed. It corresponds to the common English exhortation "Bless you!"

Practice Set 18

A. Here are a few situations that require polite speech. Can you give the appropriate response in each case?

1. You are a salesclerk and see someone looking for something. What would you say? ______ ________________.
2. Now you see more than one person looking for something. What would you say? ______ ________________.
3. You want your friend's attention. How would you say "Excuse me"? ______________.
4. You just bumped into a stranger. What polite response might you give? ______________.
5. You are on a crowded bus and are trying to get to the back. On your way through you would say: ________________. If someone doesn't hear you, then you might say: ________________.
6. You knock on your boss's door and you might say: ________________.
7. Your boss might answer with: ________________.
8. You might say "please" with: ________________.

9. Someone has just bumped into you, and you say that it doesn't matter with: ________ ________________.

10. How would you say "you're welcome"? ________________.

11. Someone has just sneezed. Politely, you say: ________________.

12. You are about to start a meal. What could you say? ________________.

13. You are about to take your first sip of a drink. You might say: ________________.

14. For situations 12 and 13, someone might reply with: ________________.

15. Complete the following as suggested.

Roberto: Maria, (a) ________________? (*do you mind?*)

Maria: No. È un piacere.

Roberto (c) ________________. (*You are very nice.*)

Maria: Grazie.

Signor Marchi: Signora Verdi, (b) ________________? (*do you mind?*)

Signora Verdi: No. È un piacere.

Signor Marchi: (d) ________________. (*You are very nice.*)

Signora Verdi: Grazie.

B. Now fill in the blanks with the right form of **essere, avere,** or **stare** as the case may be.

1. Giovanni, dove (a) ________________tu? Signora Verdi, dove (b) ________________, Lei?

   Giovanni, cosa (c) ________________ (have), tu? Signora Verdi, cosa (d) ________________ (*have*), Lei?

   Giovanni, come (e) ________________, tu? Signora Verdi, come (f) ________________, Lei?

2. Gino, Gina, dove (a) ________________, voi? Signor Marchi, signora Dini, dove (b) ________________, voi?

   Gino, Gina, cosa (c) ________________, voi? Signor Marchi, signora Dini, cosa (d) ________________, voi.

   Gino, Gina, come (e) ________________, voi? Signor Marchi, signora Dini, come (f) ________________, voi?

3. At a restaurant a waiter might ask you and your company how you are with:

   Come ________________ (Loro)?

Essere/non essere d'accordo
Agreeing and Disagreeing

AGREEING	DISAGREEING
Si, è vero. *Yes, it's true.*	No, non è vero. *No, it's not true.*
Già/Ecco . . . *Uh huh . . .*	Ma va! *No way!* (Lit., "Go on!")
Capisco! *I see/I understand!*	Non capisco! *I don't see/I don't understand!*
Certo/certamente! *Certainly!*	No, ma almeno. . . *No, but at least . . .*
Va bene! *OK!*	Non va bene! *It's not OK!*
Non c'è problema! *No problem!*	Non lo so! *I don't know/I'm not sure!*
(Sono) d'accordo. *I agree.*	Non sono d'accordo. *I don't agree.*

Practice Set 19

Check the appropriate responses.

1. La professoressa è molto gentile.

Agreeing

☐ Sì, è vero.
☐ Non c'è problema!

Disagreeing

☐ Non capisco.
☐ No, non è vero.

2. È italiana, vero?

Agreeing

☐ Va bene.
☐ Certo!

Disagreeing

☐ Non lo so!
☐ Non va bene!

3. Sei d'accordo?

Agreeing

☐ Sì, sono d'accordo.
☐ Sì, capisco!

Disagreeing

☐ No, non sono d'accordo.
☐ Ma va!

4. È un professore brillante (*brilliant*)!

Agreeing

☐ Va bene.
☐ Già.

Disagreeing

☐ Ma va!
☐ No, ma almeno. . .

Nominare le cose: seconda parte
Naming Things: Part II

Let's now see how to name things with *the*, which, of course, allows you to name things in a specific way.

A/AN = NAMES SOMETHING NOT SPECIFIC	*THE* = NAMES SOMETHING SPECIFIC
È un libro. *It's a book.*	È il libro di Maria. *It's Mary's book* (Lit., "It is the book of Mary").

Let's see how the forms correspond. Review *a/an* if you need to, as well as the nouns introduced in the previous chapter.

A/AN			*THE*				
È	uno	zaino?	Sì	è	**lo**	zaino	di Maria.
		specchio *(mirror)*?				specchio	
È	un	amico?	Sì,	è	**l'**	amico	di Gino.
		esame?				esame	
È	un	libro?	Sì	è	**il**	libro	di Pina.
		quaderno?				quaderno	
È	una	matita?	Sì,	è	**la**	matita	di Carlo.
		penna?				penna	
È	un'	amica?	Sì,	è	**l'**	amica	di Pino.
		insegnante?				insegnante	

Now let's summarize!

THE	
WITH MASCULINE NOUNS	WITH FEMININE NOUNS
If the noun starts with **z**, or s + a consonant	If the noun starts with any consonant (including **z** or **s** + a consonant)
lo **z**aino, **s**pecchio	**la** **sc**rivania, **st**udentessa, **c**asa, **f**inestra, **m**atita, **p**enna
If the noun starts with any other consonant	
il **l**ibro, **q**uaderno	
If the noun starts with any vowel **l'** **a**mico	If the noun starts with any vowel **l'** amica

Notice that there is a separate masculine form for nouns starting with a vowel.

MASCULINE			FEMININE		
È	un	amico.	È	un'	amica.
	l'	amico di Pino.		l'	amica di Pina.

Now that you know how to name individual people and things, it's time to learn how to name more than one person or thing (= *plural* nouns). Note the changes in the noun endings and in the forms of *the*.

SINGULAR		PLURAL		
il	ragazz**o** tavol**o** padr**e**	**i**	ragazz**i** tavol**i** padr**i**	*the boys* *the tables* *the fathers*
lo	zain**o** student**e**	**gli**	zain**i** student**i**	*the school bags* *the students*
l'	amic**o** interruttor**e**		amic**i** interruttor**i**	*the friends* (m.) *the switches*
la	cas**a** madr**e**	**le**	cas**e** madr**i**	*the houses* *the mothers*
l'	entrat**a** uscit**a**		entrat**e** uscit**e**	*the entrances* *the exits*

Let's summarize!

NOUN ENDINGS	
SINGULAR	PLURAL
-o	**-i**
-e	**-i**
-a	**-e**

The tricky part is to remember that a noun ending in **-e** always changes to **-i,** regardless of whether it is masculine or feminine.

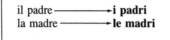

il padre → **i padri**
la madre → **le madri**

THE IN THE PLURAL	
WITH MASCULINE NOUNS	
Singular	Plural
il	**i**
lo	**gli**
l'	**gli**
WITH FEMININE NOUNS	
Singular	Plural
la	**le**
l'	**le**

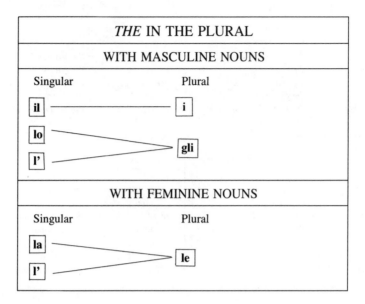

Once again you will have to be careful with nouns ending in **-e.**

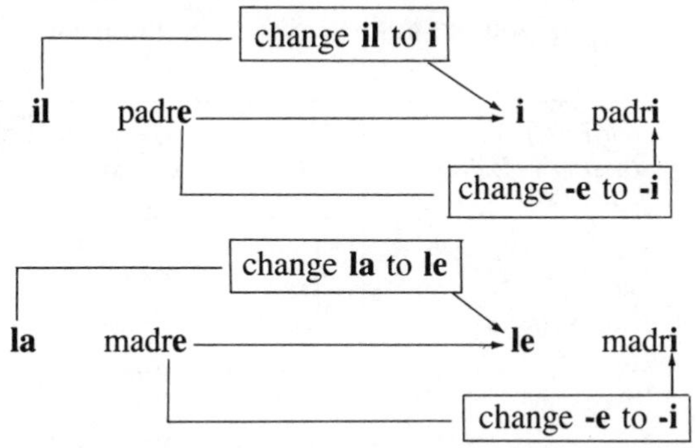

Of the nouns you have encountered so far in previous chapters, only **l'uomo** *the man* has an irregular plural form.

l'uomo *the man*	**gli uomini** *the men*

But the following nouns could give you some problems, so here are their plural forms for you.

SINGULAR		PLURAL	
lo zio	*the uncle*	gli zii	*the uncles*
la faccia	*the face*	le facce	*the faces*
l'orologio	*the watch/clock*	gli orologi	*the watches/clocks*
il tedesco	*the German (man)*	i tedeschi	*the German (men)*
la tedesca	*the German (woman)*	le tedesche	*the German (women)*
il corridoio	*the corridor*	i corridoi	*the corridors*
l'armadio	*the closet*	gli armadi	*the closets*
la sedia	*the chair*	le sedie	*the chairs*
la moglie	*the wife*	le mogli	*the wives*
il figlio	*the son*	i figli	*the sons*
l'esercizio	*the exercise*	gli esercizi	*the exercises*
lo sbaglio	*the mistake*	gli sbagli	*the mistakes*
la scrivania	*the (writing) desk*	le scrivanie	*the (writing) desks*
l'amico	*the friend* (m.)	gli amici	*the friends* (m.)
l'amica	*the friend* (f.)	le amiche	*the friends* (f.)
l'ufficio	*the office*	gli uffici	*the offices*
lo studio	*the professional office*	gli studi	*the professional offices*

You should also know that the Italian forms of *the* have some additional uses:

- They are used with titles, unless you are talking *directly* to the person.

Il signor Rossi sta bene. *Mr. Rossi is well.*	Signor Rossi, sta bene Lei? *Mr. Rossi, are you well?*
La dottoressa Dini è italiana. *Dr. Dini is Italian.*	Dottoressa Dini, è italiana Lei? *Dr. Dini, are you Italian?*

- They are used with countries. You determine which form to use in the normal fashion.

La Francia	è	una bella nazione.
France	*is*	*a beautiful nation.*
L'Italia	è	una bella nazione.
Italy	*is*	*a beautiful nation.*

- They are used with the subject of a sentence, which is often not done in English.

Subject

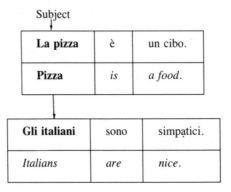

La pizza	è	un cibo.
Pizza	*is*	*a food.*

Gli italiani	sono	simpạtici.
Italians	*are*	*nice.*

- They are also used with the names of languages.

L'italiano	è	molto facile.
Italian	*is*	*very easy.*

Giovanni	studia	**il francese.**
John	*studies*	*French.*

- You must always repeat both *a/an* and *the* in front of each noun in a sentence.

Il ragazzo	e	**la** ragazza	sono	simpatici.
The boy and girl			*are*	*nice.*

Ho	**una** penna	e	**una** matita.
I have	*a pen and pencil.*		

Practice Set 20

A. You will find the following things in Mary's purse:

una lettera *letter*	una chiave (*f.*) *key*
un pettine (*m.*) *comb*	un orologio *watch*
uno specchio *mirror*	una fotografia *photograph*
un portafoglio *wallet*	un'agenda *appointment book*

Someone asks you what each object is, and you answer that each object belongs to Mary.

Example: È una lettera?

Sì, è la lettera di Maria.

1. È un pettine? ______________________.
2. È uno specchio? ______________________.
3. È un portafoglio? ______________________.
4. È una chiave? ______________________.
5. È un orologio? ______________________.
6. È una fotografia? ______________________.
7. È un'agenda? ______________________.

B. Now for some important mechanical practice in naming specific people and things. Fill in the chart with the corresponding singular or plural forms where necessary. This exercise also gives you a chance to review some of the nouns you have encountered so far in this book.

SINGULAR	PLURAL
1.	gli zii
2. l'uomo	(*Be careful!*)
3. il guanto	
4.	le scarpe
5. la schiena	
6.	le scene
7. la sciarpa	
8.	le facce
9. la birra	
10.	i gatti
11. la pizza	
12.	i signori
13. il professore	
14.	i dottori
15. l'avvocato	
16. la signora	
17.	le signorine
18. la professoressa	

SINGULAR	PLURAL
19. la dottoressa	
20.	gli italiani
21.	le italiane
22. l'americano	
23. l'americana	
24.	gli australiani
25.	le australiane
26. lo spagnolo	
27. la spagnola	
28.	i tedeschi
29.	le tedesche
30. l'inglese (*m.*)	
31. l'inglese (*f.*)	
32.	i canadesi
33.	le canadesi
34. il francese	
35. la francese	

C. Do you remember the names of the objects and persons that make up your world at home, school, and work? Refer to the appropriate charts in Chapter 4 and list the nouns on a separate sheet of paper. Then refer to them in a specific way (both in the singular and plural).

Example: salotto (found in the chart on page 47 "A casa")

il salotto (*living room*) **i salotti** (*living rooms*)

You will find the answers in the answer key section at the end of this book.

D. Finally, supply the appropriate forms of *the* missing from the following sentences. In a few cases it is not needed. Good luck!

1. ______________ professor Rossi non è francese.

2. Buongiorno, ______________ professor Rossi, come va?

3. Ecco ______________ signora Martini.

4. ArrivederLa, ______________ signora Martini.

5. ______________ pettine e ______________ chiave sono di Maria.

6. Anche ______________ specchio e ______________ orologio sono di Maria.

7. ______________ italiani e ______________ francesi sono simpatici.

8. ______________ studenti hanno una lezione.

9. ______________ italiano è molto facile.

10. ______________ Giovanni è italiano.

Reading and Comprehension Activity for Chapter 5

Now it's time for you to test your reading skills. Read the following brief passage, then do the follow-up activity. Some of the words are glossed for you. You should be able to figure out the meaning of the others on your own.

Lettura

L'amica di Claudia si chiama Renata. È una ragazza molto gentile. Claudia e Renata sono studentesse. *Vanno all'università.* Claudia ha due gatti e Maria ha un *cane.* Le scarpe di Claudia sono molto belle. E l'orologio di Renata è bello. Claudia e Renata sono due signorine molto *simpatiche.*	*they go to (the) university* *dog* *nice*

A. Each of the following sentences is false. Correct each one.

Example: L'amica di Claudia si chiama Roberta.
L'amica di Claudia si chiama Renata.

1. Renata è un ragazzo molto gentile.

   ____.

2. Claudia e Renata sono impiegate.

   ____.

3. Lavorano in un ufficio.

   ____.

4. Claudia ha un gatto.

____.

5. Renata ha due cani.

____.

6. Gli orologi di Claudia sono molto belli.

____.

7. Le scarpe di Renata sono molto belle.

____.

8. Claudia e Renata sono due signorine molto antipatiche *(unpleasant).*

____.

B. Now write your own little story about Bruno and Bruna. In it, say that . . .

1. Bruno lives in Rome. 2. Bruna lives in Florence. 3. He is a kind boy. 4. She is a kind girl. 5. Bruno has a dog. 6. Bruna has two cats.

____

____

____

____

____

CHAPTER 6

Al bar!
At the (Coffee) Bar!

In this chapter you will learn:

- how to speak in the present (Part I)
- how to refer to people with pronouns
- how to order at an Italian bar

Dialogue and Comprehension Activity 6

Claudia, che fai?

Pasquale è un giovane ridicolo.	Lui pensa sempre alle ragazze!	*Pasquale is a ridiculous young man. He always thinks about girls!*
Pasquale:	(telefona a Claudia) Claudia, che fai?	*(he phones Claudia) —Claudia what are you doing?*
Claudia:	Pasquale, sei tu? Guardo la televisione. Ciao!	*—Pat, is that you? I'm watching television. Bye!*
Pasquale:	Hmm . . . Forse Gina mi ama.	*—Hmm . . . Maybe Gina loves me.*
	(telefona a Gina) Ciao, Gina, che fai?	*(he phones Gina) —Hi, Gina, what are you doing?*
Gina:	Pasquale? Non faccio niente. Mangio un panino. Ciao!	*—Pat? I'm not doing anything. I'm eating a sandwich. Bye!*
Pasquale:	Hmm . . . Forse Maria mi ama.	*—Hmm . . . Maybe Mary loves me.*
	(telefona a Maria) Ciao, Maria, che fai?	*(he phones Mary) —Hi, Mary, what are you doing?*
Maria:	Pasquale? Sei tu? Ciao!	*—Pat? Is that you? Bye!*
Pasquale:	Hmm . . . Nessuno mi ascolta!	*—Hmm . . . No one listens to me!*

The verb endings are missing from the following paraphrase of the above dialogue. Can you supply them?

Pasquale è un giovane ridicolo. Lui (1) pens_____ sempre alle ragazze! Lui (2) telefon_____ a Claudia. «Claudia, che fai?». «Pasquale, sei tu?». (3) «Guard_____ la televisione». «Ciao!» Pasquale pensa: «Forse

Gina mi (4) am_____ ». Lui (5) telefon_____ a Gina. «Ciao, Gina, che fai?». «Non faccio niente». (6) ____ un panino». «Ciao!». Pasquale pensa: «Forse Maria mi (7) am_____ » Lui (8) telefon_____ a Maria. «Ciao, Maria, che fai?». «Pasquale?». «Sei tu?». «Ciao!!!». Pasquale pensa: «Nessuno mi (9) ascolt____ !».

Parlare al presente: prima parte
Speaking in the Present: Part I

You have already learned how to speak in the present using **essere, avere,** and **stare.** The time has come to expand your knowledge in this area. Here is a list of common verbs for you. Notice that they all end in **-are.** For this reason, they are said to belong to the same conjugation. If you have forgotten about conjugating verbs, just go over the appropriate part in Chapter 3.

COMMON **-ARE** VERBS

abitare	*to live (somewhere)*	guardare	*to look (at)/to watch*
amare	*to love*	guidare	*to drive*
arrivare	*to arrive*	invitare	*to invite*
ascoltare	*to listen (to)*	imparare	*to learn*
aspettare	*to wait (for)*	insegnare	*to teach*
ballare	*to dance*	lavorare	*to work*
cantare	*to sing*	mangiare	*to eat*
cercare	*to look/search for*	pagare	*to pay (for)*
cominciare	*to begin/start*	parlare	*to speak*
comprare	*to buy*	pensare	*to think*
desiderare	*to want/wish*	portare	*to bring/to carry*
dimenticare	*to forget*	studiare	*to study*
domandare	*to ask*	suonare	*to play (an instrument)*
entrare	*to enter*	telefonare	*to phone*
giocare	*to play (a game/sport)*		

These are known as *regular* verbs because, unlike the three you learned in the previous chapter, their conjugations follow a set and predictable pattern. Verbs like **essere, avere,** and **stare,** which must be learned by memory, are known as *irregular*. You will find a chart of all the irregular verbs used in this book at the end.

Practice Set 21

In this practice set, you will have a chance to become familiar with the conjugation pattern of **-are** verbs. It is this pattern that will allow you to use such verbs to express yourself in the present.

On the basis of each given model, fill in the suggested endings of the given verbs. Keep in mind what is happening. There will be a summary chart at the end of this exercise.

A. First person singular:

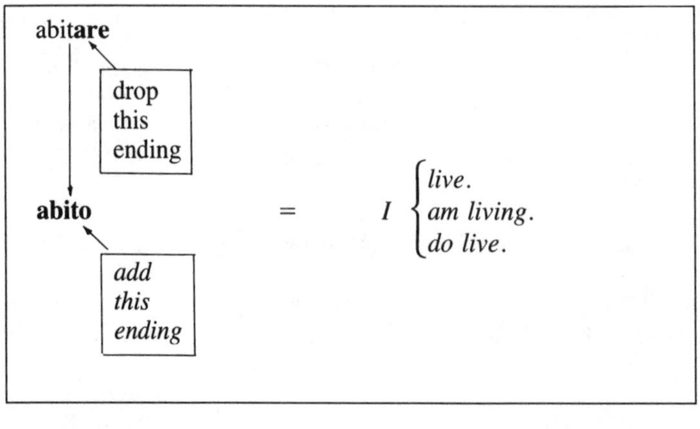

Continue with the following verbs:

1. amare: am ____ 2. arrivare: arriv ____ 3. ascoltare: ascolt ____

4. aspettare: aspett ____ 5. ballare: ball ____

B. Second person singular:

abit**are** ↓			
abiti	=	*You* (fam.)	*live.* / *are living.* / *do live.*

Continue.

1. cantare: cant ____ 2. cercare: cerch ____ 3. cominciare: cominc ____

4. comprare: compr ____

C. Third person singular:

abit**are** ↓			
abita	=	*He/She/It/You* (pol.)	*lives/live.* / *is living/are living.* / *does live/do live.*

Continue.

1. desiderare: desider ____ 2. dimenticare: dimentic ____ 3. domandare: domand ____

4. entrare: entr ____

D. First person plural:

abit*are* ↓			
abitiamo	=	*We*	*live.* / *are living.* / *do live.*

Continue.

1. giocare: gioch ____ 2. guardare: guard ____ 3. guidare: guid ____

4. invitare: invit ____ 5. imparare: impar ____

E. Second person plural:

abit*are* ↓			
abitate	=	*You* (pl.)	*live.* / *are living.* / *do live.*

Continue.

1. insegnare: insegn _____ 2. lavorare: lavor _____ 3. mangiare: mangi _____

4. pagare: pag _____ 5. parlare: parl _____

F. Third person plural:

abit*are* → **abitano**	=	*They*	*live.* / *are living.* / *do live.*

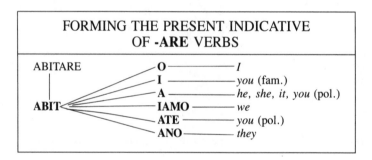

Continue. In this case, be careful about where to put the stress when pronouncing the third person plural. It does not fall on the ending! (Dots are placed under the stress to help you.)

1. pensare: pẹns _____ 2. portare: pọrt _____ 3. studiare: stụdi _____

4. suonare: suọn _____ 5. telefonare: telẹfon _____

To help you remember the appropriate endings, the following chart displays them in the regular order—as you have just practiced them—from top to bottom (that is, first person singular, second person singular, etc.).

FORMING THE PRESENT INDICATIVE OF -ARE VERBS

ABITARE → ABIT	Ending	
	O	*I*
	I	*you* (fam.)
	A	*he, she, it, you* (pol.)
	IAMO	*we*
	ATE	*you* (pol.)
	ANO	*they*

Note that verbs ending in **-care** and **-gare** add an **h** in front of **-i** and **-iamo** as a reminder to keep the **k** sound (see Chapter 1).

cerchi	**cerchiamo**	**paghi**	**paghiamo**

Also note that verbs ending in **-ciare** and **-giare** do not repeat the **i** in front of another **i**.

cominci	**cominciamo**	**mangi**	**mangiamo**

- The verb **cominciare** has the alternate form **incominciare.**

As you saw in Practice Set 21, the present tense allows you to express a present action in English in three ways:

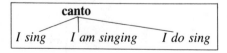

canto		
I sing	*I am singing*	*I do sing*

Don't forget that the third person singular allows you to be polite.

FAMILIAR	POLITE
Maria, dove abiti? Marco, che guardi?	Signora Dini, dove abita? Signor Marchi, che guarda?

You already know, of course, how to make a sentence negative.

AFFIRMATIVE	NEGATIVE
Il bambino guarda la T.V. *The child is watching T.V.*	Il bambino non guarda la T.V. *The child is not watching T.V.*

Some Italian verbs include the preposition that is expressed in English. They are:

- **ascoltare** *to listen to*

Lo studente	ascolta	il professore.
The student	*is listening to*	*the professor.*

- **aspettare** *to wait for*

La signora Martini	aspetta	Giovanni.
Mrs. Martini	*is waiting for*	*John.*

- **cercare** *to look/search for*

L'uomo	cerca	l'uscita.
The man	*is looking for*	*the exit.*

- **guardare** *to look at/to watch*

La studentessa	guarda	il libro.
The student	*is looking at*	*the book.*

- **pagare** *to pay for*

Dino,	paghi	il conto?
Dino,	*are you paying for*	*the bill?*

On the other hand, there are four Italian verbs that require prepositions, whereas their English equivalents do not. They are:

- **domandare** *to ask*

Marco	domanda	**a** Maria,	"Come stai?"
Mark	*asks*	*Mary,*	*"How are you?"*

- **entrare** *to enter*

La donna	entra	**in** classe.
The woman	*enters*	*the class.*

- **giocare** *to play (a game/sport)*

Gina e Gino	giocano	**a** tennis.
Gino and Gina	*play*	*tennis.*

- **telefonare** *to phone*

Mario	telefona	**a** Maria.
Mario	*is phoning*	*Mary.*

Finally, note the following:

- **Pensare** is followed by **a** plus a noun:

  Penso **a** Maria. *I'm thinking of Mary.*

- And by **di** plus a verb, or if you ask the question: *"What do you think of . . . ?"*

  Penso **di** guardare la T.V. *I'm thinking of watching T.V.*

  Che (cosa) pensi **di** Paolo? *What do you think of Paul?*

- "Eating" is divided into three meals.

mangiare
- **fare colazione** *to have breakfast*
- **pranzare** *to have lunch*
- **cenare** *to have dinner/to dine*

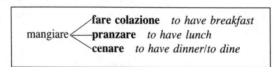

- The verb **fare** is a very useful one indeed. It means *to do* or *to make*. Like **essere, avere,** and **stare** it is irregular. So learn it now for future use.

THE PRESENT INDICATIVE OF **FARE**		
PERSON	SINGULAR	PLURAL
1st	**faccio**	**facciamo**
2nd	**fai**	**fate**
3rd	**fa**	**fanno**

Practice Set 22

A. Complete the following two-line dialogues as suggested.

1. *Bruno:* Cosa fa Maria?

   Gina: ____________ il professore.
   (She's listening to)

2. *Marco:* Maria, cosa fai?

   Maria: ____________ l'amico di Paolo.
   (I'm waiting for)

3. *Il signor Giusti:* Signori, cosa fate?

   I signori: ______________ l'uscita.
   (We are looking for)

4. *Il professor Martini:* Cosa fanno gli studenti, Pasquale?

   Pasquale: Gli studenti ____________ la T.V., professore.
   (watch)

5. *Roberto:* Chi paga il conto? Gino?

   Claudia: Non lo so! Gino non ____________ mai.
   (pays)

6. *Gino:* Giorgio, Paolo, perché ____________ a Claudia?
   (do you phone)

   Giorgio e Paolo: Perché ______________ un'amica.
   (she is)

B. Now let's have some fun completing the following vignettes with the suggested verbs.

1. **cantare** e **suonare**

La donna ____________ e l'uomo ____________.

—Signora, cosa fa??

— ____________ l'opera *(opera),* signore.

2. **comprare** e **mangiare**

La moglie ______________ gli spaghetti.

Il marito domanda: Maria, che cosa ______________?

— ______________ gli spaghetti e . . .

—No, Maria, non ______________ mai gli spaghetti!

3. **pensare**

Pasquale ______________ a Claudia.

Pasquale ______________ anche a Gina.

—*(to himself)* Perché ______________ a Maria?

Pasquale non ______________ più!

Nominare la gente con i pronomi
Naming People with Pronouns

You already learned the various ways of saying *you* in Chapter 5. Here are all the subject pronouns.

io	*I*
tu	*you* (fam.)
lui	*he*
lei	*she*
Lei	*you* (pol.)
noi	*we*
voi	*you* (pl.)
loro	*they*
Loro	*you* (very formal/pl.)

As you have already discovered, these pronouns are not necessary in simple sentences, because the verb ending tells you the person being referred to.

Mangio la pizza. *I am eating pizza.*

(-o) indicates *I*

Mangi la pizza? *Are you eating pizza?*

(arrow from "i" of *Mangi* to box: indicates *you*)

However, if more than one verb is used, it can get quite confusing without them:

> Lui mangia la pizza, ma lei mangia gli spaghetti.
> Io guardo la TV, e tu, cosa guardi?

You also need to use subject pronouns if you want to emphasize them.

> E tu, chi sei? *And who are you?*
> Io, signori, pago il conto! *I, gentlemen, am paying for the bill!*

You will also need them after **anche** and **neanche.**

> **Anche voi** studiate l'italiano?
> No, non studiamo l'italiano **neanche noi.**

Practice Set 23

The following minidialogues require pronouns. Can you supply them?

1. *Mario:* Gina, anche ________ studi l'italiano?

   Gina: Certo, anche ________ studio l'italiano.

2. *Carlo:* Che fanno Gino e Gina?

   Claudia: ________ lavora e ________ studia.

3. *Marco:* Anna, Roberto, siete ________?

   Anna e Roberto: Sì, siamo ________!

4. *Il professore:* E ________, signorina, dove abita?

   La signorina Dini: Abito in via Nazionale, professore.

5. *Riccardo:* Dove lavorano Piero e Piera?

   Angela: Piero e Piera? ________ non lavorano!

A un bar italiano!
At an Italian Bar!

At an Italian bar you can go alone or with friends just to have a coffee and a bite to eat. Let's see what is going on at the *Bar Roma*. New vocabulary items are underlined and then defined at the end of the dialogue. You should be able to figure out the rest.

(Barista = bartender; *Sig.* = signore, *Sig. a* = signora)

Barista: Prego, signora e signore, desiderano?

Sig. a Verdi: Un caffè espresso, per favore.

Barista: Corretto, lungo, ristretto o macchiato?

Sig. a Verdi: Corretto, grazie.

Barista: Con del cognac?

Sig. a Verdi: Sì, grazie.

Barista: E Lei, signore, un tè, un aperitivo . . . ?

Sig. Verdi: No, un cappuccino e una pasta, per favore.

Barista: Una brioche?

Sig. Verdi: Sì, va bene. Vorrei anche un panino . . . no, un tramezzino.

Barista: Al prosciutto?

Sig. Verdi: Va bene.

The bartender prepares the order and then gives Mr. Verdi the check. Now you will learn how to express your anger (in Italian, of course).

Sig. Verdi: Scusi, ma il conto . . .

Barista: C'è un problema, signore?

Sig. Verdi: Per un caffè corretto, un cappuccino, una brioche, e un tramezzino . . . 100.000 lire?

Barista: Pazienza, signore! Forse c'è uno sbaglio.

Sig. Verdi: Spero!

Barista: Sì, signore, Lei ha ragione. Il conto è di 10.000 lire.

Sig. Verdi: Meno male!

espresso *strong, black coffee*
corretto/lungo/ristretto/macchiato *ways of preparing Italian coffee:* **corretto** *indicates the addition of a drop or two of an alcoholic beverage;* **lungo** *and* **ristretto** *indicate, respectively, less and more strong; and* **macchiato** *indicates coffee with a drop or two of cream.*
con del cognac *with some cognac*
tè *tea*
aperitivo *aperitif*
cappuccino *coffee with steamed milk*
pasta *pastry*
brioche *(with French pronunciation) a type of pastry (similar to a Danish)*
vorrei *I would like (an important expression to learn!)*
panino *roll/bun*
tramezzino *(flat) sandwich*
al prosciutto *(of) ham*
C'è un problema? *Is there a problem?*
per *for*
lira *unit of Italian currency. The exchange rate over the last decade has varied from one U.S. dollar equaling 1,000 liras to 2,000 liras.*
Pazienza! *Patience!*
forse *maybe*
sperare *to hope*
Meno male! *Thank goodness!*

Practice Set 24

A. Choose the correct response according to the dialogue.

(**prende** = has something to eat or drink)

1. La signora Verdi prende . . .
   - un caffè lungo ☐
   - un caffè macchiato ☒
   - un caffè corretto ☐
   - un caffè ristretto ☐

2. Il signor Verdi prende . . .
   - un aperitivo ☒
   - un cappuccino ☐
   - un tè ☐
   - un panino ☐

3. E anche . . .
   - del cognac ☒
   - una pasta e un panino ☐
   - una brioche e un tramezzino ☐
   - una brioche e un aperitivo ☐

4. Chi ha ragione?
   - il barista ☐
   - nessuno ☐
   - la signora Verdi ☐
   - il signor Verdi ☐

B. Now it's your turn to be at an Italian **bar.** Go over the new words and expressions and then choose the appropriate ones to complete the dialogue.

Barista: Buongiorno, signore/signora, desidera?

You: (1) __________ un cappuccino, per (2) __________.
Barista: Una pasta?

You: No, grazie. (3) __________ un panino o un (4) __________ al prosciutto.
Barista: Ecco *(Here),* signore/signora.
You: Il conto, per favore?
(The *barista* gives you an unreasonable bill.)

You: Scusi, signore, ma c'è (5) ____________________!
Barista: Che cosa c'è?

You: Forse c'è uno (6) __________.
Barista: No, signore!

You: ??? (7) __________.

Reading and Comprehension Activity for Chapter 6

Now it's time for you to test your reading skills. Read the following brief passage, then do the follow-up activity. Some of the words are glossed for you. You should be able to figure out the meaning of the others on your own.

Lettura

Pasquale va al bar. Prende una coca-cola, un tramezzino al prosciutto e due paste. Lui ha molta fame! *Mentre*	*while*
mangia, Maria entra *nel* bar. Lei *vede*	*in the/sees*
Pasquale, ma Pasquale non vede Maria. Maria pensa: «Forse Pasquale non *mi vede.* Pasquale è un ragazzo ridicolo!».	*see me*
Allora, Maria *scappa via dal bar!*	*So/runs out of the bar*

A. Answer the following questions with complete sentences.

1. Chi va al bar?

    ______________________________.

2. Che cosa prende Pasquale?

    ______________________________.

3. Che cosa ha Pasquale?

    ______________________________.

4. Chi entra nel bar mentre Pasquale mangia?

    ______________________________.

5. Chi vede Maria?

    ______________________________.

6. Che cosa pensa Maria?

    ______________________________.

7. Che cosa fa Maria?

    ______________________________.

B. Now write your own little story about Pasquale. In it, say that Pasquale . . .

1. always *(sempre)* thinks of Claudia, Gina, and Mary. 2. always phones Mary. 3. is always hungry. 4. thinks to himself: "nobody listens to me!" 5. is a ridiculous boy.

____

____

____

____

____

Putting It All Together (Chs. 5 and 6)

Practice Set 25

A. Put the following dialogue lines in logical order.

1. —Prego. Avanti. Che c'è?

   —Grazie. Lei è molto gentile.

   —Permesso, signor Verdi?

   —Prego.

   —Ecco un caffè per Lei.

2. —Ah, capisco.

   —Non capisco.

   —Il professore è italiano, ma non insegna l'italiano.

   —Perché insegna lo spagnolo.

3. —No, ristretto.

   —Prego.

   —Grazie.

   —Corretto?

   —Sì, vorrei un espresso, per favore.

   —Desidera?

B. Situations! Choose the most appropriate response. (Review Chapters 3–6 if necessary.)

1. Someone says **Ciao** to you. You might respond with:

   ☐ Salve.
   ☐ Buonasera.

2. Someone says **Come va?** to you. You might respond with:

   ☐ Ci vediamo.
   ☐ Non c'è male, grazie.

3. If you're not feeling well, you might say:

   ☐ Anche io sto non c'è male.
   ☐ Non bene, purtroppo.

4. Someone says **Buongiorno, a domani** to you. You might respond with:

   ☐ ArrivederLa.
   ☐ Arrivederci.

5. Someone asks you **Come ti chiami?** You might respond with:

☐ Sono Giovanni.
☐ Sono italiano.

6. To introduce yourself, you might say:

☐ Le presento.
☐ Permette che mi presenti.

7. To express delight upon meeting someone for the first time, you might say:

☐ Il piacere è mio.
☐ Lieto/Lieta di conoscerLa.

8. You point to several pens and say:

☐ Ci sono le penne.
☐ Ecco le penne.

9. Someone asks you how your friends are. You might say:

☐ Sono italiani.
☐ Stanno bene.

10. To ask where the *Bar Roma* is, you would say:

☐ Dov'è il Bar Roma?
☐ Qual è il Bar Roma?

11. To ask "Who is afraid?" you would say:

☐ Perché ha paura?
☐ Chi ha paura?

12. To ask your friend what he/she is doing, you would say:

☐ Che fai?
☐ Che hai?

13. To say "I'm not doing anything," you would say:

☐ Non faccio colazione.
☐ Non faccio niente.

14. Someone sneezes. You might say:

☐ Buon appetito!
☐ Salute!

15. You want to tell someone to make himself/herself comfortable. You would say:

☐ S'accomodi.
☐ Scusi.

16. Someone is speaking to you, and all you want to do is convey to him/her that you agree. You might comment with:

☐ Non c'è problema.
☐ Già...ecco...già

17. You agree with someone. You might say:

☐ Sono d'accordo.
☐ Non lo so.

18. You express your relief with:

☐ Va bene.
☐ Meno male!

19. You show calm nerves when you say:

☐ Impossibile!
☐ Pazienza!

C. Here's a grammar crossword for you. It will give you a chance to review your nouns.

Orizzontali (*Across*)
1. *Portafogli* in the singular.
3. *Fotografia* in the plural.
7. *Lettera* in the plural.
8. *Chiave* in the plural.
9. *Espresso* in the plural.

Verticali (*Down*)
1. You use it to comb your hair.
2. You use it for telling time.
4. *Panino* in the plural.
5. *Specchio* in the plural.
6. *Pasta* in the plural.

D. Finally, can you match each cartoon frame with its caption? (Review your verbs!)

1. ____________________ 2. ____________________

3. ____________________ 4. ____________________

a. —Arriva Cristoforo Colombo!

b. —Guarda la TV, signore?
—No, desidero pensare!

c. —Il conto, signore.
—Scusi, ma oggi non pago!

d. —Giovanni ama Maria?
—No, Giovanni ama le lire di Maria!

Vocabulary Checkpoint #1 (Chs. 1–6)

After every six chapters, you will have the opportunity to check up on how much vocabulary you have mastered. All the words and expressions introduced in Chapters 1 through 6 are listed here. Check the ones you know well. As for those you don't recognize or are unsure of, review each chapter, or, as a last resort, look them up in the Italian-English vocabulary at the end of this book. Do not go on until you have done this. Jot down any vocabulary notes at this point. As you work through the next six chapters, you will see how valuable this checkpoint can be.

NOUNS

- ☐ l'agenda
- ☐ l'amica
- ☐ l'amico
- ☐ l'americana
- ☐ l'americano
- ☐ l'aperitivo
- ☐ l'armadio
- ☐ l'ascensore
- ☐ l'aula
- ☐ l'australiana
- ☐ l'australiano
- ☐ l'avvocato

- ☐ il babbo
- ☐ il bagno
- ☐ la bambina
- ☐ il bambino
- ☐ il banco
- ☐ la birra
- ☐ la brioche

- ☐ il caffè
- ☐ la camera
- ☐ la campagna
- ☐ il/la canadese
- ☐ il cancellino
- ☐ il cappuccino
- ☐ la casa
- ☐ la causa
- ☐ la chiave
- ☐ il centro
- ☐ la città
- ☐ la classe
- ☐ il cognome
- ☐ la colazione
- ☐ il comodino
- ☐ la compagna
- ☐ il compagno
- ☐ il corridoio
- ☐ il corso
- ☐ la cucina

- ☐ il divano
- ☐ la donna
- ☐ il dottore
- ☐ la dottoressa

- ☐ l'entrata
- ☐ l'errore
- ☐ l'esame
- ☐ l'esercizio

- ☐ la faccia
- ☐ la fame
- ☐ la figlia
- ☐ il figlio
- ☐ la finestra
- ☐ la fotografia
- ☐ il fratello
- ☐ il/la francese

- ☐ il gatto
- ☐ il gesso
- ☐ il guanto

- ☐ l'impiegata
- ☐ l'impiegato
- ☐ l'indirizzo
- ☐ l'inglese
- ☐ l'insegnante
- ☐ l'interruttore
- ☐ l'italiana
- ☐ l'italiano

- ☐ la lavagna
- ☐ il lavoro
- ☐ la lettera
- ☐ la lezione
- ☐ il libro
- ☐ la lira

- ☐ la madre
- ☐ il marito
- ☐ la matita
- ☐ la moglie
- ☐ il muro

- ☐ il nome

- ☐ l'orologio
- ☐ il padre
- ☐ il panino
- ☐ la parete

- ☐ la paura
- ☐ la pasta
- ☐ il pavimento
- ☐ la pazienza
- ☐ la penna
- ☐ la periferia
- ☐ il pettine
- ☐ il piano
- ☐ il piatto
- ☐ la pizza
- ☐ la poltrona
- ☐ la porta
- ☐ il portafoglio
- ☐ il problema
- ☐ il prosciutto
- ☐ il professore
- ☐ la professoressa

- ☐ il quaderno

- ☐ la ragazza
- ☐ il ragazzo
- ☐ la ragione

- ☐ la sala da pranzo
- ☐ il salotto
- ☐ lo sbaglio
- ☐ lo scaffale
- ☐ la scala
- ☐ la scarpa
- ☐ la scena
- ☐ la schiena
- ☐ la sciarpa
- ☐ la scrivania
- ☐ la scuola
- ☐ la sedia
- ☐ la segreteria
- ☐ la sete
- ☐ la signora
- ☐ il signore
- ☐ la signorina
- ☐ il soffitto
- ☐ il sonno
- ☐ la sorella
- ☐ la spagnola
- ☐ lo spagnolo

NOUNS

- ☐ lo specchio
- ☐ la stanza
- ☐ lo studente
- ☐ la studentessa
- ☐ lo studio

- ☐ la tavola
- ☐ il tavolo
- ☐ il tè
- ☐ la tedesca
- ☐ il tedesco
- ☐ la terrazza
- ☐ il tetto
- ☐ il tramezzino

- ☐ l'ufficio
- ☐ l'uomo
- ☐ l'uscita

- ☐ la via
- ☐ il viale

- ☐ lo zaino
- ☐ lo zio

VERBS

- ☐ abitare
- ☐ amare
- ☐ arrivare
- ☐ ascoltare
- ☐ aspettare
- ☐ avere

- ☐ ballare

- ☐ cantare
- ☐ cenare
- ☐ cercare
- ☐ cominciare
- ☐ comprare

- ☐ desiderare
- ☐ dimenticare
- ☐ domandare

- ☐ entrare
- ☐ essere

- ☐ fare

- ☐ giocare
- ☐ guardare
- ☐ guidare

- ☐ imparare
- ☐ insegnare
- ☐ invitare

- ☐ lavorare

- ☐ mangiare

- ☐ pagare
- ☐ parlare
- ☐ pensare
- ☐ portare
- ☐ pranzare

- ☐ sperare
- ☐ stare

- ☐ studiare
- ☐ suonare

- ☐ telefonare

OTHER WORDS AND EXPRESSIONS

- ☐ abbastanza bene
- ☐ Accomodati/S'accomodi
- ☐ almeno
- ☐ altrettanto
- ☐ anche
- ☐ Arrivederci/ArrivederLa
- ☐ Avanti

- ☐ bene
- ☐ Buonanotte
- ☐ Buon appetito
- ☐ Buonasera
- ☐ Buongiorno

- ☐ avere caldo/freddo/fretta/paura/ragione/sete/sonno/torto/voglia di

- ☐ in campagna
- ☐ Capisco/Non capisco
- ☐ a casa
- ☐ che
- ☐ chi
- ☐ in centro
- ☐ certamente/certo
- ☐ Ciao!
- ☐ in città
- ☐ come
- ☐ Come ti chiami?/Come si chiama?
- ☐ con
- ☐ corretto
- ☐ Così, così

- ☐ D'accordo
- ☐ ti dispiace/Le dispiace
- ☐ a domani
- ☐ dove

- ☐ e
- ☐ ecco

- ☐ forse

- ☐ gentile (Sei/È molto gentile)
- ☐ già
- ☐ grazie

- ☐ ieri

OTHER WORDS AND EXPRESSIONS

- ☐ al lavoro
- ☐ (molto) lieto/lieta (di conoscerLa/di fare la sua conoscenza)
- ☐ lungo

- ☐ ma
- ☐ macchiato
- ☐ mai
- ☐ male
- ☐ Ma va!
- ☐ Meno male!
- ☐ molto

- ☐ neanche
- ☐ nessuno
- ☐ niente
- ☐ Non c'è problema
- ☐ Non lo so
- ☐ nulla

- ☐ o

- ☐ Pazienza!
- ☐ peggio
- ☐ per
- ☐ perché
- ☐ per favore/per piacere
- ☐ in periferia
- ☐ Permesso?
- ☐ Il piacere è mio
- ☐ più
- ☐ poi
- ☐ prego
- ☐ a presto
- ☐ purtroppo

- ☐ quale
- ☐ quando

- ☐ ristretto
- ☐ rosso

- ☐ Salute!
- ☐ Salve!
- ☐ a scuola
- ☐ Scusa/Scusi
- ☐ Sono sposato/sposata

- ☐ Va bene
- ☐ vecchio
- ☐ è vero
- ☐ in via
- ☐ il viale
- ☐ il corso
- ☐ vorrei

Review Set 1

A. Give the male/female counterpart.

Example: Mario è l'amico di Gina./Claudia
Claudia è l'amica di Gina.

1. Bill è americano./Suzy

____.

2. Franca è australiana./Marco

____.

3. Dina è una bambina./Dino

____.

4. Giorgio è canadese./Lucia

____.

5. Teresa è la compagna di Maria./Marcello

____.

6. Franco è un uomo simpatico./Franca

____.

7. Giorgio è un professore./Carla

____.

8. Bruno è il figlio del signor Verdi e della signora Verdi./Bruna

____.

9. Marco è il fratello di Pina./Graziella

____.

10. Jean è un uomo francese./Lorraine

____.

11. Tina è la moglie di Carlo./Carlo

____.

12. Pino è il padre di Nicola./Pina

____.

13. Pasquale è un ragazzo ridicolo./Pina

____.

14. Juan è spagnolo./Juanita

____.

15. Ludwig e Hans sono tedeschi./Sophie e Helga

____.

B. How do you say . . .

1. I would like____
2. I live at 12 Florence Street____
3. OK ____
4. I'm not married (female)____
5. "Bless you!"____
6. I would like a strong espresso____
7. "Thank goodness!"____
8. Pat is always sleepy____
9. "I don't understand!"____

C. Fill in the appropriate endings.

1. Io abit______a Firenze 2. Maria cant______molto bene. 3. Tu non guard______mai la TV. 4. Noi lavor_____in un ufficio in centro. 5. Anche voi studi_____l'italiano? 6. Loro non telefon_____mai.

D. Put the following into the plural.

1. lo zaino__________2. l'uomo__________3. l'ufficio__________4. il tedesco __________5. lo specchio__________6. la sedia__________7. lo sbaglio__________8. il pettine__________9. la parete_____

CHAPTER 7

Questo e quello
This and That

In this chapter you will learn:

- how to ask for information
- more about speaking in the present
- how to refer to people and things that are near and far

Dialogue and Comprehension Activity 7

Al Bar Roma!

Barista:	Che cosa prendono?	*—What are you* (pl.) *having?*
Nora:	Io prendo un espresso.	*—I'll have an espresso.*
Giovanni:	Io prendo un cappuccino, grazie.	*—I'll have a cappuccino, thanks.*
Nora:	Dove andiamo dopo?	*—Where are we going afterwards?*
Giovanni:	Quando?	*—When?*
Nora:	Dopo il caffè.	*—After coffee.*
Giovanni:	Andiamo a casa di Dina. Tu conosci Dina?	*—Let's go to Dina's house. Do you know Dina?*
Nora:	No. Chi è?	*—No. Who is she?*
Giovanni:	È l'amica di Pietro.	*—She's Peter's friend.*
Nora:	Chi altro viene?	*—Who else is coming?*
Giovanni:	Vengono anche Rosa e Giuseppe.	*—Rose and Joseph are also coming.*
Nora:	Va bene.	*—OK.*

Answer each question with a complete sentence.

1. Dove sono Nora e Giovanni?

____.

2. Che cosa prende Nora?

____.

3. Che cosa prende Giovanni?

____.

4. Dove vanno?

____.

5. Quando vanno?

____.

6. Nora conosce Dina?

____.

7. Chi è Dina?

____.

8. Chi altro viene a casa di Dina?

____.

Chiedere informazioni
Asking for Information

You have already learned quite a lot about how to ask for information by using the basic "question" words presented in Chapter 4. Let's review them and add a few more to the list.

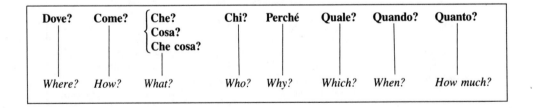

Dove?	**Come?**	**Che? / Cosa? / Che cosa?**	**Chi?**	**Perché**	**Quale?**	**Quando?**	**Quanto?**
Where?	*How?*	*What?*	*Who?*	*Why?*	*Which?*	*When?*	*How much?*

Two verbs that are useful in many situations involving the exchange of information are: **andare** *to go* and its opposite **venire** *to come*. Both are irregular.

THE PRESENT INDICATIVE OF				
PERSON	**ANDARE**		**VENIRE**	
	Singular	Plural	Singular	Plural
1st	**vado**	**andiamo**	**vengo**	**veniamo**
2nd	**vai**	**andate**	**vieni**	**venite**
3rd	**va**	**vanno**	**viene**	**vengono**

Practice Set 26

Now let's look at some common situations involving information exchanges.

A. How would you ask someone *where*...

1. via Verdi is? ____________________
2. the office is? ____________________
3. Rome is? ____________________
4. the exit is? ____________________
5. he/she works (*politely*)? ____________________

> The most polite way of asking for directions is with:
>
> **Mi sa dire dov'è...?**
>
> *Can you tell me where...is?*

Use this speech formula in the following situations. Ask someone to tell you where...

6. corso Garibaldi is ____________________
7. the *Bar Roma* is. ____________________
8. viale Michelangelo is ____________________

> To ask someone where he/she is from, use:
>
> **Di dove sei** (*fam.*)?/**Di dove è** (pol.)?
>
> **—Sono di Roma/di New York, . . .**

B. How would you ask someone *how*...

1. he/she is going (*fam.*) to Rome?____________________a Roma?
2. he/she does something (*pol.*)? ____________________questo?

> A frequently used expression is:
>
> **Come si fa per andare...?**
>
> *How does one go (get) to...?*

Use this speech formula to ask someone how to go (to)...

3. Rome ____________________
4. downtown ____________________

5. the suburbs ____________________

6. the countryside ____________________

7. corso Garibaldi ____________________

C. How would you ask someone *what*…

1. he/she is doing (*fam.*)? ____________________

2. he/she is eating (*fam.*)? ____________________

3. he/she is studying (*pol.*)? ____________________

4. he/she is looking at (*fam.*)? ____________________

D. How would you ask *who*…

1. speaks Italian? ____________________

2. drives a FIAT (**una FIAT**)? ____________________

3. eats spaghetti? ____________________

4. is dancing? ____________________

E. How would you ask someone *why*…

1. he/she never phones (*fam.*)? ____________________

2. he/she does not eat pizza (*pol.*)? ____________________

3. he/she doesn't go to Italy (*fam.*)? ____________________

4. he/she doesn't also come (*pol.*)? ____________________

F. How would you ask *which*…

1. one it is? ____________________

2. book it is? ____________________

3. exit it is? ____________________

G. Ask someone *when*…

1. John is arriving ____________________

2. Mary and Claudia are going ____________________

3. Mr. Verdi is coming ____________________

costare *to cost*

H. Ask someone *how much…*

1. the cappuccino costs ____________________
2. the brioche and the bun cost ____________________
3. an espresso costs ____________________

Parlare al presente: seconda parte
Speaking in the Present: Part II

In Chapter 6 you learned how to speak in the present by conjugating verbs ending in **-are.** You will now expand your repertoire with verbs ending in **-ere.** They are conjugated almost the same way, but they do have a few different endings.

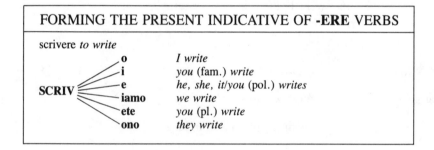

FORMING THE PRESENT INDICATIVE OF **-ERE** VERBS

scrivere *to write*

SCRIV	**o**	*I write*
	i	*you* (fam.) *write*
	e	*he, she, it/you* (pol.) *writes*
	iamo	*we write*
	ete	*you* (pl.) *write*
	ono	*they write*

Here is a list of common **-ere** verbs:

COMMON **-ERE** VERBS

chiẹdere *to ask*	pẹrdere *to lose*
chiụdere *to close*	prẹndere *to take*
conọscere *to know (someone); to be familiar with*	rịcevere *to receive*
cọrrere *to run*	ripẹtere *to repeat*
crẹdere *to believe*	rispọndere *to answer*
lẹggere *to read*	scẹndere *to go down; to get off*
mẹttere *to put*	scrịvere *to write*
	spẹndere *to spend (money)*
	vedẹre *to see*
	vẹndere *to sell*
	vịvere *to live*

Practice Set 27

Let's practice those endings, and learn a bit more about these verbs.

A. First person singular:

1. chiedere: (io) chied _____ 2. chiudere: (io) chiud _____ 3. conoscere: (io) conosc _____

Note the following:

- **Chiedere** can mean both *to ask for* and *to ask someone*. In the latter case, it is followed by **a.**

Chiedo	l'indirizzo.
I'm asking for	*the address.*

Chiedo	**a** Maria.
I'm asking	*Mary.*

- **Conoscere** means *to know someone/to be familiar with.* **Sapere** means *to know something/to know how to* (do something). It is an irregular verb.

THE PRESENT INDICATIVE OF **SAPERE**		
Person	Singular	Plural
1st	**so**	**sappiamo**
2nd	**sai**	**sapete**
3rd	**sa**	**sanno**

- We will return to these two verbs in the next practice set.

B. Second person singular:

1. correre: (tu) corr ____ 2. credere: (tu) cred ____ 3. leggere: (tu) legg ____

- Note that an **h** is not required for **-ere** verbs:

tu **paghi** but tu **leggi**

C. Third person singular:

1. mettere: (lui/lei/Lei) mett ____ 2. perdere: (lui/lei/Lei) perd ____
3. prendere: (lui/lei/Lei) prend ____

- Do you remember how to make a sentence negative?

Lui **non** prende **mai** il caffè. *He never has coffee.*

D. First person plural:

1. ricevere: (noi) ricev ____ 2. ripetere: (noi) ripet ____
3. rispondere: (noi) rispond ____

- **Rispondere** is followed by **a.**

Noi rispondiamo	**a** Giovanni.
We answer	*John.*

E. Second person plural:

1. scendere: (voi) scend _____ 2. scrivere: (voi) scriv _____

3. spendere: (voi) spend _____

F. Third person plural (Be careful where you put the stress!)

1. vedere: (loro) vẹd _____ 2. vendere: (loro) vẹnd _____ 3. vivere: (loro) vịv _____

- Do not forget that the Italian present covers three English tenses.

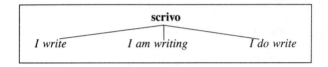

scrivo		
I write	*I am writing*	*I do write*

- **Vivere** can be used as a synonym for **abitare.** In addition, it means *to live* in the biological and social sense.

Io vivo bene! *I live well!*

Practice Set 28

Here is your chance to practice distinguishing between **conoscere** and **sapere.**

sapere	**conoscere**
to know how to *to know something*	*to know someone* *to be familiar with something/someone* *to meet someone for the first time*

Now go over the conjugation of **sapere** (above).

Can you figure out which form of **sapere** or **conoscere** to put in the blanks?

1. Giovanni, tu _______________ il dottor Rossi?
2. No, io non _______________ guidare.
3. Loro _______________ Roma molto bene.
4. Anche noi _______________ l'italiano.
5. Mario e Giovanni _______________ il Bar Roma, ma non _______________ dove è.
6. Voi _______________ leggere l'italiano? _______________ l'Italia?

Practice Set 29

Answer the following questions as suggested.

1. Chi scrive la lettera? Giovanni ____________ la lettera.
2. Chi chiude la porta? Tu ____________ la porta.
3. Chi vive in Italia? Marco e Maria ____________ in Italia.
4. Chi mette il quaderno sul (*on the*) tavolo? Io ____________ il quaderno sul tavolo.
5. Chi legge il libro? Voi ____________ il libro.
6. Chi prende un cappuccino? Giovanni e io ____________ un cappuccino.

   (**prendere** = *to have something to drink/eat*)

Cose e persone vicine e lontane
Things and People Near and Far

HERE AND THERE		
Dov'è?	È **qui**. *It's here.*	È **lì/là.** *It's there.*
Dove sono?	Sono **qui.** *They are here.*	Sono **lì/là.** *They are there.*

- You can use either **lì** or **là,** but if two objects are being related, then **lì** is used for the closer object and **là** for the further one.

  Maria mette il libro **lì** e la penna **là.**

  Mary puts the book there and the pen over there.

NEAR AND FAR		
Dove abita la donna?	Abita **vicino.** *She lives near.*	Abita **lontano.** *She lives far.*

- Both **vicino** and **lontano** can agree in gender with the subject. Use an **-o** ending for agreement with a masculine singular noun, and **-i** for the plural; use **-a** for agreement with a feminine singular noun, and **-e** for the plural.

	SINGULAR	PLURAL
Masculine	**-o**	**-i**
Feminine	**-a**	**-e**

Il ragazzo è vicin**o.** I ragazzi sono vicin**i.**

La ragazza è vicin**a.** Le ragazze sono vicin**e.**

THIS/THESE; THAT/THOSE

THIS

Questo	tavolo studente divano	è vicin**o.**
Questa	casa porta finestra	è vicin**a.**

THESE

Questi	tavoli studenti divani	sono vicin**i.**
Queste	case porte finestre	sono vicin**e.**

- Note that there is really one word for *this/these,* and that its ending changes according to the noun it modifies.

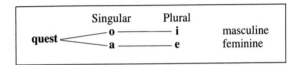

	Singular	Plural	
quest	**o**	**i**	masculine
	a	**e**	feminine

- This is the case even when the noun is implied, in which case **questo** is used as a pronoun.

Questo tavolo	è vicino.	*This table is near.*
Questo	è vicino.	*This one is near.*

Questi tavoli	sono vicini.	*These tables are near.*
Questi	sono vicini.	*These are near.*

Questa casa	è vicina.	*This house is near.*
Questa	è vicina.	*This one is near.*

Queste case	sono vicine.	*These houses are near.*
Queste	sono vicine.	*These are near.*

- You may use **quest'** in front of a singular noun beginning with a vowel.

questo amico	*or*	**quest'**amico
questa amica		**quest'**amica

<table>
<tr><th colspan="3">THAT</th></tr>
<tr><td>Quello</td><td>zio
studente</td><td rowspan="3">è lontano.</td></tr>
<tr><td>Quell'</td><td>amico
uomo</td></tr>
<tr><td>Quel</td><td>tavolo
divano</td></tr>
</table>

<table>
<tr><th colspan="3">THOSE</th></tr>
<tr><td>Quegli</td><td>zii
studenti
amici
uomini</td><td rowspan="2">sono lontani.</td></tr>
<tr><td>Quei</td><td>tavoli
divani</td></tr>
</table>

<table>
<tr><td>Quella</td><td>studentessa
porta
finestra</td><td rowspan="2">è lontana.</td></tr>
<tr><td>Quell'</td><td>amica
entrata
uscita</td></tr>
</table>

<table>
<tr><td>Quelle</td><td>studentesse
porte
finestre
amiche
entrate
uscite</td><td>sono lontane.</td></tr>
</table>

- *That/those* changes in ways similar to the definite article (see Chapter 5). So you must be aware of the initial sound of the noun (in addition to whether it is masculine or feminine)!

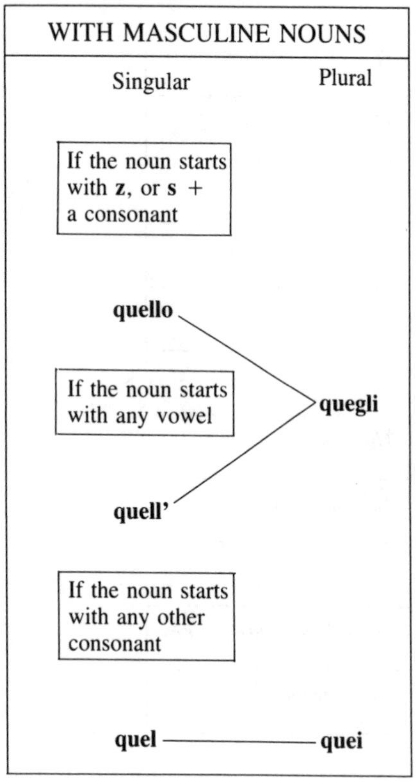

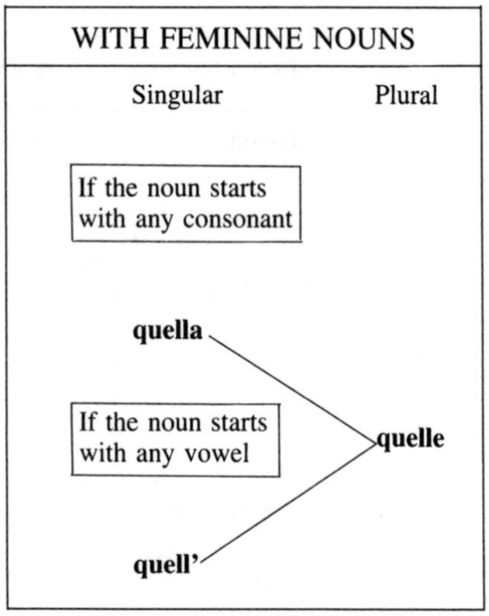

- When the noun is implied (= pronoun function), there are only four forms to learn!

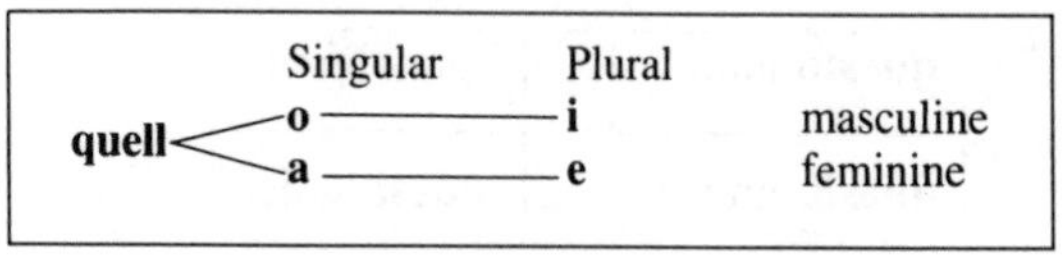

Examples:

Quello zio **Quell'** amico **Quel** tavolo	è lontano.	*That uncle/friend/table is far.*
Quello	è lontano.	*That one is far.*

Quegli zii **Quegli** amici **Quei** tavoli	sono lontani.	*Those uncles/friends/tables are far.*
Quelli	sono lontani.	*Those are far.*

Quella porta **Quell'**entrata	è lontana.	*That door/entrance is far.*
Quella	è lontana.	*That one is far.*

Quelle porte **Quelle** entrate	sono lontane.	*Those doors/entrances are far.*
Quelle	sono lontane.	*Those are far.*

Practice Set 30

A little practice will help you become familiar with the many ways of referring to things and people near and far.

A. You are the bartender at the *Bar Roma* and are serving two customers. Complete each statement by supplying the appropriate forms of *this/that/these/those.* You will need the following additional vocabulary:

lo zabaione *a dessert made up of egg, sugar, and liqueur*
lo spumante *sparkling wine*
il gelato *ice cream*
la limonata *lemonade*
l'aranciata *orange drink*

To the customer nearby (use *this/those*) . . .

1. Signore, ____________ tramezzino è per Lei.

3. Signore, ____________ caffè è per Lei.

5. Signore, ____________ cappuccino è per Lei.

To the customer farther away (use *that/those*) . . .

2. Signore, ____________ panino è per Lei.

4. Signore, ____________ spumante è per Lei.

6. Signore, ____________ aperitivo è per Lei.

7. Signore, ______________ espressi sono per Lei.

8. Signore, ______________ zabaioni sono per Lei.

9. Signore, ______________ gelati sono per Lei.

10. Signore, ______________ aperitivi sono per Lei.

11. Signore, ______________ spumanti sono per Lei.

12. Signore, ______________ tramezzini sono per Lei.

13. Signore, ______________ limonata è per Lei.

14. Signore, ______________ pasta è per Lei.

15. Signore, ______________ brioche è per Lei.

16. Signore, ______________ aranciata è per Lei.

17. Signore, ______________ paste sono per Lei.

18. Signore, ______________ limonate sono per Lei.

19. Signore, ______________ limonate sono per Lei.

20. Signore, ______________ aranciate sono per Lei.

B. Gina and Gino are also in the *Bar Roma*. Your friend asks you where certain things are. It turns out that one of the things asked about is near Gina and the other near Gino.

Example: Dove sono i cappuccini?

Questo è vicino a Gina, e quello è vicino a Gino.

You continue.

Dove sono le paste?

1. ____________ è vicina a Gina, e 2. ____________ è vicina a Gino

Dove sono gli aperitivi?

3. ____________ è vicino a Gina, e 4. ____________ è vicino a Gino.

Now there are *two* of each near each person.

Example: Dove sono gli espressi?

Questi sono vicini a Gina, e quelli sono vicini a Gino.

You continue.

Dove sono le aranciate?

5. ____________ sono vicine a Gina, e 6. ____________ sono vicine a Gino

Dove sono i gelati?

7. ____________ sono vicini a Gina, e 8. ____________ sono vicini a Gino.

Reading and Comprehension Activity for Chapter 7

Now it's time for you to test your reading skills. Read the following brief passage, then do the follow-up activity. Some of the words are glossed for you. You should be able to figure out the meaning of the others on your own.

Lettura

Giovanni e Nora sono a casa di Dina.	
Anche Rosa e Giuseppe sono lì. Dina	
chiede a Nora quale pasta *vuole.*	*she wants*
«Vuoi questa pasta o quella?».	
Ma Nora non ha fame e non vuole	
niente. Giovanni, Giuseppe e Rosa,	
invece, hanno fame e sete, ma non	*instead*
sanno *che cosa prendere.*	*what to have*
Mentre parlano, arriva Giorgio.	
Giorgio è il fratello di Rosa. Anche lui	
prende *qualcosa* da mangiare e *da bere.*	*something, to drink*
A un certo momento, gli amici	*at a certain moment*
decidono di andare *insieme al cinema.*	*decide, together to the movies*

A. Answer each question with a complete sentence.

1. Chi è a casa di Dina?

   ______________________________.

2. Che cosa chiede Dina a Nora?

   ______________________________.

3. Che cosa prende Nora?

   ______________________________.

4. Sanno che cosa prendere gli altri *(others)*?

   ______________________________.

5. Chi arriva mentre parlano?

   ______________________________.

6. Chi è Giorgio?

   ______________________________.

7. Che cosa prende?

   ______________________________.

8. A un certo momento dove decidono di andare gli amici?

   ______________________________.

B. Now write your own little story about Nora and John. In it, say that . . .

1. John always has a cappuccino at the *Bar Roma.* 2. Nora always has an espresso at the *Bar Roma.* 3. Dina is John's friend. 4. Nora doesn't know what to have at Dina's house. 5. John always has something to eat and drink at Dina's house. 6. Nora and John always go to the movies together.

____

____

____

____

____

____

CHAPTER 8

All'aeroporto!
At the Airport!

In this chapter you will learn:

- how to describe people and things
- the days of the week, the seasons, and the months of the year
- how to get around at an airport

Dialogue and Comprehension Activity 8

Come sei antipatico!

Roberta:	Ciao, Roberto, che fai?	*—Hi, Robert, what are you doing?*
Roberto:	Oggi non faccio niente perché fa cattivo tempo.	*—Today I'm doing nothing because it's a bad day (out).*
Roberta:	Come sei antipatico! Non vedi che è una bella giornata?	*—How unpleasant you are! Don't you see that it's a beautiful day?*
Roberto:	Tira vento!	*—It's windy!*
Roberta:	Come sei noioso! E una giornata di primavera chiara e bella. Generalmente piove a aprile.	*—How boring you are! It's a clear and beautiful spring day. Usually it rains in April.*
Roberto:	Scusa, Roberta ma ho fretta!	*—Excuse me, Roberta, but I'm in a hurry!*
Roberta:	Perché?	*—Why?*
Roberto:	Devo andare all'aeroporto a prendere su mia zia e mio zio. Ciao!	*—I have to go to the airport to pick up my aunt and uncle. Bye!*
Roberta:	Sei veramente maleducato, Roberto!	*—You are really rude, Robert!*

A. *Vero* o *falso?*

	vero	falso
1. Roberto non fa niente oggi.	☐	☐
2. Fa cattivo tempo.	☐	☐
3. Roberto è simpatico.	☐	☐
4. È una bella giornata ma tira vento.	☐	☐
5. È una giornata di primavera.	☐	☐
6. Generalmente non piove mai a aprile.	☐	☐
7. Roberto ha fretta.	☐	☐
8. Roberto deve andare al cinema con *(with)* gli amici.	☐	☐
9. Roberto è veramente maleducato.	☐	☐

Come descrivere le cose e le persone
How to Describe People and Things

It is now time to learn how to describe people and things. Here is a list of useful descriptive words (= *adjectives*):

DESCRIBING PEOPLE IN TERMS OF OPPOSITES	
alto *tall*	basso *short*
felice *happy*	triste *sad*
simpatico *nice*	antipatico *unpleasant*
buono *good*	cattivo *bad*
bello *beautiful/handsome*	brutto *ugly*
grande *big/large*	piccolo *small/little*
giovane *young*	vecchio *old*
biondo *blond*	bruno *brown-haired*
intelligente *intelligent*	stupido *stupid*
elegante *elegant*	inelegante *inelegant*

Practice Set 31

In this practice set you will learn how to describe people, and how to make adjectives agree in gender with the nouns they describe.

A. Whatever Roberta is, Roberto is the opposite.

Example: Roberto è bass**o**, ma Roberta è alt**a**.

Roberto è trist**e**, ma Roberta è felic**e**.

Notice that if the adjective ends in **-o,** you must change it to **-a** if it refers to Roberta or, of course, to any feminine noun. If it ends in **-e**, no such change is required. Now you continue.

1. Roberto è antipatico, ma Roberta è ________________.
2. Roberto è cattivo, ma Roberta è ________________.
3. Roberto è brutto, ma Roberta è ________________.
4. Roberto è grande, ma Roberta è ________________.
5. Roberto è vecchio, ma Roberta è ________________.
6. Roberto è bruno, ma Roberta è ________________.
7. Roberto è stupido, ma Roberta è ________________.
8. Roberto è inelegante, ma Roberta è ________________.

B. In the Rossi family whatever the brothers are, the sisters are the opposite:

Example: I fratelli sono bass**i**, ma le sorelle sono alt**e**.
I fratelli sono trist**i**, ma le sorelle sono felic**i**.

As you might recall, in the plural you change **-o** and **-e** to **-i,** and **-a** to **-e**. Continue.

1. I fratelli sono cattivi, ma le sorelle sono ________________.
2. I fratelli sono brutti, ma le sorelle sono ________________.
3. I fratelli sono grandi, ma le sorelle sono ________________.
4. I fratelli sono vecchi, ma le sorelle sono ________________.
5. I fratelli sono ineleganti, ma le sorelle sono ________________.

Let's summarize. As you have seen, the agreement of adjectives is as follows:

ADJECTIVES ENDING IN **-O**				ADJECTIVES ENDING IN **-E**			
	Singular	Plural			Singular	Plural	
alt	**o**	**i**	Masculine	**felic**	**e**	**i**	Masculine
	a	**e**	Feminine		**e**	**i**	Feminine

In the sentences above, the adjective is part of the predicate (after the verb *to be*). But it can also be next to the noun. In contrast to English, in Italian the adjective normally *follows* the noun.

Quegli uomini **alti** sono italiani. *Those tall men are Italian.*

Conosco una professoressa **simpatica.** *I know a nice professor.*

Practice Set 32

The adjectives **buono** and **bello** can come before or after the noun they modify. You have already seen how they change after the noun. If, however, they are put before, then they change in the following ways.

BUONO			
BEFORE THE NOUN		AFTER THE NOUN	
SINGULAR	PLURAL	SINGULAR	PLURAL
MASCULINE NOUNS			
Beginning with **z**, or **s** + consonant: **buono** Beginning with any other sound: **buon**	**buoni**	**buono**	**buoni**
FEMININE NOUNS			
Beginning with any consonant: **buona** Beginning with any vowel: **buon'**	**buone**	**buona**	**buone**

BELLO			
BEFORE THE NOUN		AFTER THE NOUN	
SINGULAR	PLURAL	SINGULAR	PLURAL
MASCULINE NOUNS			
Beginning with **z**, or **s** + consonant: **bello** Beginning with any vowel: **bell'**	**begli**	**bello**	**belli**
Beginning with any other consonant: **bel**	**bei**		

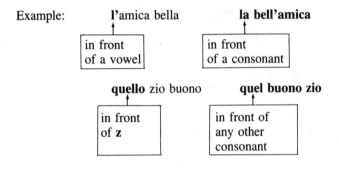

BELLO			
BEFORE THE NOUN		AFTER THE NOUN	
SINGULAR	PLURAL	SINGULAR	PLURAL
FEMININE NOUNS			
Beginning with any consonant: **bella** → **belle**; Beginning with any vowel: **bell'** → **belle**	**belle**	**bella**	**belle**

In the following sentences, put the adjective before the noun and make all the necessary changes.

Example: l'amica bella (in front of a vowel) — **la bell'amica** (in front of a consonant)

quello zio buono (in front of **z**) — **quel buono zio** (in front of any other consonant)

1. Giovanni è un amico buono. ______
2. Gino compra un tramezzino buono. ______
3. Marco ha un'amica buona in Italia. ______
4. La signora Verdi è una donna buona. ______
5. Carlo non ha amici buoni. ______
6. Carla non ha amiche buone. ______
7. Quella donna bella vive in Italia. ______
8. Quella casa ha un'entrata bella. ______
9. Chi è quel ragazzo bello? ______
10. Chi è quello studente bello? ______
11. Lui è l'amico bello di Paola. ______
12. Quelle donne belle vivono in Italia. ______
13. Chi sono quei ragazzi belli? ______
14. Chi sono quegli studenti belli? ______

> Although **buono** generally has the same meaning as the English *good,* in the case of *good at something,* **bravo** is used instead.
>
> Lui è un **bravo** dottore. *He is a good doctor.*
> Lei è una **brava** professoressa. *She is a good professor.*

Practice Set 33

Now it's time to practice describing things. The following adjectives will come in handy.

DESCRIBING THINGS IN TERMS OF OPPOSITES	
facile *easy*	difficile *difficult (hard)*
semplice *simple*	complicato *complicated*
interessante *interesting*	noioso *boring*
lungo *long*	corto *short*
giusto *correct*	sbagliato *mistaken/wrong*
caro *expensive/dear*	economico *economical/cheap*
moderno *modern*	antico *ancient/old*
aperto *open*	chiuso *closed*

You take Pina's role and say just the opposite of what Pino says.

Example: *Pino:* L'italiano è facile.

Pina: **No, l'italiano è difficile.**

1. *Pino:* Questo esercizio è semplice.

   Pina: No, questo esercizio è ____________________.

2. *Pino:* Quei libri sono interessanti.

   Pina: No, quei libri sono ____________________.

3. *Pino:* Via Nazionale è una via corta.

   Pina: No, via Nazionale è una via ____________________.

4. *Pino:* Questi esercizi sono sbagliati.

   Pina: No, questi esercizi sono ____________________.

5. *Pino:* Queste paste sono economiche.

   Pina: No, queste paste sono ____________________.

6. *Pino:* Quella è una casa moderna.

   Pina: No, quella è una casa ____________________.

7. *Pino:* Le porte sono chiuse.

   Pina: No, le porte sono ____________________.

Practice Set 34

Here is one more opportunity to practice describing things. For this exercise you will need to know some colors.

grigio *gray*	verde *green*
azzurro *blue*	bianco *white*
giallo *yellow*	nero *black*
rosso *red*	chiaro *light/clear*
scuro *dark*	celeste *light blue*
blu *dark blue*	arancione *orange*
marrone *brown*	rosa *pink*
viola *violet/purple*	

Note the following:

- There are three words for the various shades of blue.

blue
- **azzurro** (mid) *blue*
- **celeste** *light/sky blue*
- **blu** *dark blue*

- The adjectives **blu, arancione, marrone, rosa,** and **viola** are invariable. In other words, you never have to worry about changing their endings!

È una **penna gialla.** *But* È una **penna blu.**

Le **scarpe** sono **nere.** *But* Le **scarpe** sono **viola.**

I **libri** sono **rossi.** *But* I **libri** sono **marrone.**
etc.

You are at a clothing store and the clerk asks you if you wish to buy a certain color of an item. You respond instead with the suggested color. Have fun shopping!

IL VESTIARIO
CLOTHING

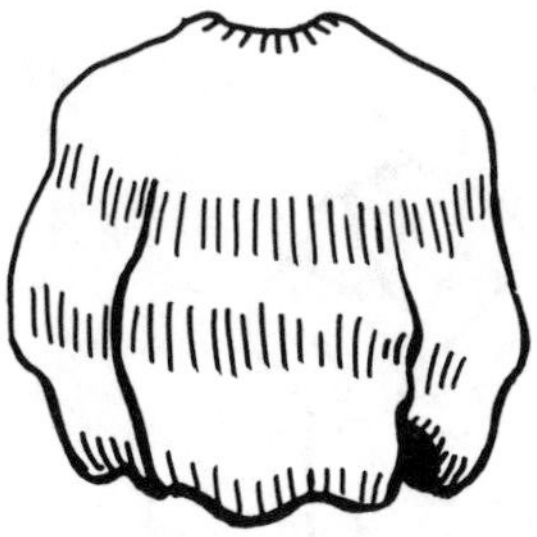

la maglia

la camịcia

il vestito

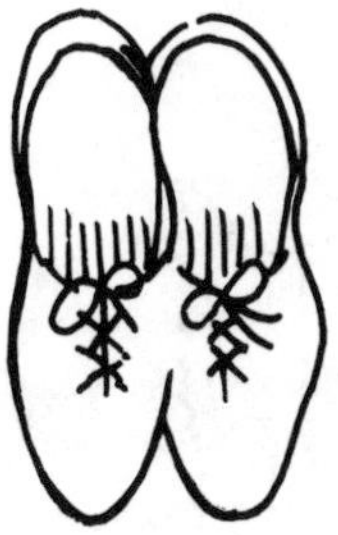

le scarpe

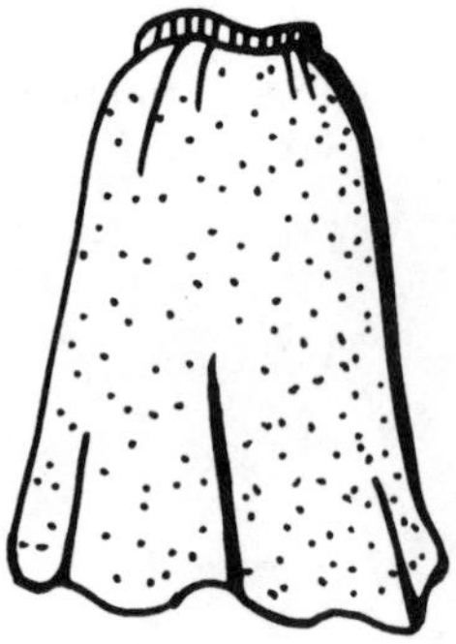
la gonna

il cappello

i pantaloni

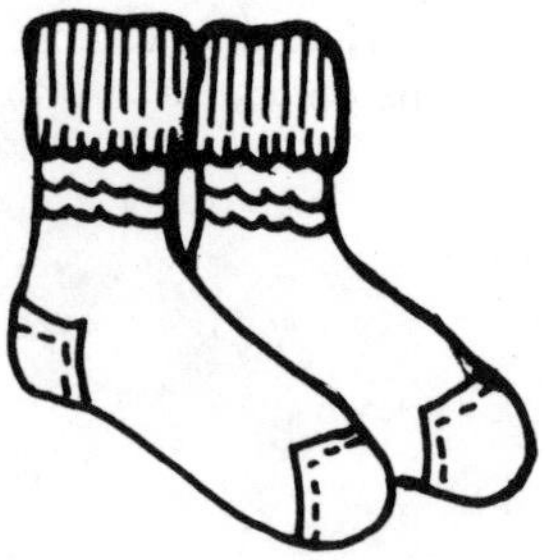
i calzini

l'impermeạbile

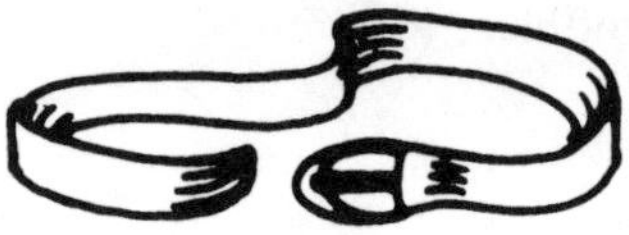
la cintura

le calze

il fazzoletto

la giacca

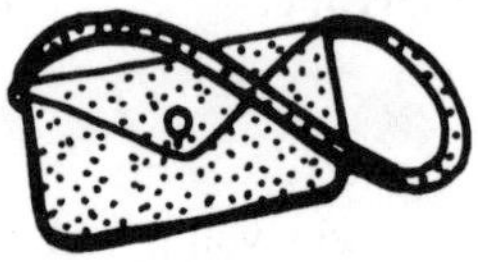
la borsa

i guanti

la cravatta

la camicetta

l'ombrello

il cappotto

Example: *Commesso (clerk):* Desidera una maglia grigia?

You: (azzurro) No, azzur**ra**, per favore.

- Don't forget to make your endings agree! The reason your answer is **azzurra** is because the color describes **maglia,** which is feminine singular.

1. *Commesso:* Desidera una camicia bianca?

   You: (grigio) ______________________________

2. *Commesso:* Desidera un vestito nero?

   You: (giallo) ______________________________

3. *Commesso:* Desidera le scarpe rosse?

   You: (verde) ______________________________

4. *Commesso:* Desidera una gonna blu?

   You: (marrone) ______________________________

5. *Commesso:* Desidera un cappello grigio?

   You: (viola) ______________________________

6. *Commesso:* Desidera i pantaloni neri?

   You: (celeste) ______________________________

7. *Commesso:* Desidera i calzini scuri?

   You: (chiaro) ______________________________

8. *Commesso:* Desidera un impermeabile viola?

   You: (verde) ______________________________

9. *Commesso:* Desidera una cintura nera?

   You: (blu) ______________________________

10. *Commesso:* Desidera le calze chiare?

    You: (scuro) ______________________________

11. *Commesso:* Desidera un fazzoletto rosa?

    You: (arancione) ______________________________

12. *Commesso:* Desidera una giacca verde?

    You: (grigio) ______________________________

13. *Commesso:* Desidera una borsa celeste?

    You: (viola) ______________________________

14. *Commesso:* Desidera una borsa marrone?

    You: (azzurro) ______________________________

15. *Commesso:* Desidera i guanti bianchi?

    You: (marrone) ______________________________

16. *Commesso:* Desidera una cravatta rosa?

    You: (giallo) ______________________________

17. *Commesso:* Desidera una camicetta verde?

    You: (bianco) ______________________________

18. *Commesso:* Desidera un cappotto grigio?

    You: (blu) ______________________________

Giorni, stagioni, mesi
Days, Seasons, Months

I GIORNI DELLA SETTIMANA	
THE DAYS OF THE WEEK	
lunedì *Monday*	venerdì *Friday*
martedì *Tuesday*	sạbato *Saturday*
mercoledì *Wednesday*	domẹnica *Sunday*
giovedì *Thursday*	

LE STAGIONI	
THE SEASONS	
la primavera *spring*	l'autunno *fall*
l'estate (*f.*) *summer*	l'inverno *winter*
I MESI DELL'ANNO	
THE MONTHS OF THE YEAR	
gennaio *January*	luglio *July*
febbraio *February*	agosto *August*
marzo *March*	settembre *September*
aprile *April*	ottobre *October*
maggio *May*	novembre *November*
giugno *June*	dicembre *December*

Practice Set 35

A. Can you figure out which day comes before or after?

prima (di)	*before*
dopo	*after*

Che giorno è?

1. il giorno prima di lunedì ____________ 2. il giorno dopo domenica ____________ 3. il giorno prima di sabato ____________

4. il giorno dopo lunedì ____________ 5. il giorno prima di domenica ____________ 6. il giorno dopo martedì ____________

7. il giorno prima di venerdì ____________

B. To say *on Mondays, on Tuesdays,* etc., just use the definite article: **la domenica, il lunedì, il martedì,** and so on.

sempre	*always*
spesso	*often/frequently*
invece	*instead*
(non) . . . mai	*never*

- These normally go right after the verb they modify (= adverbs).

Now, say that . . .

1. on Mondays you always study Italian. ____________
2. on Tuesdays you often have lunch at the *Bar Roma*. ____________
3. on Wednesdays you often phone Mary. ____________
4. on Thursdays, instead, you always phone Gino. ____________
5. on Fridays you never go downtown. ____________
6. on Saturdays you often come to the suburbs. ____________
7. on Sundays you always eat pizza. ____________

C.

la settimana scorsa	*last week*
la settimana prossima	*next week*
ieri	*yesterday*
oggi	*today*
domani	*tomorrow*

Now say that . . .

1. today you are going to the countryside. ____________________

2. yesterday was **(era)** Monday. ____________________

3. last week was **(era)** January. ____________________

4. tomorrow is Sunday. ____________________

5. next week is spring. ____________________

D. Once again, you must figure out what comes before or after.

Che mese/stagione è?

1. il mese prima di dicembre ______________ 2. il mese dopo marzo ______________ 3. il mese prima di agosto ______________ 4. il mese dopo gennaio ______________ 5. il mese prima di febbraio ______________

6. il mese prima di aprile ______________ 7. il mese dopo novembre ______________ 8. il mese dopo agosto ______________ 9. il mese prima di settembre ______________ 10. il mese dopo settembre ______________ 11. il mese prima di giugno ______________

12. il mese dopo maggio ______________ 13. la stagione prima di autunno ______________ 14. la stagione dopo l'autunno ______________

15. la stagione dopo l'estate ______________ 16. la stagione dopo l'inverno ______________

Practice Set 36

It's time to talk about the weather—in Italian, of course.

Che tempo fa?
How's the weather?

Fa	caldo.
	freddo.
	molto caldo/freddo.
	bel tempo.
	brutto/cattivo tempo.

It's	*hot/warm.*
	cold.
	very hot/cold.
	beautiful.
	ugly/bad.

Che tempo fa?
How's the weather?

È	mite.
	nuvolọso.
	sereno.
	variạbile.

It's	*mild.*
	cloudy.
	clear.
	variable.

OTHER USEFUL WORDS AND EXPRESSIONS

C'è il sole. *It's sunny.*
Tira vento. *It's windy.*
Nẹvica. *It's snowing.*
(nevicare *to snow*)
la neve *snow*
Lampeggia. *It's lightning.*
C'è la nẹbbia. *It's foggy.*
Piove. *It's raining.*
(piovere *to rain*)
la piọggia *rain*
Tuona. *It's thundering.*
(tuonare *to thunder*)

A. Match an appropriate weather expression with each picture.

1. ____________

2. ____________

3. ____________

4. ____________

5. ____________

6. ____________

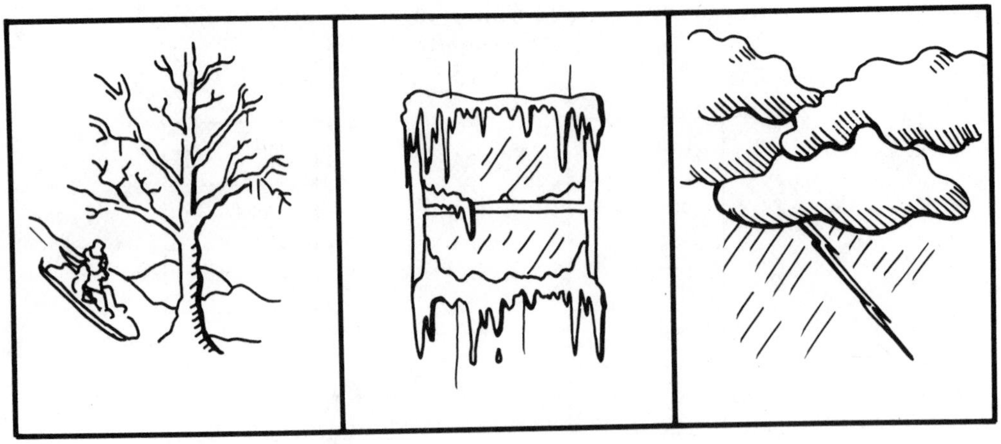

7. ____________ 8. ____________ 9. ____________

B. The vowels are missing from the following weather expressions. Can you supply them?

Che tempo fa?

1. È m ___ t ___. 2. È n ___ v ___ l ___ s ___. 3. È s ___ r ___ n ___. 4. Fa m ___ l t ___ fr ___ dd ___. 5. C' ___ il s ___ l ___. 6. C' ___ la n ___ bb ___ a.

7. T ___ r ___ v ___ nt ___.

All'aeroporto!
At the Airport!

To find out what to say when you are at an airport, just read the following dialogue. New vocabulary items are underlined and then defined at the end of the dialogue. You should be able to figure out the rest.

Il sig. Dini: Scusi, signore, desidero fare il biglietto per New York di andata e ritorno.
Impiegato: Ha una prenotazione, signore?
Dini: No.
Impiegato: Non importa. C'è un posto sul (*on*) volo 333. Scompartimento per fumatori o non fumatori?
Dini: Non fumatori.
Impiegato: Vicino al finestrino o al corridoio?
Dini: Al finestrino, grazie.
Impiegato: Bagaglio?
Dini: Una valigia.
Impiegato: Il passaporto, per favore.
Dini: Ecco. È in orario, l'aereo?
Impiegato: No.
Dini: È in ritardo?
Impiegato: No, è in anticipo. Ecco la carta d'imbarco, signore. L'uscita è D e buon viaggio!

On board . . .

Il comandante: Signore e signori, siete pregati di allacciare le cinture di sicurezza.
Dini: Perché?

L'assistente di volo: Perché il decollo è previsto tra un minuto.
Il comandante: L'atterraggio a New York è previsto tra otto ore.
Dini: Scusi, signorina, ma ho fame!
L'assistente di volo: Pazienza, signore! (to herself: Mamma mia! Questo signore è proprio maleducato!)

fare il biglietto *to buy a (travel) ticket*
di andata e ritorno *return ticket*
prenotazione *reservation*
posto *place*
volo *flight*
scompartimento *compartment/section*
fumatori/non fumatori *smoking/non smoking*
finestrino *window*
corridoio *corridor*
bagaglio *baggage*
valigia *suitcase*
passaporto *passport*
in orario/ritardo/anticipo *on time/late/early*
aereo *airplane*
carta d'imbarco *boarding pass*
uscita *gate*
buon viaggio *have a nice trip*
comandante (*m*) *captain/pilot*
assistente di volo *flight attendant*
siete pregati *you are requested*
allacciare *to fasten*
cintura di sicurezza *safety belt*
decollo *take-off*
è previsto tra *is expected in*
minuto *minute*
atterraggio *landing*
ora *hour*
Mamma mia! *an exhortation; literally, "My mother!"*
proprio *really*
maleducato *rude*

Practice Set 37

A. Go over the dialogue and then complete the following statements.

1. Il signor Dini desidera ____________________ per New York.
2. Non ha una ____________________.
3. Prende un posto vicino al ____________________.
4. Per bagaglio ha una ____________________.
5. L'aereo è in ____________________.
6. Il decollo è previsto tra ____________________.
7. Il signore Dini ha ____________________.

B. You are buying a ticket at an airport and are addressed as follows. How would you answer?

1. Ha una prenotazione?

   ☐ Sì.
   ☐ Non importa.

2. Che cosa desidera?

   ☐ Niente.
   ☐ Fare il biglietto.

3. Quale scompartimento desidera?

   ☐ Per non fumatori.
   ☐ Al corridoio.

4. Quale posto desidera?

   ☐ In orario.
   ☐ Vicino al finestrino.

5. Ecco la carta d'imbarco.

   ☐ Grazie.
   ☐ Perché?

Reading and Comprehension Activity for Chapter 8

Now it's time for you to test your reading skills. Read the following brief passage, then do the follow-up activity. Some of the words are glossed for you. You should be able to figure out the meaning of the others on your own.

Lettura

Ecco Roberto all'aeroporto. Lui aspetta lo zio e la zia che arrivano da San Francisco. È una bella giornata. Tira vento ma c'è il sole e fa caldo.	
Mentre aspetta, Roberto vede una vecchia amica, Carla. Carla è una ragazza bella, intelligente e molto elegante. Ha sempre un vestiario *eccezionale.* Lui ama Carla, ma lei non ama lui. Roberto vede Carla e va vicino a lei. Comincia a parlare. Carla ascolta con *pazienza.* Il *tempo passa.*	*exceptional* *time passes*
A un certo momento Roberto *si ricorda:* «Mamma mia! Non vedo gli zii! Dove sono?».	*remembers*

A. Answer the following questions with complete sentences.

1. Dov'è Roberto?

   ____.

2. Che fa lì?

   ____.

3. Che tempo fa?

   ____.

4. Chi vede Roberto?

____.

5 Com'è Carla?

____.

6. Che fa Roberto quando vede Carla?

____.

7. Chi dice «Non vedo gli zii»?

____.

B. Now write your own little story about Roberto. In it, say that Roberto . . .

1. is unpleasant, boring, and rude. 2. is always in a hurry. 3. is at the airport. 4. is waiting for his aunt and uncle arriving from San Francisco. 5. loves Carla but she does not love him. 6. sees Carla and goes near her. 7. begins to talk.

____

____

____

____

____

____

____

Putting It All Together (Chs. 7 and 8)

Practice Set 38

A. There are twenty-one verbs in the following word-search puzzle. Can you find them?

v	a	d	o	m	n	v	i	e	n	i	m	n	k	s	a	p	p	i	a	m	o
c	r	e	d	i	a	m	o	n	l	m	e	t	t	o	n	o	m	o	p	l	c
h	p	e	r	d	o	m	n	n	e	r	i	p	e	t	e	t	e	m	n	l	o
i	r	i	s	p	o	n	d	o	g	s	c	e	n	d	e	v	b	n	m	l	r
e	e	s	c	r	i	v	o	d	g	s	p	e	n	d	i	e	v	e	d	o	r
d	n	s	t	o	v	v	i	v	e	g	h	i	v	e	n	d	o	n	o	o	e
o	d	p	r	e	n	d	i	b	r	i	c	e	v	i	a	m	o	m	l	o	t
z	c	h	i	u	d	i	m	n	c	o	n	o	s	c	e	n	h	g	n	m	e

B. Answer with the appropriate form of *that one* or *those*, as in the model.

Example: Questo libro?

No, quello.

1. Questa maglia? ____________________
2. Questa camicia? ____________________
3. Questo vestito? ____________________
4. Queste scarpe? ____________________
5. Questi pantaloni? ____________________
6. Questi calzini? ____________________
7. Questo impermeabile? ____________________
8. Queste calze? ____________________
9. Questa cravatta? ____________________
10. Questi guanti? ____________________

C. Can you give the opposite of each clue? Be sure to keep it in the indicated form; for example, if the clue is **alta**, then the correct form of its opposite is **bassa**.

Orizzontali
1. tristi
2. economiche
3. corta
6. buoni
7. aperti

Verticali
1. difficile
4. moderna
5. giovani

D. Unscrambling the following words will give you words for days, months, and seasons.

1. ndelìu ____________________ 2. bastoa ____________________

3. mndoecai ____________________ 4. rimapreva ____________________

5. nngeaoi ____________________ 6. giogma ____________________

7. leipar ____________________ 8. ttbroeo ____________________

E. How would you . . .

1. ask if the plane is on time? ____________________

2. say that you do not have a boarding pass? ____________________

3. say "Have a nice trip!"? ____________________

4. say that it's very cold? ____________________

5. say that it's mild? ____________________

6. say that it's raining? ____________________

7. say that it's snowing? ____________________

8. say that it's sunny and windy? ____________________

CHAPTER 9

Uno, due, tre . . .
One, Two, Three . . .

In this chapter you will learn:

- how to count
- how to express notions of quantity
- how to tell time

Dialogue and Comprehension Activity 9

Che ora è?

Pina:	Marco, che ora è?	*—Mark, what time is it?*
Marco:	Sono le cinque e quaranta.	*—It's 5:40.*
Pina:	Che data è?	*—What date is it?*
Marco:	È il quindici settembre. Ma perché chiedi tutte queste cose?	*—It's September 15. But why are you asking all these things?*
Pina:	Perché penso di avere una lezione di matematica tra qualche minuto che comincia oggi.	*—Because I think I have a mathematics class in a few minutes which begins today.*
Marco:	Vai a lezione ora?	*—Are you going to (your) class now?*
Pina:	Sì, certo. Non ho tempo di stare con te, purtroppo!	*—Yes, of course. I don't have time to stay with you, unfortunately!*
Marco:	Capisco. A domani.	*—I understand. See you tomorrow.*
Pina:	Ciao.	*—Bye.*

Can you complete the following paraphrase of the dialogue?

Pina vuole *(wants to)* sapere che (1) _____ è. Sono le cinque (2) _____quaranta. Oggi è il (3) _____ settembre. Pina oggi (4) _______ una lezione di matematica che comincia tra (5) _______ minuto. Pina non ha (6) _____ di stare con Marco purtroppo.

Contiamo!
Let's Count!

1–20			
1	**uno**	11	**ụndici**
2	**due**	12	**dọdici**
3	**tre**	13	**trẹdici**
4	**quattro**	14	**quattọrdici**
5	**cịnque**	15	**qụindici**
6	**sei**	16	**sẹdici**
7	**sette**	17	**diciassẹtte**
8	**otto**	18	**diciọtto**
9	**nove**	19	**diciannọve**
10	**dieci**	20	**venti**

Practice Set 39

A. Here is some easy, but important, practice. Just write out the numbers given in words.

1. ____________ (2)
2. ____________ (12)
3. ____________ (4)
4. ____________ (14)
5. ____________ (6)
6. ____________ (16)
7. ____________ (8)
8. ____________ (18)
9. ____________ (20)
10. ____________ (1)
11. ____________ (11)
12. ____________ (3)
13. ____________ (5)
14. ____________ (15)
15. ____________ (7)
16. ____________ (17)
17. ____________ (9)
18. ____________ (19)
19. ____________ (10)

B. Now here's how to form all the other numbers.

20–29:

20 **venti** 21 **ventuno** 22 **ventidue** 23 **ventitrè** 24 **ventiquattro**

(ventuno: drop the vowel) (ventitrè: put an accent here)

25 **venticinque** 26 **ventisei** 27 **ventisette** 28 **ventotto** 29 **ventinove**

(ventotto: drop the vowel)

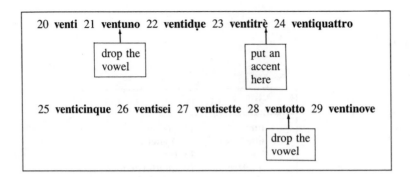

Get it? Simply add on the numbers from one to nine to the category—in this case **venti**. Drop the final vowel in front of the two numbers that start with a vowel—**uno** and **otto**. And with the number that ends in **tre**—**ventitrè**—put an accent on the final vowel.

Now continue, following this pattern.

30–39

1. **trenta** (30)
2. ______ (31)
3. ______ (32)
4. ______ (33)
5. ______ (34)
6. ______ (35)
7. ______ (36)
8. ______ (37)
9. ______ (38)
10. ______ (39)

From now on, only certain numbers will be chosen for you to write out. The formation pattern remains the same.

40	**quaranta**	80	**ottanta**
50	**cinquanta**	90	**novanta**
60	**sessanta**	100	**cento**
70	**settanta**		

11. ______ (41)
12. ______ (44)
13. ______ (48)
14. ______ (52)
15. ______ (55)
16. ______ (63)
17. ______ (67)
18. ______ (72)
19. ______ (78)
20. ______ (83)
21. ______ (86)
22. ______ (91)

C. Now try some higher numbers. Here are some key words. You will be able to figure out the rest. You may write each number as one word, or break it up into "numerically" appropriate parts.

8,921 = **ottomilanovecentoventuno** or, more logically, **ottomila novecento ventuno**

100	**cento**	2,000	**duemila**
200	**duecento**	3,000	**tremila**
300	**trecento**	4,000	**quattromila**
1,000	**mille**	1,000,000	**un milione**
		2,000,000	**due milioni**

1. ______________________ (236)
2. ______________________ (356)
3. ______________________ (488)
4. ______________________ (599)
5. ______________________ (601)
6. ______________________ (733)
7. ______________________ (1,089)
8. ______________________ (21,890)
9. ______________________ (345,890)
10. ______________________ (1,234,567)
11. ______________________ (23,567,543)
12. ______________________ (234,764,528)
13. ______________________ (999,999,999)

D. One good use you can put numbers to is in telling dates. Observe the model formula and then continue.

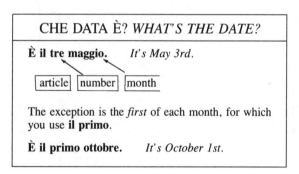

CHE DATA È? *WHAT'S THE DATE?*

È il tre maggio. *It's May 3rd.*

article | number | month

The exception is the *first* of each month, for which you use **il primo**.

È il primo ottobre. *It's October 1st.*

Che data è?

1. ____________ (January 2nd)
2. ____________ (February 1st)
3. ______________________________ (March 11th) (Be careful with the form of the article!)

4. ________
(May 30th)

5. ________
(April 8th)

6. ________
(June 21st)

7. ________
(July 15th)

8. ________
(August 28th)

9. ________
(September 18th)

10. ________
(October 16th)

11. ________
(November 25th)

12. ________
(December 1st)

You can also ask just for the day of the month with:

> **Quanti ne abbiamo oggi?** (*lit.*, ''*How many (days) do we have today*?'')
> **Ne abbiamo tre.** *It's the third.*

E. Finally, let's learn how to form the ordinal numbers.

1st	**primo**	6th	**sesto**
2nd	**secondo**	7th	**sẹttimo**
3rd	**terzo**	8th	**ottạvo**
4th	**quarto**	9th	**nono**
5th	**quinto**	10th	**dẹcimo**

From this point on it's easy.

> Take the corresponding cardinal number: (11) ⟶ **undici**
> Drop the final vowel: ⟶ **undic**
> Add **-esimo**: ⟶ **undicẹsimo** = *eleventh*

The ordinal numbers are adjectives and, therefore, change their endings like all other adjectives (see Chapter 4):

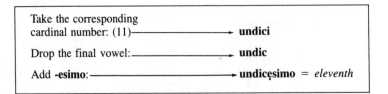

È il **secondo libro.** Sono i **sesti libri.**
È l'**undicesima scena.** Sono le **prime scene**.

Answer with the suggested ordinal number:

Example: Che mese è? (twelfth)

È il dodicesimo mese.

1. Che giorno è? (7th) ____________________
2. Che stagione (*f.*) è? (4th) ____________________
3. Che studentesse sono? (1st) ____________________ della classe (*of the class*).
4. Che studenti sono? (2nd) ____________________ della classe.

Now continue as in the model.

Che giorno è?

Example: il tre maggio

È il terzo giorno di maggio.

Che giorno è?

5. il quattro aprile ____________________
6. il sei giugno ____________________
7. il nove dicembre ____________________
8. il cinque luglio ____________________
9. l'otto agosto ____________________
10. il dieci ottobre ____________________
11. il trenta marzo ____________________
12. l'undici gennaio ____________________
13. il quindici settembre ____________________
14. il venti novembre ____________________
15. il ventotto marzo ____________________
16. il ventitrè agosto (in the case of **-trè**, remove the accent mark but *retain* the vowel, so that you will end up with two **e**s) ____________________

primo	*first*	**ultimo**	*last*	**zero**	*zero*

Nozioni di quantità
Notions of Quantity

To say *some* as the plural of **a/an,** simply use **di** plus the appropriate form of the definite article in a contracted form. You will learn more about contractions in the next chapter.

un vestito → di + i vestiti → **dei** vestiti
a dress — *some dresses*

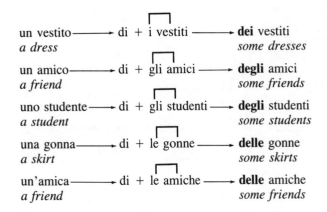

un amico → di + gli amici → **degli** amici
a friend — *some friends*

uno studente → di + gli studenti → **degli** studenti
a student — *some students*

una gonna → di + le gonne → **delle** gonne
a skirt — *some skirts*

un'amica → di + le amiche → **delle** amiche
a friend — *some friends*

Let's summarize!

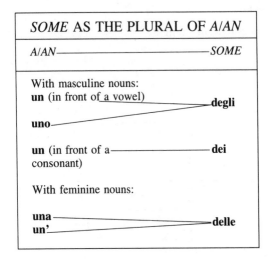

SOME AS THE PLURAL OF *A/AN*	
A/AN	*SOME*
With masculine nouns:	
un (in front of a vowel) / **uno**	**degli**
un (in front of a consonant)	**dei**
With feminine nouns:	
una / **un'**	**delle**

Practice Set 40

You are back at the clothing store of the previous chapter. This time when the clerk asks you if you want an item, you answer that you would like *some* of the items mentioned, in the suggested color. Don't forget to make your words agree!

Example: Desidera una camicia? (rosso)

Sì, vorrei delle camicie rosse.

1. Desidera un cappotto? (verde) ____________________
2. Desidera un ombrello? (nero) ____________________
3. Desidera una camicetta? (rosso) ____________________
4. Desidera una cravatta? (giallo) ____________________
5. Desidera una borsa? (marrone) ____________________
6. Desidera un fazzoletto? (viola) ____________________
7. Desidera un impermeabile? (azzurro) ____________________
8. Desidera un cappello? (grigio) ____________________

9. Desidera una gonna? (rosso) ______________________________

10. Desidera una maglia? (arancione) ______________________________

Practice Set 41

When you do not want something, you say "I do not want *any*." To say *not . . . any* in Italian, use:

- non . . . **nessuno** + a singular noun
- Treat **nessuno** as if it were composed of **ness** + **uno;** then change the forms to **uno** in the usual way. Note that the noun is always singular in this formula.

MASCULINE	FEMININE
ness < **un** vestito / **uno** sbaglio	**ness** < **una** gonna / **un**'amica

You are once again at the *Bar Roma.* When the **barista** asks you whether you want something, say that you do not want any. Don't forget to make your nouns singular!

Example: Desidera dei cappuccini?

No, non desidero nessun cappuccino.

1. Desidera degli espressi? ______________________________
2. Desidera delle paste? ______________________________
3. Desidera degli zabaioni? ______________________________
4. Desidera dei gelati? ______________________________
5. Desidera delle aranciate? ______________________________
6. Desidera degli aperitivi? ______________________________
7. Desidera dei tramezzini? ______________________________
8. Desidera degli spumanti? ______________________________

Practice Set 42

To say *several* or a *few* use:

MASCULINE	FEMININE
alcuni libri	**alcune** penne

Someone asks you if you have something, and you answer that you have *several* or *a few*.

Example: Hai delle matite?

Sì, ho alcune matite.

1. Hai delle lettere? ____________________
2. Hai dei pettini? ____________________
3. Hai degli specchi? ____________________
4. Hai dei portafogli? ____________________
5. Hai delle fotografie? ____________________
6. Hai delle valige? ____________________
7. Hai dei biglietti? ____________________
8. Hai dei guanti? ____________________

Practice Set 43

An alternate form for *some* and *several/a few* is *qualche*. But this is a tricky form! Like *not . . . any,* it must be followed by a *singular* noun, even though the meaning is plural.

some pencils

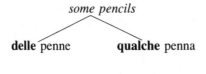

delle penne **qualche** penna

several mirrors

alcuni specchi **qualche** specchio

Now answer each question using this form.

Example: Ha dei quaderni?

Sì, ho qualche quaderno.

1. Conosce degli italiani? ____________________
2. Scrive delle lettere? ____________________
3. Legge dei libri spesso? ____________________
4. Compra delle paste? ____________________
5. Mangia sempre dei panini? ____________________
6. Telefona spesso a alcuni amici? ____________________
7. Conosce alcune professoresse? ____________________
8. Ha alcune lire? ____________________

Practice Set 44

Some nouns normally have only a singular form.

l'acqua	*water*	il pane	*bread*
lo zucchero	*sugar*	il latte	*milk*
la carne	*meat*	il vino	*wine*

If a noun cannot be preceded by *a/an,* (a water? a sugar?), then it cannot be pluralized. But you can of course, say *some water, some sugar,* etc. In Italian, as you have discovered, you use **di** + the appropriate form of the definite article (in contracted form). In this case, a synonym is **un po' di** (literally, "a bit of").

di + l'acqua ——— **dell'**acqua ——— **un po' di** acqua = *some water*

di + lo zucchero ——— **dello** zucchero ——— **un po' di** zucchero = *some sugar*

di + la carne ——— **della** carne ——— **un po' di** carne = *some meat*

di + il pane ——— **del** pane ——— **un po' di** pane = *some bread*

Now, say that . . .

1. you would like some wine (both ways). ____________________
2. you always buy some milk on Tuesdays (both ways). ____________________
3. you often eat some bread (both ways). ____________________
4. you often eat meat on Sundays (both ways). ____________________
5. you always put sugar *nell'espresso* (both ways). ____________________
6. you always have (use *prendere*) some water **con il vino** (both ways). ____________________

There is no negative form for such cases.

AFFIRMATIVE	NEGATIVE
Prendo del vino.	Non prendo (mai) vino./ Non prendo (mai) il vino.

So now say that . . .

7. you never buy milk on Tuesdays. ____________________
8. you do not eat meat. ____________________
9. you never put sugar **nell'espresso.** ____________________
10. you never have water **con il vino.** ____________________

Practice Set 45

Now it's time to review all the expressions of quantity you have learned so far.

Four people, Gino, Gina, Pino, and Pina are all at the *Bar Roma*. Each responds in a particular way.

Example: Desiderano?

Gino: Sì, **delle paste,** per favore.

Gina: Anche io **alcune paste,** grazie.

Pino: Anche io **qualche pasta,** prego.

Pina: Io, invece, non desidero **nessuna** pasta.
Vorrei **del** vino.

Continue, filling in the missing parts.

1. Desiderano?

   Gino: Sì, dei tramezzini, per favore.

   Gina: ______________________________

   Pino: ______________________________

   Pina: ______________________________ Vorrei ______________ acqua.

2. Desiderano?

   Gino: ______________________________

   Gina: Anche io alcuni panini, grazie.

   Pino: ______________________________

   Pina: ______________________________ Vorrei ______________ latte.

3. Desiderano?

   Gino: ______________________________

   Gina: ______________________________

   Pino: ______________________________

   Pina: Io, invece, non desidero nessun aperitivo. Vorrei __________ vino.

4. Desiderano?

   Gino: ______________________________

   Gina: ______________________________

   Pino: Anche io, qualche cappuccino, prego.

   Pina: ______________________________ Vorrei ______________ pane.

Practice Set 46

Another important expression of quantity is *how much/many*. You have already learned that **quanto** means *how much* when used as a subject.

> **Quanto** costa il caffè? *How much is the coffee?*
> **Quanto** costano le scarpe? *How much are the shoes?*

As you can see, this form does not change when used in this way. However, if you make it an adjective by putting it next to a noun, then it behaves like a regular **-o** adjective.

> Quanto latte compri? *How much milk do you buy?*
> Quanti panini mangi? *How many buns do you eat?*
> Quanta carne mangi? *How much meat do you eat?*
> Quante paste mangi? *How many pastries do you eat?*

Similarly, **quale** *which,* when modifying a noun, behaves like a normal **-e** adjective.

> Quale libro leggi? *Which book are you reading?*
> Quali libri leggi? *Which books do you read?*
> Quale donna conosci? *Which woman do you know?*
> Quali donne conosci? *Which women do you know?*

Ask your friend the following.

1. ______ giacca compri? *(Which)* 2. ________ scarpe compri? *(How many)* 3. ________ amici hai? *(How many)*

4. ______ errori fai? *(Which)* 5. ________ italiani conosci? *(How many)* 6. ______ italiani conosci? *(Which)*

7. ______ orologio compri? *(Which)* 8. ________ pane mangi? *(How much)* 9. ________ carne mangi? *(How much)*

HOW OLD ARE YOU?	
Quanti anni hai? *(fam.)* **Quanti anni ha?** *(pol.)* (Lit., "How many years do you have?")	**Ho 30 anni.** (Lit., "I have 30 years.")

Supply the missing words.

10. Giovanni, ____________ anni ____________? Ho ____________ anni. (22)

11. Signora Marchi, ____________ anni ____________? Ho ____________ anni. (39)

12. Professor Giusti, ____________ anni ____________? Ho ____________ anni. (46)

Practice Set 47

molto	
much/a lot/ (adjective)	*very* adverb

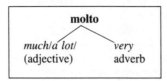

When **molto** is used as an adjective it behaves like a normal **-o** adjective and agrees with the noun it modifies. But when it means *very* and is, therefore, used as an adverb, there is no agreement.

Maria mangia **molta carne.**

adjective = *a lot of*

Maria è **molto** bella.

adverb = *very*

The same pattern applies to the following:

tanto	*much/a lot* (synonym for **molto)**	**poco**	*little/few*
		troppo	*too much/too*
		parecchio	*quite a bit/lot*

Always check if a noun follows.

Maria compra **troppi vestiti.** Maria è **troppo** gentile.

noun — adjective

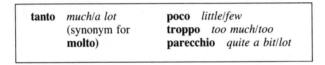

Now try to put the appropriate word in each blank.

1. Questo vestito costa _____.
   (little)
2. Quelle paste sono _____ buone.
   (very)
3. Io mangio spesso _________ pizza.
   (too much)
4. L' italiano è _____ facile.
   (very)
5. Giovanni lavora _________ .
   (too much)

- Be careful with the expressions you learned in Chapter 2. Although in English they are translated with adjectives, in Italian they contain nouns.

Ho molta fame. = *I am very hungry.*

Lit., *I have much hunger.*

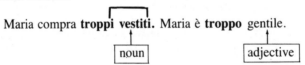

6. Maria ha _____ sete.
   (very)
7. Io ho _____ caldo.
   (very)
8. Anche loro hanno _____ fretta.
   (very)

abbastanza *enough/quite*	**quasi** *almost*

- These two are always invariable.

9. Il professor Verdi è _____ alto e _____ simpatico.
   (very) *(quite)*

10. Gina ha _______ venti anni.
    (almost)

11. Lui mangia sempre _______ pizza, e ha _______ sempre fame.
    (enough) *(almost)*

- Finally, the word **tutto** can refer to both people and things:

PEOPLE	THINGS
tutti *everyone/everybody/all* **tutte** *everyone/everybody* (indicating only females)/*all*	**tutto** *all/everything* Io mangio **tutta** la pizza. Gino mangia **tutte** le paste. Marco paga sempre **tutto.**
both — **tutti e due** *(m.)* / **tutte e due** *(f.)*	

12. _________ parlano italiano in Italia.
    (Everyone)

13. Le studentesse italiane sono ___ belle, pensa Giovanni!
    (all)

14. Carlo mangia sempre ___ i panini!
    (all)

15. Io pago sempre _________.
    (everything)

16. _____ quei ragazzi sono italiani.
    (Both)

17. _____ quelle studentesse sono francesi.
    (Both)

18. Chi compra ___ quello?
    (all)

Practice Set 48

Compro **del** pane. *I'm buying some bread.* **Ne compro.** *I'm buying some.*
Mangiamo sempre **degli** spaghetti. *We always eat some spaghetti.* **Ne mangiamo sempre.** *We always eat some.*
Vorrei **alcune penne.** *I would like several pens.* **Ne vorrei alcune.** *I would like several (of them).*
Vorrei otto **matite.** *I would like eight pencils.* **Ne vorrei otto.** *I would like eight (of them).*
Compro sempre **molti vestiti.** *I always buy a lot of dresses.* **Ne compro sempre molti.** *I always buy a lot (of them).*

Get it? That little word **ne,** placed just before the verb, allows you to replace any expression of quantity. Look carefully at the models above; then try replacing the italicized phrases.

Example: Giovanni mangia sempre delle paste.

Giovanni ne mangia sempre.

1. Non conosco *molti italiani.* ______________________
(Make sure that **ne** stays right before the verb.)
2. Oggi scrivo *delle lettere.* ______________________
3. Domani scrivo *tre lettere.* ______________________
4. Tutti i mesi leggo *alcuni libri.* ______________________
5. Desidero *due cappuccini,* grazie. ______________________
6. Quanti *cappuccini* desidera? ______________________
7. Spendo sempre *troppe lire.* ______________________
8. Chi desidera *del latte?* ______________________
9. Io prendo *un po' di zucchero.* ______________________

Che ora è?
What Time Is It?

The numbers you learned above can be put to good use in telling time. Let's start with the hours.

Che ora è?	**Che ore sono?**
Use either expression. The first one has a singular form; the second a plural form.	

LE ORE *The Hours*

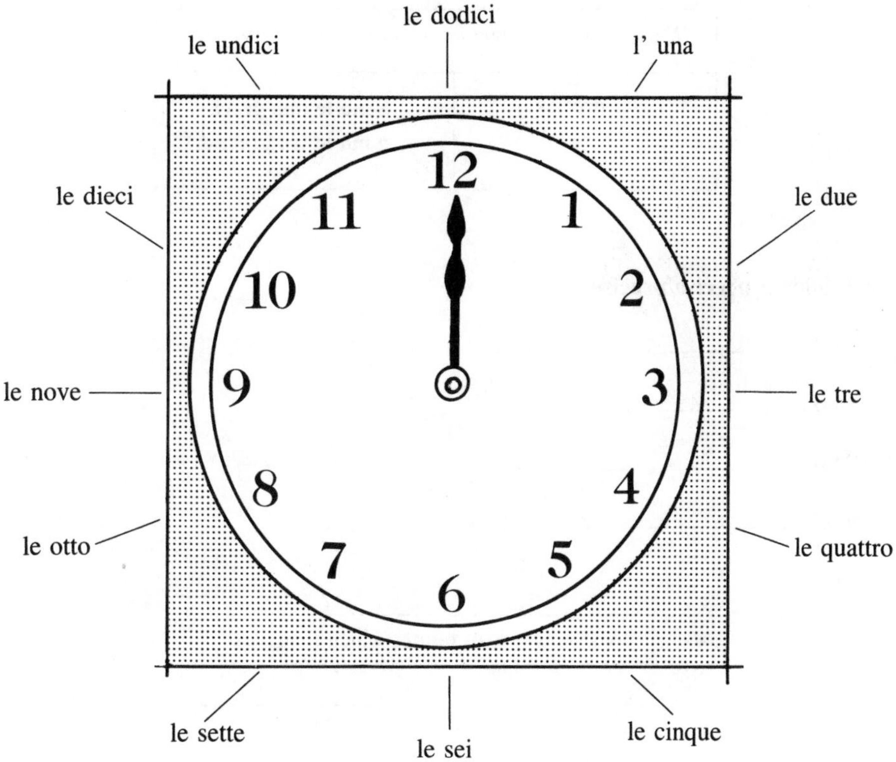

<table>
<tr><td rowspan="2">Che ora è?/
Che ore sono?</td><td>È l'una.</td><td rowspan="2">Sono le due.
Sono le tre.
Sono le quattro.
etc.</td></tr>
<tr><td rowspan="2">the only singular hour</td></tr>
<tr><td></td><td>all the rest are plural</td></tr>
</table>

Practice Set 49

Answer as suggested (in words, of course).

Che ora è?

1. 12:00 ____________________
2. 6:00 ____________________
3. 1:00 ____________________
4. 5:00 ____________________
5. 11:00 ____________________

When the time is *right on the dot,* you can also say:	
È l'una precisa.	**Sono le due precise.** **Sono le tre precise.** etc.

Continue, adding **precisa/precise.**

6. 1:00 ____________________
7. 3:00 ____________________
8. 10:00 ____________________
9. 9:00 ____________________

> A synonym is **in punto,** which translates *on the dot* literally.

Continue, adding **in punto.**

10. 8:00 ____________________
11. 7:00 ____________________
12. 4:00 ____________________
13. 1:00 ____________________
14. 2:00 ____________________

Officially, the above hours are used for A.M. time. For P.M. (afternoon/evening) time, the hours continue.

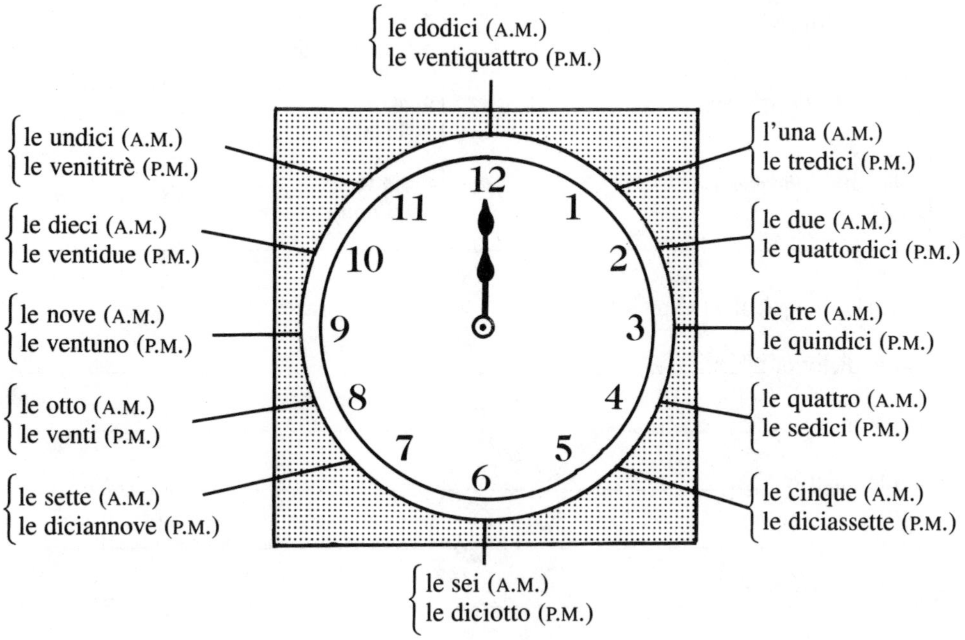

Now continue, using the 24-hour-clock (official time).

15. 8:00 (A.M.) ____________________

16. 1:00 (P.M.) ____________________

17. 3:00 (A.M.) ____________________

18. 9:00 (P.M.) ____________________

19. 5:00 (P.M.) ____________________

20. 11:00 (P.M.) ____________________

le dodici = **mezzogiorno** = *noon/midday*
le ventiquattro = **mezzanotte** = *midnight*

Continue, using *noon* and *midnight* where applicable.

21. 8:00 (P.M.) ____________________

22. midnight ____________________

23. noon ____________________

24. 6:00 (P.M.) ____________________

If you prefer not to use the 24-hour-clock, then these expressions will come in handy.

la mattina/il mattino *the morning*	**di mattina** **della mattina** **del mattino**	*in the morning*
il pomeriggio *the afternoon*	**di pomeriggio** **del pomeriggio**	*in the afternoon*
la sera *the evening*	**di sera** **della sera**	*in the evening*
la notte *the night*	**di notte** **della notte**	*of (in) the night*

Continue, using an equivalent expression.

25. Sono le diciotto. ______________________
26. Sono le undici. ______________________
27. Sono le quattro. ______________________
28. È l'una. ______________________
29. Sono le tredici. ______________________
30. Sono le ventitrè. ______________________
31. Sono le dieci. ______________________
32. Sono le venti. ______________________

I MINUTI *The minutes*

All you have to do is add on the minutes to the hour using **e.**

3:12	le tre **e dodici**
4:28	le quattro **e ventotto**
10:48	le dieci **e quarantotto**
	etc.

Give the times shown, using any appropriate expression.

Che ora è?

A.M. (Use official time.)

33. ____________ 34. ____________ 35. ____________ 36. ____________

37. ____________

38. ____________

39. ____________

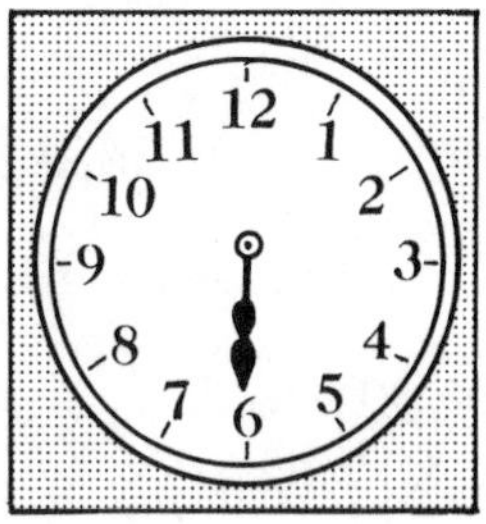

40. ____________

P.M. (Use official time.)

41. ____________

42. ____________

43. ____________

44. ____________

45. ____________

46. ____________

47. ____________

48. ____________

When the minute hand is within the last ten to fifteen minutes before the next hour, you can also say:

3:52	=	le tre e cinquantadue	=	**le quattro meno otto** (lit., four o'clock minus eight minutes)
6:58	=	le sei e cinquantotto	=	**le sette meno due**

Now give the equivalents of the following times.

49. le nove e quarantasette = ______________________________

50. le venti e cinquantacinque = ______________________________

51. l'una e cinquantanove = ______________________________

52. le sedici e cinquanta = ________________________________

53. le cinque e quarantasei = ________________________________

You can also use the following equivalents:

For every half-hour = **mezzo** or **mezza**
3:30 = le tre e trenta = **le tre e mezzo/mezza** 8:30 = le otto e trenta = **le otto e mezzo/mezza**
For every quarter-hour = **un quarto**
3:15 = le tre e quindici = **le tre e un quarto** 8:15 = le otto e quindici = **le otto e un quarto** 8:45 = le otto e quarantacinque = **le nove meno quindici** = **le nove meno un quarto**

Now use the above expressions with the following times.

54. 1:15 (A.M.) ________________

55. 8:30 (P.M.) ________________

56. 6:15 (A.M.) ________________

57. 10:30 (P.M.) ________________

58. 1:45 (A.M.) ________________

59. 1:45 (P.M.) ________________

Practice Set 50

time → **tempo** *time in a general sense*
time → **ora** *hour (clock time)*
time → **volta** *time in the sense of occurrence*

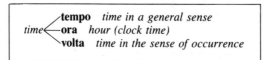

Examples: Non ho tempo di studiare. *I have no time to study.*

Che ora è? *What time is it?*

Mangio tre volte tutti i giorni. *I eat three times every day.*

Complete each sentence with the appropriate form for "time."

1. La domenica telefono sempre tre ____________ a Maria.
2. Che ____________ sono?
3. Non hanno mai ____________ di fare niente.
4. È ____________ di andare (*It's time to go*).
5. Al *Bar Roma* prendo l'espresso tutte le ____________.
6. Il ____________ vola (*Time flies*).

Practice Set 51

Here is a useful list of expressions. You have already encountered some of them.

adesso/ora *now*
oggi *today*
sempre *always*
di sọlito *usually*
(non). . . mai *never*
stamani *this morning*
alla settimana *a week* (as in *once a week*)
all'anno: *a year* (as in *once a year*)
ogni *every/each*
prima *before/first*
poi *then* (in the sense of *later*)
presto *early*
già *already*
ieri *yesterday*
domani *tomorrow*
spesso *often*
qualche volta *once in a while*
stasera *this evening*
sụbito *right away/immediately*
al mese *a month* (as in *once a month*)
dopodomani *the day after tomorrow*
ieri l'altro *the day before yesterday*
quasi (mai) *almost (never)*
dopo *after*
allora *then* (in the sense of *at that time*)
tardi *late*
appena *just/barely*

Now put an appropriate word or expression in the blanks.

1. _____ chiudo la porta e _____ la finestra.
   (First) *(then)*

2. _______________vado a ballare il sabato.
   (Once in a while)

3. Che cosa fai _____? Niente. Non faccio ______ niente.
   (now) *(never)*

4. Sai a che ora arriva Gino? È _______ tardi.
   (already)

5. Sono ______ le due e mezzo!
   (barely)

6. _____ lunedì, ho la lezione d'italiano.
   (Every)

7. ___________ vado in centro, e ___________ studio l'italiano.
   (This morning) *(this evening)*

8. Telefona _______ a Claudia, almeno due volte _______.
   (always) *(a week)*

9. Andiamo in Italia ____________________.
   (the day after tomorrow)

10. Quante paste mangi? ____ due!
    (Just)

11. Sono _______ le tre!
    (already)

12. La mattina vado a lavorare _____, e la sera vengo a casa ____.
    (early) *(late)*

13. Sono _______ le quattro e mezzo.
    (almost)

14. _____ sabato, _______ vado in centro.
    (*Each*) (*usually*)

15. Quando arrivano, _____ andiamo tutti al bar.
    (*then*)

16. Due volte ______ loro vanno in Italia.
    (*a year*)

17. _____________________ era (*it was*) mercoledì.
    (*The day before yesterday*)

18. È _____. Sono ______ le sei.
    (*early*) (*barely*)

Practice Set 52

The following words not only allow you to express time relationships, but they also allow you to expand your ability to form complex sentences.

appena *as soon as* (Recall that this has more than one meaning.)	mentre: *while* durante: *during*

This is Giovanni's love note to Maria, who lives far away in Rome. Use the words provided above to complete the note.

Cara Maria,

penso sempre a te (*you*), (1) ____________ la notte e anche (2) ____________ lavoro. Sei bella, intelligente, simpatica! Vengo a Roma (3) ____________ l'estate prossima. Ciao. P. S. (4) ____________ arrivo, ti bacerò (*I'll kiss you*).

Giovanni

Practice Set 53

The present tense in Italian also allows you to express the English tense *I have been living*, *I have been working*, etc. This usage of the present is always followed by the preposition **da**.

Abito a Roma	**da**	gennaio.
		otto mesi.
I have been living in Rome	*since*	*January*.
	for	*eight months*.

Lui lavora	**da**	stamani.
		cinque ore.
He has been working	*since*	*this morning.*
	for	*five hours.*

In other words, the preposition **da**, when used in this specific way, means both *since* and *for*.

The Italian present tense also allows you to express the English tense *I will be going*, *I will be coming*, etc. And in this case it is normally followed by **tra/fra**.

Vado a Roma	**tra** un mese.
I will be going to Rome	*in a month.*

Vengono in Italia	**fra** due anni.
They will be coming to Italy	*in two years.*

Now say that . . .

1. you have been working since yesterday ______________________
2. John will be arriving in ten minutes ______________________
3. you have been reading for three hours ______________________
4. you have been running for twenty minutes ______________________
5. you will be going to the *Bar Roma* in an hour. ______________________

Reading and Comprehension Activity for Chapter 9

Now it's time for you to test your reading skills. Read the following brief passage, then do the follow-up activity. Some of the words are glossed for you. You should be able to figure out the meaning of the others on your own.

Lettura

Pina è alla lezione di matematica.	
Oggi la professoressa *insegna* dei	*teaches*
concetti molto difficili. Ma Pina è	*concepts*
molto intelligente e molto brava in	
matematica. Ecco un problema che lei	
risolve senza nessuna *difficoltà:*	solves/with/ *difficulty*
«Quale numero viene dopo	
250, 350, 450, . . . ?».«550» *risponde* Pina.	*answers*

A. Check the appropriate response.

1. Pina è

A☐A una lezione.
B☐Al bar.

2. La lezione è

A☐Intelligente.
B☐Difficile.

3. I concetti che la professoressa insegna

A☐Sono difficili.
B☐Sono facili.

4. Pina è brava

A☐In italiano.
B☐In matematica.

5. Risolve il problema

A☐Senza difficoltà.
B☐Con difficoltà.

B. Now write your own little story about Pina. In it, say that Pina . . .

1. has a math class. 2. has no time to stay with Mark. 3. is very intelligent and good in math. 4. solves the problem with no difficulty.

____

____

____

____

CHAPTER 10

Dal medico!
At the Doctor's!

In this chapter you will learn:

- more about speaking in the present tense
- how to use prepositions
- how to express your aches and pains to a doctor

Dialogue and Comprehension Activity 10

Dottoressa, non sto bene!

Elena:	Dottoressa, non sto bene!	*—Doctor, I'm not well!*
La dott.a Di Stefano:	Che cosa c'è di male?	*—What's wrong?*
Elena:	Soffro molto, dottoressa.	*—I'm suffering a lot, doctor.*
Di Stefano:	Come si sente?	*—How do you feel?*
Elena:	Ho mal di gola e mal di testa.	*—I have a sore throat and a headache.*
Di Stefano:	Ha la febbre?	*—Do you have a fever?*
Elena:	Penso di sì.	*—I think so.*
Di Stefano:	Lei ha probabilmente un raffreddore.	*—You probably have a cold.*
Elena:	Che cosa devo fare?	*—What should I do?*
Di Stefano:	Risposare, dormire di più, e prendere un'aspirina.	*—Relax, sleep more, and take an aspirin.*
Elena:	Grazie dottoressa.	*—Thank you doctor.*

The following words are missing from the paraphrase of the above dialogue. Can you put them in their appropriate spaces?

testa, aspirina, sta, gola, febbre, raffreddore, soffre, dottoressa, dormire

Elena non (1) ______________ bene. Lei (2) ______________ molto. Ha mal di (3) ______________ e di (4) ______________. Ha anche la (5) ______________. La (6) ______________ Di Stefano dice che Elena ha probabilmente un (7) ______________. La dottoressa Di Stefano dice a Pina che deve riposare, (8) ______________ di più e prendere un' (9) ______________.

Parlare al presente: terza parte
Speaking in the Present: Part III

It's time to finish conjugating verbs in the present tense. The last type of Italian verb ends in **-ire**. Within this category, the verbs are conjugated in one of *two* ways:

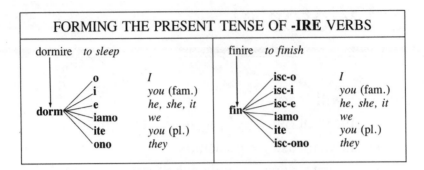

FORMING THE PRESENT TENSE OF **-IRE** VERBS			
dormire *to sleep*		finire *to finish*	
dorm**o**	*I*	fin**isc-o**	*I*
dorm**i**	*you* (fam.)	fin**isc-i**	*you* (fam.)
dorm**e**	*he, she, it*	fin**isc-e**	*he, she, it*
dorm**iamo**	*we*	fin**iamo**	*we*
dorm**ite**	*you* (pl.)	fin**ite**	*you* (pl.)
dorm**ono**	*they*	fin**isc-ono**	*they*

Both conjugations are the same, except that verbs conjugated like **finire** add **-isc-** in front of the first three endings and the last one. This means that you will simply have to learn the way in which a specific **-ire** verb is conjugated. The ones using **-isc-** are identified for you in the vocabularies at the end of this book.

Here is a list of common **-ire** verbs:

COMMON **-IRE** VERBS	
CONJUGATED LIKE **DORMIRE**	CONJUGATED LIKE **FINIRE (-ISC-)**
aprire *to open*	capire *to understand*
partire *to leave, depart*	finire *to finish*
coprire *to cover*	preferire *to prefer*
dormire *to sleep*	colpire *to strike, hit*
offrire *to offer*	costruire *to build, construct*
servire *to serve*	pulire *to clean*
sentire *to hear*	sparire *to disappear*
soffrire *to suffer*	

Practice Set 54

Let's practice those endings. Don't forget that the Italian present tense allows you to cover three English tenses.

finisco

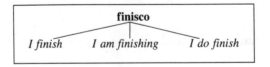

I finish *I am finishing* *I do finish*

Moreover, together with the preposition **da**, it allows you to express actions like *I have been sleeping . . .*

Gino dorme da stamani. *Gino has been sleeping since this morning.*

A. First person singular:

1. aprire: (io) apr ________ 2. capire: (io) cap ________ 3. partire: (io) part ________ 4. finire: (io) fin ________

B. Second person singular:

1. coprire: (tu) copr ________ 2. preferire: (tu) prefer ________ 3. dormire: (tu) dorm ________

C. Third person singular:

1. offrire: (lui/lei/Lei) offr ________ 2. colpire: (lui/lei/Lei) colp ________

D. First person plural:

1. servire: (noi) serv ________ 2. costruire: (noi) costru ________

E. Second person plural:

1. sentire: (voi) sent ________ 2. pulire: (voi) pul ________

F. Third person plural:

1. soffrire: (loro) soffr ________ 2. sparire: (loro) spar ________

Practice Set 55

It's time to review the present tense of all the regular verbs. Here is a helpful chart of the appropriate endings.

	Person	**-are**	**-ere**	**-ire**
Singular	1st	**-o**	**-o**	**-(isc)o**
	2nd	**-i**	**-i**	**-(isc)i**
	3rd	**-a**	**-e**	**-(isc)e**
Plural	1st	**-iamo**	**-iamo**	**-iamo**
	2nd	**-ate**	**-ete**	**-ite**
	3rd	**-ano**	**-ono**	**-(isc)ono**

Now we can practice the present tense by going over some of the situations presented in previous chapters. In each of the following brief dialogues, the verbs—listed separately for you—are missing. Can you put them in their appropriate slots? Some are conjugated for you, others are not. You will have to conjugate those that are not.

A. -are verbs:

Greeting People

pensa, comincio, andiamo

Il dott. Perni: Buonasera signora, come va?

La sig. a Corti: Non c'è male, dottore. Cosa (1) ____________ Lei di questo tempo cattivo?

Il dott. Perni: È proprio molto brutto. Signora, perché non (2) ____________ a prendere un caffè al Bar Roma?

La sig. a Corti: Sì, va bene, ma più tardi perché adesso (3) ____________ a lavorare.

Il dott. Perni: Allora alle quattro, va bene?

La sig. a Corti: Molto bene. A più tardi.

Introducing People

aspettare, abitare, chiamare

Gino: Ciao. Permetti che me presenti. Io mi (4) ____________ Gino. E tu?

Gina: Gina.

Gino: Felice di conoscerti. Dove (5) ____________ (tu)?

Gina: In via Rossini, 33.

Gino: Sei sposata?

Gina: Tu sei impertinente (*impertinent*)!

Gino: Prendiamo un caffè?

Gina: No. (6) ____________ Giorgio da due ore! Ciao!

At Home, School, and Work

cominciare, studiare, sperare, mangiare

Il padre: Paolo, dove sei?

Paolo: Sono in camera. (7) ____________ per l'esame di domani.

Il padre: Ma adesso tutti noi (8) ____________.

Paolo: Va bene. Vengo anche io.

La madre: Giorgio, che ore sono?

Il padre: Mamma mia, è molto tardi! Oggi, tutti (9) ____________ a lavorare presto. E tu?

La madre: Anche io (10) ____________ di andare a lavorare presto. Ciao, caro!

Il padre: A stasera.

B. -ere verbs:

Buying

vedo, chiedono, vende

Commesso: Desidera, signora?

Signora: Sì, grazie. Vorrei alcune cose (*things*), per favore. Lei (1) ____________ i vestiti?

Commesso: Sì, certo. Abbiamo questo vestito qui. È molto bello.

Signora: Sì, (2) ____________. Quanto costa?

Commesso: 100.000 lire. Tutti (3) ____________ questo vestito.

Signora: Sì, è proprio bello. Ne prendo due!

Commesso: Molto bene.

Agreeing and Disagreeing

vendere, leggere, vivere

Marco: Salve, Renato, che fai?

Renato: Niente. (4) ____________ un libro italiano.

Marco: Ma va! Da quando? (*Since when*?)

Renato: Sì, sì. Da due settimane. E tu, (5) ____________ ancora (*still*) in campagna?

Marco: Sì, ma fra un mese, io e Lucia (6) ____________ la casa, e veniamo in città. La città è molto interessante.

Renato: Sono d'accordo.

Al Bar Roma

prendere, ripetere, conoscere

Pino: Oh, salve Maria, come stai?

Maria: Così, così. E tu?

Pino: Non c'è male. Tu (7) ____________ Elena?

Maria: Sì, da molti anni. Come va, Elena?

Elena: Bene. Cosa (8) ____________ tutti noi?

Pino: Io, un caffè.

Maria: Io, un cappuccino.

Elena: E io, un aperitivo.

Tutti: (9) ____________: Salute!

C. -ire verbs:

In Class

preferisco, capite, finisco

La prof. ssa: Ragazze e ragazzi, (1) ____________ la lezione?

Classe: No, professoressa!

La prof. ssa: Marco, tu cosa pensi?

Marco: Io, professoressa, (2) ____________ un'altra (*another*) lezione.

La prof. ssa: Va bene, ma prima(io) (3) ____________ la prima lezione.

At the Airport

capire, partire, preferire

Impiegato: Desidera?

Sig.: Sì, un biglietto per Venezia.

Impiegato: L'aereo (4)____________ alle 14. Va bene?

Sig.: Scusi, non (5)__________

Impiegato: L'aereo per Venezia parte alle 14.

Sig.: Va bene.

Impiegato: Quale scompartimento (6)__________?

Sig.: Non fumatori.

Impiegato: Ecco la carta d'imbarco e buon viaggio!

At the Airport (continued)

capire (2 times), **preferire**

Gino: Ciao, Maria, dove vai?

Gina: In America.

Gino: Ah sì? (7) __________ l'inglese?

Gina: Un po'. Ma (8) __________ l'italiano.

Gino: Lo so, ma non tutti (9) __________ l'italiano!

Gina: Sì, lo so. Ah, è ora di partire. Ciao, Gino!

Practice Set 56

Here are a few more irregular verbs that you will find very useful:

	THE PRESENT INDICATIVE OF					
	dare *to give*		**dire** *to say*		**bere** *to drink*	
	Singular	*Plural*	*Singular*	*Plural*	*Singular*	*Plural*
Person						
1st	**do**	**diamo**	**dico**	**diciamo**	**bevo**	**beviamo**
2nd	**dai**	**date**	**dici**	**dite**	**bevi**	**bevete**
3rd	**dà**	**danno**	**dice**	**dịcono**	**beve**	**bẹvono**
	uscire *to go out*		**salire** *to go up*		**tenere** *to hold*	
1st	**esco**	**usciamo**	**salgo**	**saliamo**	**tengo**	**teniamo**
2nd	**esci**	**uscite**	**sali**	**salite**	**tieni**	**tenete**
3rd	**esce**	**ẹscono**	**sale**	**sạlgono**	**tiene**	**tẹngono**

If you have forgotten **avere, essere, stare, fare, andare, venire**, and **sapere**, then go over them again.

A. Now let's practice these verbs. Say the opposite of each statement.

Example: Io entro. (*I'm entering.*)

Io, invece, esco. (*I, instead, am going out.*)

1. Loro scendono. Loro, invece, __________.
2. Noi non beviamo. Voi, invece, __________ sempre.
3. Noi prendiamo. Loro, invece, __________.

4. Io ascolto. Tu, invece, ____________ sempre tutto a tutti!

5. Io bevo il vino. Lui, invece, ____________ il latte.

6. Tu scendi. Io, invece, ____________.

7. Voi non date mai. Lui, invece, ____________ sempre.

8. Lui entra. Tu, invece, ____________.

9. Mario viene in periferia. Claudia, invece, ____________ in centro.

B. Here is a simple fill-in exercise for you. Give the appropriate forms.

1. Io do sempre un caffè a Maria. —Anche noi ____________ spesso un caffè a Gianni.

2. Noi diciamo sempre tutto. —Ma anche io ____________ sempre tutto.

3. Tu esci ogni sera, no? —Sì, ____________ quasi ogni sera.

4. Vengono tutti stasera? —No, ____________ solo (*only*) Paolo.

5. Sai chi è quel signore? —No, non ____________ chi è.

Preposizioni
Prepositions

a *to, at*	di *of*
da *from*	su *on*
in *in, to*	per *for*
con *with*	fra/tra *between, among*
dentro *inside, within*	fuori *outside*
sopra *above*	sotto *below*
davanti *in front*	dietro *behind*

The prepositions **a, di, da, su,** and **in** contract with the definite article when they occur right before it.

Il barista dà una brioche **alla** signora.

↑
a + la

	IL	I	LO	L'	GLI	LA	LE
a	al	ai	allo	all'	agli	alla	alle
di	del	dei	dello	dell'	degli	della	delle
da	dal	dai	dallo	dall'	dagli	dalla	dalle
su	sul	sui	sullo	sull'	sugli	sulla	sulle
in	nel	nei	nello	nell'	negli	nella	nelle

Let's look at some important uses of these prepositions, many of which you have already encountered.

Practice Set 57

Here's how to say *in* and *to* with a country and with a city.

Abito	**in** Italia.	*I live in Italy.*
	a Roma.	*I live in Rome.*
Vado	**in** Italia.	*I'm going to Italy.*
	a Roma.	*I'm going to Rome.*

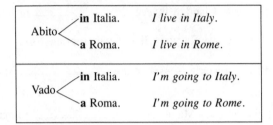

To say *from* you use **da,** of course, but always in contracted form with a country.

Vengo	**dall'**Italia/**dalla** Francia/etc.	*Im coming from Italy/France/etc.*
	da Roma/**da** Parigi/etc.	*I'm coming from Rome/Paris/etc.*

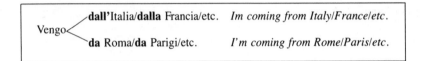

For other uses, **a** and **in** contract in the normal fashion.

Il barista dà il caffè **alla** signora.
Io non metto mai lo zucchero **nel** cappuccino.

Recall that **da** also gives you *since/for* in sentences such as:

Abito qui	**dal** 1970.	*I have been living here since 1970.*
	da venti anni.	*I have been living here for twenty years.*

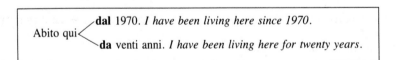

Note that with a year the article **il** is used.

1970 = **il** 1970 *1972* = **il** 1972

Da also comes in handy for expressions such as *at/to the doctor's, at/to Mary's,* and so on.

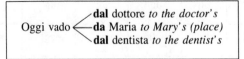

Oggi vado	**dal** dottore	*to the doctor's*
	da Maria	*to Mary's (place)*
	dal dentista	*to the dentist's*

Di is useful for expressing possession.

Di chi è? *Whose is it?*	
È **di** Giovanni.	*It is John's.*
È **dello** studente.	*It's the student's.*
È **della** ragazza.	*It's the girl's.*

Questo è [il libro] [**dello** studente.]

This is [*the student's*] [*book.*]

Before starting this practice set, here is a list of countries and cities. Note that countries require the definite article, except after **in.**

COUNTRIES		CITIES	
l'Italia	*Italy*	Roma	*Rome*
la Francia	*France*	Firenze	*Florence*
la Spagna	*Spain*	Venezia	*Venice*
l'Inghilterra	*England*	Napoli	*Naples*
la Germania	*Germany*	Parigi	*Paris*
il Belgio	*Belgium*	Madrid	*Madrid*
il Canada	*Canada*	Londra	*London*
		Berlino	*Berlin*
		Bruxelles	*Brussels*
		Ottawa	*Ottawa*

With the U.S., **gli Stati Uniti,** you always use the article: **negli Stati Uniti** *in/to the U.S.*

Now put **a, in, di, da,** or **su** in the blanks. Be careful to use contracted forms if the situation requires them.

1. Di chi è questa fotografia? —E ______________ signora Verdi.
2. Dove metti questo libro? — ______________ tavolo.
3. Dove andate quest'estate? —Andiamo ______________ Germania, ______________ Berlino.
4. Da dove vieni? —Vengo _____ casa di Roberto.
5. Dove vai? —Vado ______________ dottore.
6. A chi dai questo biglietto? — ______________ sorella di Roberta.
7. Dove metti la chiave? — ______________ borsa.
8. Dove vanno? —Vanno _____ Francia, ______________ Parigi.
9. Da dove vengono? —Vengono _____ Inghilterra, ______________ Londra.
10. Dove abitano? —Abitano _____ Canada, ______________ Ottawa.
11. E la signora Smith dove abita? — ______________ Stati Uniti.
12. Da quanto tempo abiti qui? —Abito qui ______________ due anni.

13. Da quando abiti qui? —Abito qui _____________ 1980.

14. Dove vai in Spagna? — _____________ Madrid.

Practice Set 58

The remaining prepositions do not contract. The exception is con in which case contraction is optional.

con + il = **col**	con + l' = **coll'**

Parlo **con il** professore. = Parlo **col** professore.
Parlo **con l'**amico di Gino. = Parlo **coll'** amico di Gino.

Recall that **fra/tra,** in addition to meaning *between, among,* also means *in* when referring to "time" relations.

Vado in Italia **fra** un mese *I'll be going to Italy in a month.*

Andiamo a Firenze **tra** poco. *We'll be going to Florence in a little while.*

Now fill in the blanks with **con, per, fra/tra, dentro, fuori, sopra, sotto, davanti,** or **dietro.**

1. Quando vai in Italia? — _____________ due settimane.

2. Con chi vai in Italia? — _____________ signor Dini.

3. Dove vai? —Parto _____ la Francia _____________ un mese.

4. Dov'è l'agenda? —È _____________ la borsa.

5. Dov'è Marco? — È _____ la porta.
(behind)

6. Dov'è Gina? — _________ la casa di Roberto.
(in front of)

7. Dov'è Dino? — È sempre ______ di casa.
(outside)

8. Dov'è il quadro *(painting)?* — È _____ la lavagna.
(above)

9. Dov'è il quaderno? — È _____ la scrivania.
(below)

10. Quando arrivano? — _______________ alcuni minuti.

11. Per chi è questo? — È _____________ l'amica di Giorgio.

12. Con chi parli? — _____________ amica di Roberto.

Practice Set 59

In some phrases, the preposition occurs without the article. These two phrases are frequently used in this way:

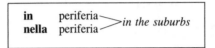

> **a casa** = *at home/home*
> **in ufficio** = *to/at the office*

Some phrases can have both forms:

in	periferia	*in the suburbs*
nella	periferia	

But when the noun is plural, or has a modifying adjective, or both, then the article must be used.

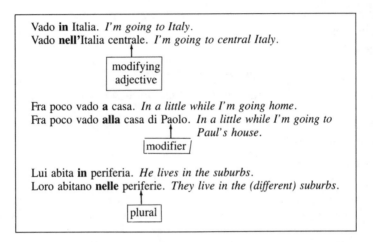

> Vado **in** Italia. *I'm going to Italy.*
> Vado **nell'**Italia centrale. *I'm going to central Italy.*
> (centrale: modifying adjective)
>
> Fra poco vado **a** casa. *In a little while I'm going home.*
> Fra poco vado **alla** casa di Paolo. *In a little while I'm going to Paul's house.*
> (di Paolo: modifier)
>
> Lui abita **in** periferia. *He lives in the suburbs.*
> Loro abitano **nelle** periferie. *They live in the (different) suburbs.*
> (periferie: plural)

Generally this applies only to **a** and **in.** For your needs, always contract the other prepositions.

Now decide whether to put a simple preposition, or a contracted one, in the blanks.

> centrale *central*
> settentrionale *northern*
> occidentale *western*
> meridionale *southern*
> orientale *eastern*

1. Vai in Italia? —Sì, ______________ Italia meridionale.
2. Dove abiti? —Abito ______________ Francia, ______________ Francia settentrionale.
3. Dove vai? — ______________ Stati Uniti.
4. Da dove vieni? —Vengo ______________ Italia.
5. Dove andate? —Andiamo ______________ casa.
6. Dove lavori? — ______________ ufficio.
7. Dov'è Roberto? —E ______________ casa di Maurizio.
8. Dove sono (loro)? —Sono ______________ Spagna occidentale.
9. Abita in Belgio quella donna? —Sì, ______________ Belgio orientale.

Dal medico!
At the Doctor's!

To find out how to relate your aches and pains to a doctor, just read the following dialogue. New vocabulary items are underlined and then defined at the end of the dialogue. You should be able to figure out the rest.

(*V* = il signor Vispi; *P* = il dottor Pinni)

V: Buongiorno dottore.

P: Buongiorno, signor Vispi. Come sta?

V: Mi sento male, dottore.

P: Peccato! Cosa ha?

V: Ho mal di gola, e un mal di testa molto forte.

P: Mi dispiace. Altro?

V: Sì, mi fa male lo stomaco.

P: Ha la febbre?

V: Solo un po'. Solamente a quaranta (= 40°C).

P: Lei dice soltanto? Lei ha senz'altro l'influenza! Ecco la ricetta.

V: Ho bisogno di un altro appuntamento?

P: Sì, tra due giorni. ArrivederLa.

V: ArrivederLa, dottore.

Mi sento *I feel*
Peccato! *Too bad!*
mal di *to hurt (avere mal di) /ache*
gola *throat*
testa *head*
forte *strong*
Mi dispiace. *I feel sorry/It's too bad*
Altro? *Anything else?*
mi fa male (e.g. Mi fa male la testa. *My head hurts.*)
stomaco *stomach*
febbre *(f.)* *fever*
solo/solamente/soltanto *only*
senz'altro *without doubt*
influenza *flu*
ricetta *prescription*
bisogno *need* (Ho bisogno di *I need*) (avere bisogno di)
appuntamento *appointment*
altro *another*/other

Practice Set 60

Check the appropriate response.

1. Come sta il signor Vispi?

   ☐ Si sente male.

   ☐ Si sente bene.

2. Come si dice *(How do you say)* ''too bad'' in Italian?

   ☐ Mi dispiace.

   ☐ Altro.

3. Il signor Vispi ha

   ☐ solamente mal di gola.

   ☐ mal di gola e un forte mal di testa.

4. Il signor Vispi

   ☐ ha la febbre a 40.

   ☐ non ha bisogno di un altro appuntamento.

5. Il signor Vispi ha, senz'altro

   ☐ poco tempo.

   ☐ l'influenza.

6. Quando ha un appuntamento?

   ☐ Tra due settimane.

   ☐ Tra due giorni.

Practice Set 61

You will have to learn some parts of the human body before working through this practice set.

IL CORPO UMANO

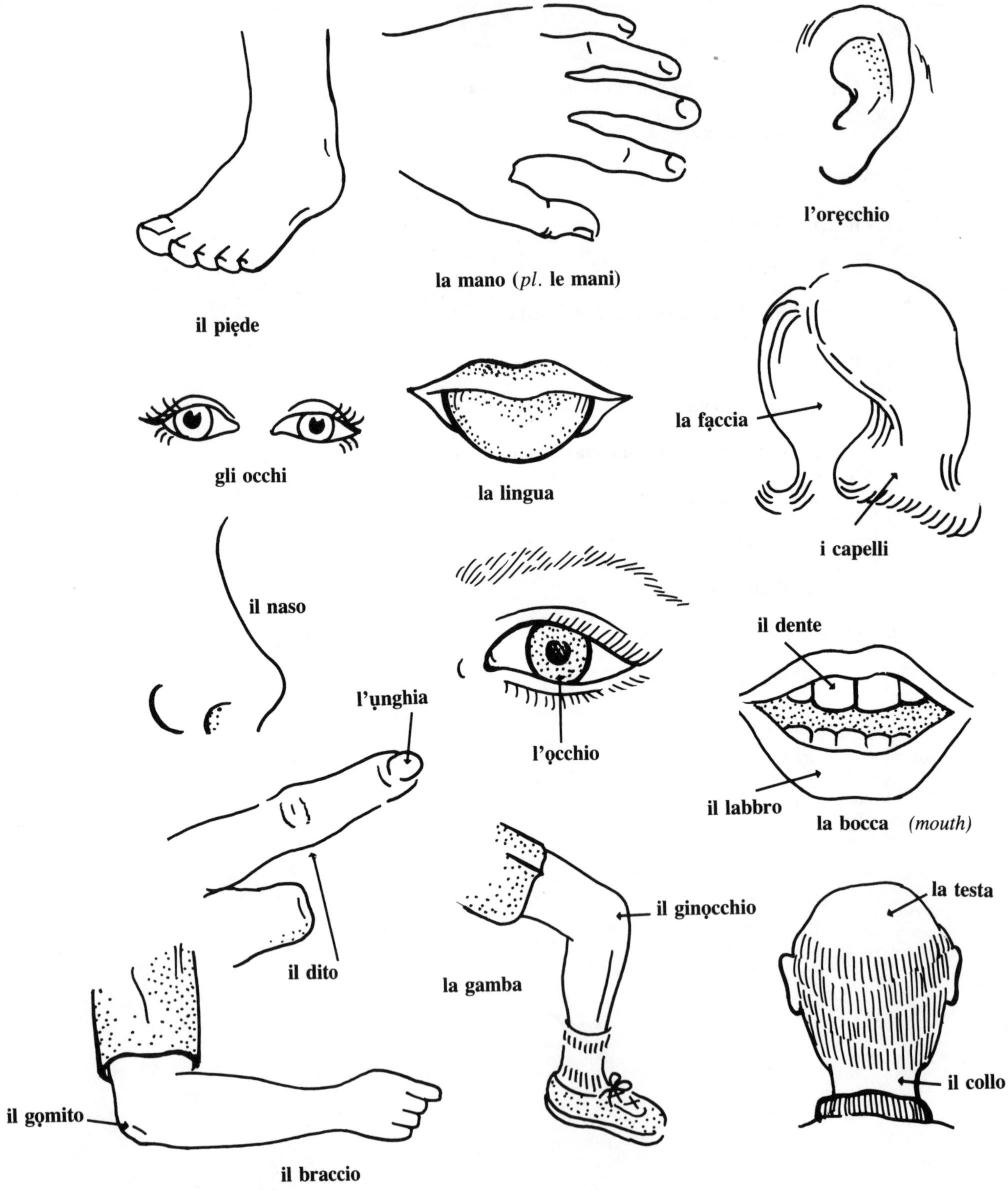

Using the expression **Ho mal di . . .** say that . . .

1. your feet hurt ______
2. your head hurts ______
3. your teeth hurt ______
4. your throat hurts ______
5. your stomach hurts ______

Using the expression **Mi fa male** + the appropriate definite article form, say that . . .

6. your hand hurts ______
7. your ear hurts ______
8. your tongue hurts ______
9. your nose hurts ______
10. your eye hurts ______
11. your lip hurts ______
12. your finger hurts ______
13. your leg hurts ______
14. your neck hurts ______
15. your knee hurts ______
16. your leg hurts ______
17. your elbow hurts ______
18. your arm hurts ______

- If the noun is plural, **fare** also must be plural:

Mi **fanno** male gli occhi.

Mi **fanno** male le mani.

- Finally, here are some common ailments.

la malattia	*disease*
il raffreddore	*(a) cold*
la tosse	*cough*
la polmonite	*pneumonia*
l'influenza	*flu*

Now say that . . .

19. you have a disease that is not dangerous *(pericolosa)* 20. you have a bad (strong) cold 21. your feet hurt 22. your legs hurt 23. you have a cough 24. you have the flu 25. you probably have pneumonia 26. your teeth hurt 27. your eyes hurt

____

____

____

____

____

____

____

____

____

Reading and Comprehension Activity for Chapter 10

Now it's time for you to test your reading skills. Read the following brief passage, then do the follow-up activity. Some of the words are glossed for you. You should be able to figure out the meaning of the others on your own.

Lettura

Elena *torna* dal medico. Non sta	*returns*
ancora bene. Ha mal di stomaco e	*still*
un forte mal di testa. La dottoressa	
visita Elena. Questa volta Elena	*examines*
ha un'*indigestione*. Elena deve	*indigestion*
prendere una *medicina digestiva.*	*digestive medication*

A. Answer the following questions with complete sentences.

1. Dove torna Elena?

______________________________.

2. Che cosa ha?

______________________________.

3. Che fa la dottoressa?

______________________________.

4. Che ha Elena questa volta?

______________________________.

5. Che cosa deve prendere?

______________________________.

B. Now write your own little story about Elena. In it, say that Elena . . .

1. is not well. 2. has a sore throat and a stomachache. 3. has the flu. 4. needs to relax and sleep more.

____

____

____

____

Putting It All Together (Chs. 9 and 10)

Practice Set 62

A. Let's review those numbers! In the following numerical sequences, can you figure out which number comes next? Spell out your answers.

Example: 2, 4, 6, . . .

otto (the next even number)

1. 3, 6, 9, ____________ 2. 19, 18, 17, ____________

3. 20, 30, 40, ____________ 4. 222, 333, 444, ____________

5. 1,001, 2,002, 3,003, ____________ 6. 222,333, 333,444, 444,555

____________ 7. 999,999, 9,999,999, 99,999,999, ____________

B. The **-uno** in **ventuno, trentuno,** etc., is just like the article *a/an* when it occurs before a noun: **Ho trentun anni; Ho quarantun' amiche,** etc. Now try to solve the following math problem.

Giovanni ha trentun anni. Maria ne ha due di meno. Gino ne ha diciotto più di Maria. Quanti anni ha Gino?

Gino ha ____________________ **anni.**

C. Fractions are easy!

Numerator:	2	Use the cardinal number	**due terzi**
Denominator:	3	Use the ordinal number (in the plural if the numerator is more than one):	
Exception: ½ = **mezzo/metà**			

Now write out each fraction in letters.

1. 3/8 ____________

2. 4/25 ____________

3. 12/38 ____________

4. 1/3 ______________

5. 1/9 ______________

6. 5/11 ______________

D. Che data è? Write out the numbers.

1. January 1 ______________________________

2. February 14 ______________________________

3. March 12 ______________________________

4. May 3 ______________________________

5. April 4 ______________________________

6. October 1 ______________________________

E. Answer the following as in the model.

Examples: Ha dei libri? Ha della carne?

Sì, ne ho alcuni. **Sì, ne ho un po'.**

1. Ha delle scarpe? ______________________________

2. Ha degli orologi? ______________________________

3. Ha dello zucchero? ______________________________

4. Ha dell'acqua? ______________________________

5. Ha dei panini? ______________________________

6. Ha del pane? ______________________________

F. Now answer in the negative.

Example: Ha dei vestiti?

No, non ho nessun vestito.

1. Ha delle scarpe? ______________________________

2. Ha degli zaini? ______________________________

3. Ha degli amici? ______________________________

4. Ha delle amiche? ______________________________

5. Ha dei guanti? ______________________________

G. Answer each question using **qualche,** as in the model.

Example: Ha dei biglietti?

Sì, ho **qualche** biglietto.

1. Conosce degli studenti? ______________________________

2. Legge dei libri? ______________________________

3. Compra delle paste? ______________________________

4. Desidera delle matite? ______________________________

H. Match each expression with its meaning.

1. ____________	molti anni	a. a lot of time
2. ____________	molto bello	b. a little meat
3. ____________	tanto tempo	c. too difficult
4. ____________	poca carne	d. several men
5. ____________	troppo difficile	e. very handsome
6. ____________	parecchi uomini	f. enough time
7. ____________	abbastanza tempo	g. many years
8. ____________	l'ultima scena	h. almost midnight
9. ____________	quasi mezzanotte	i. all the pastries
10. ____________	tutte le paste	j. both
11. ____________	tutti e due	k. tomorrow afternoon
12. ____________	domani pomeriggio	l. last evening
13. ____________	ieri sera	m. during the morning
14. ____________	durante la mattina	n. the last scene
15. ____________	dopo la notte	o. twice
16. ____________	due volte	p. It's time
17. ____________	È ora	q. after the night
18. ____________	Il tempo vola	r. he's arriving early
19. ____________	non adesso	s. right after
20. ____________	quasi sempre	t. sooner or later
21. ____________	di solito	u. three times a year
22. ____________	tre volte all'anno	v. each time
23. ____________	ogni volta	w. usually
24. ____________	arriva presto	x. almost always
25. ____________	prima o poi	y. not now
26. ____________	subito dopo	z. Time flies

I. Che ore sono? (Use official time.)

A.M.

1. ______________ 2. ______________ 3. ______________ 4. ______________

P.M.

5. ______________ 6. ______________ 7. ______________ 8. ______________

J. Put the appropriate ending on each **-ire** verb.

1. Mentre io dorm______________ , tu pul______________ la casa.
2. Lui non cap______________ l'italiano; prefer______________ lo spagnolo.
3. Loro fin______________ di lavorare alle sei; poi spar______________!
4. Domani noi part______________ per l'Italia.

K. Put the appropriate form of **dare, dire, bere, uscire, salire**, or **tenere** in the blanks.

1. Che fai? — ______________ l'esercizio al professore.
2. Che dici? — ______________ sempre tutto!
3. Che cosa bevi? — ______________ il capppuccino.
4. Che fai stasera? ______________ con Maria.
5. Scendi o sali? ______________ .
6. Che cosa tieni in mano? ______________ la borsa.

L. The words with missing letters are either names of diseases or parts of the human body. Can you complete them?

1. Sotto la gamba c'è il p______________ .
2. Per sentire abbiamo bisogno degli o___.

3. Il c______________ tiene sù (*keeps up*) la testa.

4. Nel mezzo alla gamba c'è il g______________.

5. Nel mezzo al braccio c'è il g______________.

6. L'unghia è una parte (*part*) del d______________.

7. Per vedere abbiamo bisogno degli o___.

8. I d______________ sono nella bocca.

9. Con il r______ di solito c'è la t______________.

10. La p______________ e l'i______________ sono malattie serie (*serious*).

CHAPTER 11

Pronto! Chi parla?
Hello! Who's Speaking?

In this chapter you will learn:

- how to order/request people to do things
- how to speak on the phone
- how to ask for directions

Dialogue and Comprehension Activity 11

Come? Non mi conosci?

Lorenzo:	Pronto, chi parla?	*—Hello, who's speaking?*
Rosa:	Come? Non mi conosci?	*—What? Don't you recognize me?*
Lorenzo:	Forse. Parla più forte!	*—Maybe. Speak louder!*
Rosa:	Indovina chi sono! Per venire a casa mia, va' al primo semaforo vicino a casa tua, gira a sinistra, continua per un isolato. Io abito lì.	*—Guess who I am? To get (come) to my house, go to the first set of traffic lights near your house, turn left, continue for one block. I live there.*
Lorenzo:	Hmm . . . forse sto parlando con Maria?	*—Hmm . . . maybe I'm speaking with Mary?*
Rosa:	No, lei è un'amica.	*—No, she's a (my) friend.*
Lorenzo:	Adesso so chi sei. Sei Rosa, vero?	*—Now I know who you are. You're Rose, right?*
Rosa:	Sì. È tanto tempo che non ci vediamo. Vieni al Bar Roma fra qualche minuto. Viene anche Maria.	*—Yes. It's been a long time since we've seen each other. Come to the Bar Roma in a few minutes. Mary is coming too.*
Lorenzo:	Va bene. Ci vediamo lì. Ciao.	*—OK. I'll see you there. Bye.*
Rosa:	A presto.	*—See you soon.*

Answer the following questions with complete sentences.

1. Chi risponde al telefono?

   ____.

2. Chi deve parlare più forte?

   ____.

3. Come deve fare Lorenzo per andare a casa di Rosa?

   ____.

4. Chi è Maria?

   ____.

5. Dove deve andare Lorenzo tra qualche minuto?

   ____.

Ordinare
Ordering

To make a request or to order someone to do something, you must learn the *imperative* forms of a verb. Let's look at the following chart.

FAMILIAR COMMANDS					
-ARE		**-ERE**		**-IRE**	
Singular	Plural	Singular	Plural	Singular	Plural
Parl**a**! *Speak!*	Parl**ate**! *Speak!*	Scriv**i**! *Write!*	Scriv**ete**! *Write!*	Apr**i**! *Open!* Fin**isci**! *Finish!*	Apr**ite**! *Open!* Fin**ite**! *Finish!*
	Parl**iamo**! *Let's speak!*		Scriv**iamo**! *Let's write!*	Apr**iamo**! *Let's open!*	Fin**iamo**! *Let's finish!*
POLITE COMMANDS					
Parl**i**! *Speak!*		Scriv**a**! *Write!*		Apr**a**! *Open!*	Fin**isca**! *Finish!*

There is a plural polite command form, but for most situations you will not need it. You can always use the familiar forms in the plural.

This summary chart will come in handy.

IMPERATIVE ENDINGS				
Verb type	YOU			LET'S . . . !
	Singular		Plural	
	Familiar	Polite		
-are	**-a**	**-i**	**-ate**	**-iamo**
-ere	**-i**	**-a**	**-ete**	**-iamo**
-ire	**-(isc)i**	**-(isc)a**	**-ite**	**-iamo**

These endings are added on after you drop the **-are, -ere**, and **-ire** endings of the verbs—just like you did for the present indicative.

Note as well that the **-ire** verbs that require an **-isc-** in the formation of the present, also require it in the imperative.

Practice Set 63

It's time to practice ordering in Italian using verbs you already know.

A. -are verbs (Don't forget that before **-i** you will need an **h**: **Paghi! Giochi! Dimentichiamo!** etc.)

Tell Giovanni to . . .

1. listen. ______________
2. wait for Mary. ______________
3. dance with Gina. ______________

Tell both Maria and Claudia to . . .

4. sing. ______________
5. look for the pen. ______________
6. begin the lesson. ______________

Tell *la signora* Dini to . . .

7. enter. ______________
8. watch T.V. ______________
9. eat the sandwich. ______________

Together with your friend say . . .

10. Let's pay! ______________
11. Let's dine! ______________

12. Let's phone the girl. ______________

B. -ere verbs:

Tell Angela to . . .

1. ask what time it is. ______________
2. close the door. ______________
3. read. ______________

Tell both Dina and Dino to . . .

4. put the purse on the desk. ______________
5. have a coffee. ______________
6. answer. ______________

Tell *il signor* Smith to . . .

7. write. ______________
8. sell the house. ______________
9. run. ______________

Together with your friend say . . .

10. Let's spend the liras! ______________
11. Let's close the window! ______________

C. -ire verbs:

Tell your friend to . . .

1. open the door. ______________
2. finish the pastry. ______________
3. serve the tea. ______________

Tell your two friends to . . .

4. sleep. ______________
5. clean the bedroom. ______________
6. finish the bun. ______________

Tell *la signorina* Giusti to . . .

7. please open the window. ______________
8. finish the tea right away. ______________

Together with *il signor* Rossi say . . .

9. Let's depart! ____________

10. Let's finish! ____________

Practice Set 64

IMPERATIVE OF IRREGULAR VERBS				
	YOU			LET'S . . .
	Singular		Plural	
	Familiar	Polite		
fare	**fa'**	**faccia**	**fate**	**facciamo**
avere	**abbi**	**abbia**	**abbiate**	**abbiamo**
essere	**sii**	**sia**	**siate**	**siamo**
stare	**sta'**	**stia**	**state**	**stiamo**
andare	**va'**	**vada**	**andate**	**andiamo**
venire	**vieni**	**venga**	**venite**	**veniamo**
dare	**da'**	**dia**	**date**	**diamo**
dire	**di'**	**dica**	**dite**	**diciamo**
bere	**bevi**	**beva**	**bevete**	**beviamo**
uscire	**esci**	**esca**	**uscite**	**usciamo**
salire	**sali**	**salga**	**salite**	**saliamo**
tenere	**tieni**	**tenga**	**tenete**	**teniamo**

Give the corresponding familiar and polite command (as the case may be), as well as all plural commands.

Familiar	Polite	Plural
1. Gino, fa' questo!	Signora, ____________ questo!	Ragazzi, ____________ questo!
2. Dina, ____________ tutto!	Signorina, dica tutto!	Dina, Marco, ____________ tutto!
3. Fabio, da' il tè a Maria!	Signore, ____________ il tè alla signorina!	Ragazzi, ____________ il tè a loro!

4.	Marco, vieni qui!	Signora, ________ qui!	Pino, Pina, ________ qui!
5.	Zio, ________ il vino!	Professore, beva il vino, per favore!	Signori, ________ il vino!
6.	Dina, ________ con Paola!	Signora, esca con lei!	Dina, Dino, ________ con loro!
7.	Mario, sono sopra. Vieni su! (*up*)	Dottore, sono sopra. ________ su!	Ragazzi, siamo sopra. ________ su!
8.	Gino, sei tu? Sali!	Dottoressa, è Lei? ________!	Gino, Gina, siete voi? ________!
9.	Anna, ________ la borsa!	Signora, tenga la borsa!	Ragazze, ________ la borsa!
10.	Gianni, va' via! (*go away!*)	Signore, ________ via!	Ragazzi, ________ via!
11.	Maria, sta' zitta! (*keep quiet!*)	Signore, ________ zitto!	Dino, Dina, ________ zitti!
12.	Gino, ________ bravo!	Signorina, sia brava!	Amici, ________ bravi!
13.	Anna, abbi pazienza!	Professore, ________ pazienza!	Signori, ________ pazienza!

EXPRESSIONS TO REMEMBER	
Familiar	Polite
Go away!	
Va' via!	**Vada via!**
Keep quiet!	
Sta' zitto (*m.*) / **zitta** (*f.*)	**Stia zitto** (*m.*) / **zitta** (*f.*)

Practice Set 65

It's time to learn about the negative form of imperatives. As with the present indicative, simply put **non** before the verb. However, in the familiar singular you must use the infinitive.

YOU				
	AFFIRMATIVE		NEGATIVE	
	Singular	Plural	Singular	Plural
Familiar	Parla! Scrivi! Apri! Finisci!	Parlate! Scrivete! Aprite! Finite!	Non **parlare**! Non **scrivere**! Non **aprire**! Non **finire**!	Non parlate! Non scrivete! Non aprite! Non finite!
Polite	Parli! Scriva! Apra! Finisca!	(Parlate!) (Scrivete!) (Aprite!) (Finite!)	Non parli! Non scriva! Non apra! Non finisca!	(Non parlate!) (Non scrivete!) (Non aprite!) (Non finite!)

Get it? You must make just one change, as shown in the above chart. Now, when Gina gives a command, you give the corresponding negative command.

1. *Gina:* Mario, ascolta!

   You: ______________________________ !

2. *Gina:* Professore, ascolti!

   You: ______________________________ !

3. *Gina:* Maria, chiudi la porta!

   You: ______________________________ !

4. *Gina:* Signora, apra la finestra!

   You: ______________________________ !

5. *Gina:* Gino, finisci il caffè!

   You: ______________________________ !

6. *Gina:* Bambino, vieni qui!

   You: ______________________________ !

7. *Gina:* Claudia, sta' zitta!

   You: ______________________________ !

8. *Gina:* Ragazzi, uscite!

   You: ______________________________ !

9. *Gina:* Mario, va' via!

   You: ______________________________ !

Al telefono!
On the Phone!

MAKING A PHONE CALL		
Pronto.	Con chi parlo?	
	C'è	il signor Dini/la signorina Marchi/etc.?
		Marco/Maria/etc.?
Hello.	*With whom am I speaking?*	
	Is	*Mr. Dini/Miss Marchi/etc. there?*
		Mark/Mary/etc. there?

ANSWERING AND ENDING A PHONE CALL		
Pronto.	Chi parla?/Chi è?	Sì, sono . . .
Hello.	*Who's speaking?/Who is it?*	*Yes, this is . . .*
Buongiorno/Buonasera/Ciao *(See chapter 3.)*		
Goodbye.		

When speaking on the phone, you often say things like, *I am watching TV*; *I am reading a book*; and so on. Although you can certainly use the present tense for this kind of action, there is an Italian tense that allows you to express this ongoing action exactly. Here's how to form it.

stare ↓	parl**are** ↓	stare ↓	scriv**ere** ↓	stare ↓	fin**ire** ↓
Sto	parl**ando**.	Sto	scriv**endo**.	Sto	fin**endo**.
Stai	parl**ando**.	Stai	scriv**endo**.	Stai	fin**endo**.
Sta	parl**ando**.	Sta	scriv**endo**.	Sta	fin**endo**.
Stiamo	parl**ando**.	Stiamo	scriv**endo**.	Stiamo	fin**endo**.
State	parl**ando**.	State	scriv**endo**.	State	fin**endo**.
Stanno	parl**ando**.	Stanno	scriv**endo**.	Stanno	fin**endo**.
I am speaking/you are speaking/etc.		*I am writing/you are writing/etc.*		*I am finishing/you are finishing/etc.*	

Note the forms of the following irregular gerunds (the main part of such conjugations).

fare	**facendo**	*doing/making*
dare	**dando**	*giving*
dire	**dicendo**	*saying/telling*
bere	**bevendo**	*drinking*

Practice Set 66

A. In the following telephone conversation between Dino and Dina, certain key words and expressions are missing. Can you supply them?

Dino: (1) ________________. Con chi parlo?

Dina: Come? Non sai chi sono?

Dino: Penso di sì. Sei Gina, no?

Dina: No, (2) ________________ Dina!

Dino: Ah, sì! Come stai?

Dina: Senti, Dino. (3) ________________ studiando e non ho tempo. Ciao!

Dino: Ciao!

B. Now try your hand at completing the following conversation.

La sig. a Pirri: Pronto. (1) ________________ il dottor Mirri?

Il dottor Mirri: Sì, (2) ________________ io.

P: Ah, dottore. Mi sento proprio male!

M: Che c'è, signora?

P: Penso di avere la polmonite!

M: Venga subito!

P: A presto, dottore.

C: In the following telephone conversation, your friend asks you if you are doing a number of things. Answer as in the model.

Example: Leggi?

Sì, **sto leggendo**.

Friend: Pronto. Che fai?

You: Pronto. Niente di particolare (*particular*).

Friend: Guardi la T.V.?

You: Sì, (1) ________________ la T.V.

Friend: Mangi?

You: Sì, purtroppo, (2) ________________ tutta la pizza di ieri!

Friend: Pulisci la casa?

You: Sì, (3) ________________ la casa da ieri.

Friend: Sei veramente occupato (*busy*)! Ciao!

You: Ciao!

Chiedere direzioni
Asking for Directions

Useful verbs
attraversare *to cross (over)* continuare *to continue* girare; *to turn* trovare *to find*

DOVE SI TROVA . . . ? *Where does one find . . . ?*			
Vada Giri Contịnui	diritto.	*Go* *Turn* *Continue*	*straight ahead.*
	a destra.		*right/to the right.*
	a sinistra.		*left/to the left.*
	a un isolato/ per un isolato		*a block/* *for a block*
	a nord.		*north/to the north.*
	a sud.		*south/to the south.*
	a ovest.		*west/to the west.*
	a est.		*east/to the east.*

SPATIAL EXPRESSIONS	
lì/là *there*	qui *here*
sopra *above*	sotto *below*
fuori *outside*	dentro *inside*
davanti (a)/ di fronte (a) *in front (of)*	dietro *behind*
vicino (a) *near (to)*	lontano (da) *far (from)*
su *above/up*	giù *down (below)*
avanti *forward*	indietro *backward*
	verso *toward*

GETTING AROUND	
a piedi *on foot*	in macchina *by car*
in automobile *by automobile*	in autobus *by bus*
in aereo *by plane*	in treno *by train*
camminare *to walk*	
You can also say con la macchina; coll'autobus; etc.	
il semaforo *(traffic) lights* la strada *road*	

Practice Set 67

A. Tell your friend to . . . (Don't forget to use the familiar imperative.)

1. go south one block. ______________________
2. turn left at the lights. ______________________
3. continue for one block straight ahead. ______________________
4. continue for straight ahead. ______________________

B. Now tell a stranger to . . . (Don't forget to use the polite imperative.)

1. go east two blocks. ______________________
2. turn right at the lights. ______________________
3. go north to the lights and then to turn left. ______________________
4. continue straight ahead. ______________________

C. Say the opposite of what Pino says.

Example: *Pino:* Io metto il libro lì.

You: **Io, invece, metto il libro qui.**

1. *Pino:* Io dormo sotto il letto!

   You: ______________________

2. *Pino:* Io preferisco stare fuori.

   You: ______________________

3. *Pino:* In classe io sto sempre dietro.

   You: ______________________

4. *Pino:* Io abito vicino.

   You: ______________________

5. *Pino:* Io vado su per le scale (*stairs*)

   You: ______________________________

6. *Pino:* Io cammino indietro!

   You: ______________________________

D. The following people are going somewhere. See if you can figure by what means they are going.

1. *Marco:* Io parto dagli Stati Uniti per l'Italia ______________________.
2. *Gina:* Io cammino sempre; cioè (*that is*) vado ______________________.
3. *Maria:* Io preferisco andare ______________________ con la FIAT.
4. *Anna:* Io vado sempre ______________________.
   (*by train*)
5. *Roberto:* Io, invece, vado solo ______________________.
   (*by bus*)

E. Complete the following responses as suggested using the tense you learned in the previous section.

1. Che fai? ______________________ a sinistra.
   (*I'm turning*)
2. Che fanno? ______________________ la strada.
   (*They are crossing*)
3. Cosa fate? ______________________ diritto.
   (*We are continuing*)
4. Cosa fa Maria? ______________________ verso via Verdi.
   (*She is walking*)
5. Che fa Mario? ______________________ verso casa.
   (*He is driving*)

Practice Set 68

ci *there*
Vai **in Italia** quest'estate?
Sì, **ci** vado. *Yes, I'm going there.*
Metti lo specchio **nella borsa** ?
Sì, **ci** metto lo specchio. *Yes, I'm putting the mirror there.*

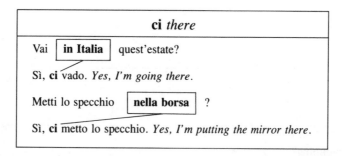

Get it? The most common way to say *there* is to use **ci,** putting it right before the verb.

Non vado mai	**a Roma**
Non **ci** vado mai. *I never go there.*	

Now answer each question using **ci**.

1. Vai in Italia tra poco? ______
2. Vai in periferia oggi? ______
3. Vai in automobile? ______
4. Vai a Parigi domani? ______
5. Vai spesso a Roma? ______

Reading and Comprehension Activity for Chapter 11

Now it's time for you to test your reading skills. Read the following brief passage, then do the follow-up activity. Some of the words are glossed for you. You should be able to figure out the meaning of the others on your own.

Lettura

Lorenzo va al bar. Ci va a piedi. *Passa* molti semafori. Cammina per un'ora; il bar è un po' lontano da casa sua.	*he passes*
Al bar vede Rosa, Maria e altri amici. Tutti stanno bevendo il caffè e stanno parlando. Lorenzo dice agli altri *se vogliono* andare al cinema. Tutti sono d'accordo. Allora, dopo il caffè escono insieme e vanno al cinema.	*if they want*

A. Answer the following questions with complete sentences.

1. Dove va Lorenzo?

______.

2. Come ci va?

______.

3. Che cosa passa?

______.

4. Quanto tempo cammina?

______.

5. Perché?

____.

6. Chi vede al bar?

____.

7. Che cosa stanno facendo?

____.

8. Dove vuole andare Lorenzo?

____.

9. Dove vanno tutti dopo il caffè?

____.

B. Now write your own little story about Lorenzo. In it, say that Lorenzo . . .

1. hasn't seen Rosa for a long time. 2. always goes to the bar on foot. 3. wants to go to the movies often. 4. lives near Rosa.

____

____

____

____

CHAPTER 12

In banca!
At the Bank!

In this chapter you will learn:

- how to express that you are able to, that you want to, and that you have to do something
- how to use reflexive verbs
- what to say in a bank

Dialogue and Comprehension Activity 12

Scusi, mi può aiutare?

Il sig. Giusti:	Scusi, mi può aiutare?	*—Excuse me, can you help me?*
Impiegata:	Dica, signore!	*—Go ahead, sir! (lit., Say what, sir!)*
Giusti:	Voglio aprire un conto in questa banca.	*—I want to open an account in this bank.*
Impiegata:	Va bene. Deve compilare questo mọdulo.	*—OK. You have to fill out this form.*
Giusti:	Quale?	*—Which one?*
Impiegata:	Questo. Ci deve scrivere il nome, l'indirizzo, l'occupazione e che tipo di conto vuole aprire.	*—This one. You have to write (on it) your name, address, occupation, and which type of account you want to open.*
Giusti:	Lei è molto gentile.	*—You're very kind/helpful.*
Impiegata:	Grazie.	*—Thank you.*

A. *Vero* o *falso?*

	vero	falso
1. Il signor Giusti ha bisogno *(needs)* di aiuto.	☐	☐
2. Il signor Giusti vuole comprare un modulo.	☐	☐
3. Lui deve compilare un modulo.	☐	☐
4. Sul modulo deve scrivere il suo nome.	☐	☐
5. L'impiegata è molto gentile.	☐	☐

Potere, volere, dovere
To Be Able to, to Want to, to Have to

<table>
<tr><th colspan="5">PRESENT INDICATIVE OF</th></tr>
<tr><th colspan="2">Person</th><th>potere to be able to</th><th>volere to want to</th><th>dovere to have to</th></tr>
<tr><td rowspan="3">Singular</td><td>1st</td><td>posso</td><td>voglio</td><td>devo</td></tr>
<tr><td>2nd</td><td>puoi</td><td>vuoi</td><td>devi</td></tr>
<tr><td>3rd</td><td>può</td><td>vuole</td><td>deve</td></tr>
<tr><td rowspan="3">Plural</td><td>1st</td><td>possiamo</td><td>vogliamo</td><td>dobbiamo</td></tr>
<tr><td>2nd</td><td>potete</td><td>volete</td><td>dovete</td></tr>
<tr><td>3rd</td><td>pọssono</td><td>vọgliono</td><td>dẹvono</td></tr>
</table>

These verbs will certainly come in handy in many speech situations. Notice that they are usually followed by an infinitive:

<table>
<tr><td>Voglio</td><td rowspan="3">andare.</td><td>I want to</td><td rowspan="3">go.</td></tr>
<tr><td>Posso</td><td>I can</td></tr>
<tr><td>Devo</td><td>I have to</td></tr>
</table>

Of the verbs already used in this book, there are three others that have this characteristic:

<table>
<tr><td>Amo</td><td rowspan="3">ballare.</td><td>I love to</td><td rowspan="3">dance.</td></tr>
<tr><td>Preferisco</td><td>I prefer to</td></tr>
<tr><td>So</td><td>I know how to</td></tr>
</table>

Other verbs require a preposition:

<table>
<tr><td>Comincio</td><td rowspan="2">a</td><td rowspan="2">ballare.</td><td>I'm starting</td><td rowspan="2">to</td><td rowspan="2">dance.</td></tr>
<tr><td>Imparo</td><td>I'm learning</td></tr>
</table>

<table>
<tr><td>Finisco</td><td rowspan="3">di</td><td rowspan="3">lavorare.</td><td>I'm finishing working.</td></tr>
<tr><td>Spero</td><td>I hope to work.</td></tr>
<tr><td>Penso</td><td>I'm thinking of working.</td></tr>
</table>

Practice Set 69

Say that you . . .

1. have to study tonight. ______
2. cannot go out tomorrow. ______
3. want to study a lot. ______
4. love to read. ______
5. hope to learn. ______

Ask your friend if he or she . . .

6. can go out. ______
7. has to work tomorrow. ______
8. wants to eat a pastry. ______
9. is thinking of going to Rome. ______
10. is starting to learn Italian. ______

Ask why Mary . . .

11. cannot come to the *Bar Roma*. ______
12. doesn't want to drink wine. ______
13. doesn't have to study. ______
14. doesn't know how to dance. ______

Say that you and your friend . . .

15. want to buy a ticket. ______
16. can go there. ______
17. have to depart. ______

Ask your two friends if they . . .

18. can eat meat. ______
19. want some sugar. ______
20. have to go on foot. ______

Finally, say that Mario and Maria . . .

21. cannot buy the house. ______
22. want to live in the suburbs. ______
23. have to clean the house. ______

Riflessivi
Reflexives

REFLEXIVE PRONOUNS	
mi	*myself*
ti	*yourself (fam.)*
si	*himself/herself/yourself (pol.)*
ci	*ourselves*
vi	*yourselves*
si	*themselves*

In Italian, these pronouns come right before the verb. To conjugate a reflexive verb in the present, conjugate the verb as you normally would and add the appropriate reflexive pronoun. You will recognize a reflexive verb because it has **-si** *oneself* attached to it.

-are VERBS		**-ere** VERBS		**-ire** VERBS	
REGULAR	REFLEXIVE	REGULAR	REFLEXIVE	REGULAR	REFLEXIVE
lav**are** *to wash*	lav**arsi** *to wash oneself*	mẹtt**ere** *to put*	mẹtt**ersi** *to put on*	pul**ire** *to clean*	pul**irsi** *to clean oneself*

	lavarsi	
(io)	**mi lavo**	*I wash myself/I am washing myself/etc.*
(tu)	**ti lavi**	
(lui/lei)	**si lava**	
(noi)	**ci laviamo**	
(voi)	**vi lavate**	
(loro)	**si lạvano**	

To conjugate **-ere** and **-ire** reflexive verbs, do exactly the same thing, using the appropriate endings.

Practice Set 70

Here is a list of some common reflexive verbs.

alzarsi *to get up*	svegliarsi *to wake up*
lavarsi *to wash oneself*	mettersi *to put on*
pulirsi *to clean oneself*	vestirsi *to get dressed*
divertirsi *to enjoy oneself/to have fun*	annoiarsi *to get bored*
sentirsi *to feel*	fermarsi *to stop*
arrabbiarsi *to get angry*	addormentarsi *to fall asleep*
sposarsi *to get married*	

Complete each brief dialogue with the suggested verbs, putting them into their appropriate forms.

A.

Bruno: Ogni mattina (1) ____________ (*I wake up*) alle sei. Poi (2) ____________ (*I get up*), (3) ____________ (*I wash myself*) e (4) ____________ (*I get dressed*). Arrivo al lavoro alle sette e mezzo.

Bruna: A che ora (5) ____________ (*do you fall asleep*) ogni sera?

Bruno: Verso le undici. E tu, a che ora (6) ____________ (*do you get up*)?

Bruna: Alle dieci! Io (7) ____________ (*I have fun*) molto la sera!

B.

Marco: Sai? Giovanni (1) ____________ (*is marrying*) con Maria?

Claudia: Sì? Quando (2) ____________ (*are they getting married*)?

Marco: E tu e Paolo, quando (3) ____________ (*are you getting married*)?

Claudia: Mai. (4) ____________ (*We want to enjoy ourselves*)!

C. (*G* = il dottor Giusti; *D* = la signora Dini)

G: Come sta signora? Come (1) ____________ (*do you* [pol.] *feel*)?

D: (2) ____________ male. Ho mal di testa e di gola.

G: Non (3) ____________ (*I do not get angry*), signora, ma Lei non fa mai quello che Le dico (*what I tell you*).

D: Lei ha ragione dottore. Purtroppo (4) ____________ (*I get up*) troppo presto ogni mattina, e vado a dormire troppo tardi.

Practice Set 71

Reflexive pronouns also allow you to express *each other* when used with nonreflexive verbs.

Noi **ci** telefoniamo ogni sera.	*We phone each other every evening.*
Voi **vi** scrivete spesso.	*You write to each other often.*
Loro non **si** parlano più.	*They do not speak to each other any longer.*

Now say that . . .

1. you and your friend phone each other every day.

(Noi) ______________________________

2. John and Mary do not know each other.

(Loro) ______________________________

3. Mary and John love each other.

(Loro) ______________________________

4. you and your sister always write to each other.

(Noi) ______________________________

Practice Set 72

The pronoun **si** also allows you to say *one speaks, one buys,* and so on. But it is a tricky one. It agrees with what follows, *not* with the subject! Study the following chart carefully.

In Italia **si parla** l'italiano.	*In Italy, one speaks Italian.*
In Italia **si parlano** molte lingue.	*In Italy, one speaks many languages.*
Dove **si beve** il cappuccino?	*Where does one drink cappuccino?*
Dove **si bevono** i cappuccini?	*Where does one drink cappuccinos?*

Get it? The verb agrees with whatever it is that one does!

Now add the appropriate ending to the verb.

1. In Italia, si mang ____________ gli spaghetti.
2. In quel negozio (*store*) si vend ____________ la carne.
3. In quell'altro negozio si vend ____________ i libri.
4. In quel bar si bev ____________ degli aperitivi molto buoni.
5. Ma non si bev ____________ un buon caffè!

In banca!
At the Bank!

To find out what to say when you are in an Italian bank, just read the following dialogue. New vocabulary items are underlined and then defined at the end of the dialogue. You should be able to figure out the rest.

(Imp. = l'impiegato *employee*; Cl. = il cliente *customer*)

Imp.: Buongiorno. Desidera?

Cl.: Sì, grazie. Ho bisogno di un po' di denaro in contanti.

Imp.: Quanti soldi vuole?

Cl.: 200.000 lire, per favore.

Imp.: Lei ha un conto in questa banca?

Cl.: Certamente! Ecco il mio (*my*) libretto, e anche il modulo di prelevamento. Vorrei prelevare 200.000 lire da questo conto e ne vorrei versare 100.000 in un altro conto. Quindi, ecco anche un modulo di versamento.

Imp.: Troppe complicazioni!

Cl.: Come? Ho altre cose (*things*) da fare (*to do*). Vorrei anche cambiare questo assegno turistico e poi . . .

Imp.: Basta, basta! Ho bisogno di un caffè! Vada da un altro cassiere!

denaro	*money*
contanti	*cash* (*always plural*)
soldi	*synonym for money* (*always plural*)
conto	*account*
libretto	*bank book*
mọdulo di prelevamento	*withdrawal slip*
prelevare	*to withdraw*
mọdulo di versamento	*deposit slip*
versare	*to deposit*
quindi	*therefore*
complicazione	*complication*
Come?	*How come?/What do you mean?*
cambiare	*exchange*
assegno turistico	*traveler's check*
Basta!	*That's enough!*
collega	*co-worker*

Practice Set 73

A. Select the appropriate response.

1. Il cliente ha bisogno di . . .

☐ soldi.
☐ un assegno turistico.

2. Quanto denaro vuole?

☐ Centomila lire.
☐ Duecentomila lire.

3. Vuole i soldi . . .

☐ in contanti.
☐ in assegno.

4. Il cliente . . .

☐ prende il caffè.
☐ ha un conto in quella banca.

5. Il cliente vuole . . .

   ☐ prelevare 200.000 lire da un conto.
   ☐ versare 200.000 lire in un conto.

6. Il cliente dà all'impiegato . . .

   ☐ solo un modulo di prelevamento.
   ☐ un modulo di prelevamento e un modulo di versamento.

B. You are at a bank. You wish to exchange a traveler's check for a hundred dollars (**dọllari**), and then deposit it into your account. On the basis of this scenario, complete the following dialogue.

Imp.: Desidera?

You: Sì, vorrei (1) ____________ un (2) ____________ di cento (3) ____________.

Imp.: Altro?

You: Sì, poi vorrei (4) ____________ i soldi nel mio (5) ____________.

Imp.: Lei deve compilare (*fill out*) un modulo di versamento.

You: Va (6) ____________. Ecco il (7) ____________.

Reading and Comprehension Activity for Chapter 12

Now it's time for you to test your reading skills. Read the following brief passage, then do the follow-up activity. Some of the words are glossed for you. You should be able to figure out the meaning of the others on your own.

Lettura

Il signor Giusti vuole aprire un conto alla	
banca vicino a casa sua. Oggi vuole	
andare *di buon'ora* alla banca perché ha	*early*
molte *cose da fare.*	*things to do*
Allora si alza presto, si veste in	
fretta, prende un caffè *velocemente,*	*in a hurry*
e va con l'autobus alla banca. Quando	
arriva *trova* la banca chiusa. È una	*he finds*
giornata di *ferie.*	*holiday*

A. Read the story several times. Then from memory complete each sentence with an appropriate ending.

1. Il signor Giusti vuole aprire ________________________________
2. Oggi vuole andare ________________________________
3. Allora si alza presto ________________________________
4. Quando arriva ________________________________
5. È una giornata ________________________________

B. Now write your own little story about Mr. Giusti. In it, say that

1. Mr. Giusti wants to open a new account at the bank. 2. he fills out a form at the bank. 3. the bank is near his home. 4. he always wakes up early, dresses in a hurry, and has a quick coffee.

____

____

____

____

Putting It All Together (Chs. 11 and 12)

Practice Set 74

A. Situations. How would you say . . . (Review Chapters 7–12.)

1. Can you tell me where Verdi St. is? ______________
2. Where are you (*pol.*) from? ______________
3. How does one go to Florence? ______________
4. How much does the coffee cost? ______________
5. I do not have a reservation. ______________
6. I would like a place near the window. ______________
7. Hello (on the phone). ______________
8. Is Mr. Dini in? ______________
9. With whom am I speaking? ______________
10. Who's speaking? ______________
11. Who is it? ______________
12. This is Gina (on the phone). ______________

B. Let's see how well you remember the imperative.

1. Tell the cashier to deposit 100.000 liras (please).

____

2. Tell a stranger to go left, then turn right at the lights.

____

3. Tell your friend to walk toward the lights and then cross the road.

____

C. Now that you have become familiar with the imperative, it is time to learn about imperative reflexives. Notice that with the familiar forms you attach the pronouns, whereas with the polite forms, you keep them in front of the verb.

THE IMPERATIVE—ONE MORE TIME!			
FAMILIAR		POLITE	
Alza**ti**!	*Get up!*	**Si** alzi!	*Get up!*
Diverti**ti**!	*Enjoy yourself!*	**Si** diverta!	*Enjoy yourself!*
Alzate**vi**!	*Get up! (pl.)*		
Divertite**vi**!	*Enjoy yourselves!*		
Alziamo**ci**!	*Let's get up!*		
Divertiamo**ci**!	*Let's enjoy ourselves!*		

Now tell your friend to . . .

1. get up. ______________________
2. wake up. ______________________
3. enjoy himself/herself. ______________________
4. stop. ______________________

Tell Mr. Dini . . .

5. to enjoy himself ______________________
6. to get up ______________________
7. to get married ______________________
8. to stop ______________________

Tell your brother and sister to . . .

9. wake up. ______________________
10. to get up. ______________________
11. to wash themselves. ______________________
12. to get dressed ______________________

When it comes to the negative imperative, don't forget that the familiar singular form is in the infinitive.

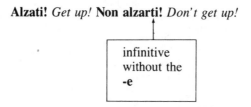

Alzati! *Get up!* **Non alzarti!** *Don't get up!*

↑

infinitive without the **-e**

In the negative you can always put the pronoun in front of the verb.

Non alzarti! *or* **Non ti alzare!** *Don't get up!*

Non alzatevi! *or* **Non vi alzate!** *Don't get up (pl.)!*

At this point you probably have had enough imperatives! You actually know quite a bit in order to handle most speech situations that require this verb form.

D. Hidden in the following word-search puzzle are seven words related to banking that complete the sentences below. Can you find them and complete the sentences?

d	e	n	a	r	o	b	j	i	l	o	p	l	k	m	n	b	g	h	y	i	c
c	n	m	k	l	o	i	u	y	t	r	e	w	q	a	s	i	o	l	o	p	o
o	b	n	v	e	r	s	a	r	e	k	l	o	p	i	o	i	l	o	p	l	n
n	n	m	k	l	o	p	o	i	u	y	t	r	e	w	n	m	l	p	o	k	t
t	l	o	p	o	i	u	y	t	r	e	w	q	n	m	k	l	o	p	o	l	a
o	m	m	m	l	l	l	o	o	o	i	i	i	t	t	t	d	d	d	m	l	n
l	i	b	r	e	t	t	o	l	o	p	r	e	l	e	v	a	r	e	k	l	t
d	e	n	s	o	l	d	i	m	k	l	o	p	o	i	u	j	k	l	o	p	i

1. Posso ____________ 100.000 lire dal mio conto?
2. Posso ____________ 100.000 nel mio conto?
3. Quanto ____________ vuole?
4. Quanti ____________ vuole?
5. Devo avere i soldi in ____________.
6. Devo aprire un altro ____________ .

Vocabulary Checkpoint #2 (Chs. 7–12)

Check the words and expressions that you know. Then review Chapters 4 through 12 and study those that you may have forgotten.

NOUNS

- ☐ acqua
- ☐ aereo
- ☐ agosto
- ☐ anno
- ☐ appuntamento
- ☐ aprile
- ☐ aranciata
- ☐ assegno
- ☐ assistente
- ☐ atterraggio
- ☐ autobus
- ☐ automobile
- ☐ autunno

- ☐ bagaglio
- ☐ banca
- ☐ barista
- ☐ biglietto
- ☐ bisogno
- ☐ bocca
- ☐ borsa
- ☐ braccio

- ☐ calza
- ☐ calzino
- ☐ camicetta
- ☐ camicia
- ☐ capelli
- ☐ cappello
- ☐ cappotto
- ☐ carne
- ☐ cintura
- ☐ cliente
- ☐ collo
- ☐ comandante
- ☐ commesso
- ☐ complicazione
- ☐ contanti
- ☐ conto
- ☐ corpo
- ☐ cravatta

- ☐ data
- ☐ decollo
- ☐ denaro
- ☐ dente
- ☐ dicembre
- ☐ dito
- ☐ dollaro
- ☐ domenica

- ☐ est
- ☐ estate

- ☐ faccia
- ☐ fazzoletto
- ☐ febbraio
- ☐ febbre
- ☐ finestrino
- ☐ fumatore

- ☐ gamba
- ☐ gelato

- ☐ gennaio
- ☐ giacca
- ☐ ginocchio
- ☐ giorno
- ☐ giovedì
- ☐ giugno
- ☐ gola
- ☐ gomito
- ☐ gonna

- ☐ impermeabile
- ☐ influenza
- ☐ inverno
- ☐ isolato

- ☐ labbro
- ☐ latte
- ☐ libretto
- ☐ limonata
- ☐ lingua
- ☐ luglio
- ☐ lunedì

- ☐ macchina
- ☐ maggio
- ☐ maglia
- ☐ malattia
- ☐ mano
- ☐ martedì
- ☐ marzo
- ☐ mattina
- ☐ medico
- ☐ mercoledì
- ☐ mese

- ☐ mezzanotte
- ☐ mezzo
- ☐ mezzogiorno
- ☐ minuto
- ☐ modulo

- ☐ naso
- ☐ nebbia
- ☐ neve
- ☐ nord
- ☐ notte
- ☐ novembre

- ☐ occhi
- ☐ ora
- ☐ orecchio
- ☐ ottobre
- ☐ ovest

- ☐ pane
- ☐ pantaloni
- ☐ piede
- ☐ pioggia
- ☐ polmonite
- ☐ pomeriggio
- ☐ posto
- ☐ prenotazione
- ☐ primavera

- ☐ quarto

- ☐ raffreddore
- ☐ ricetta

- ☐ sabato
- ☐ scompartimento
- ☐ semaforo
- ☐ sera
- ☐ settembre
- ☐ settimana
- ☐ soldi
- ☐ sole
- ☐ spumante
- ☐ stagione
- ☐ stomaco
- ☐ strada
- ☐ sud

- ☐ tempo
- ☐ testa
- ☐ tosse
- ☐ treno

- ☐ unghia

- ☐ valigia
- ☐ venerdì
- ☐ vento
- ☐ vestiario
- ☐ vestito
- ☐ vino
- ☐ volta

- ☐ zabaione
- ☐ zero
- ☐ zucchero

VERBS

- ☐ addormentarsi
- ☐ allacciare
- ☐ alzarsi
- ☐ andare
- ☐ annoiarsi
- ☐ aprire
- ☐ arrabbiarsi
- ☐ attraversare

- ☐ bere

- ☐ cambiare
- ☐ camminare
- ☐ capire
- ☐ chiedere
- ☐ chiudere
- ☐ colpire
- ☐ compilare
- ☐ conoscere
- ☐ continuare
- ☐ coprire
- ☐ correre
- ☐ costare
- ☐ costruire
- ☐ credere

- ☐ dare
- ☐ dire
- ☐ divertirsi
- ☐ dormire
- ☐ dovere

- ☐ fermarsi
- ☐ finire

- ☐ girare

- ☐ lampeggiare
- ☐ lavare
- ☐ lavarsi
- ☐ leggere

- ☐ mettere
- ☐ mettersi

- ☐ nevicare

- ☐ offrire

- ☐ partire
- ☐ perdere
- ☐ piovere

- ☐ potere
- ☐ preferire
- ☐ prelevare
- ☐ prendere
- ☐ pulire
- ☐ pulirsi

- ☐ ricevere
- ☐ ripetere
- ☐ rispondere

- ☐ salire
- ☐ sapere
- ☐ scendere
- ☐ scrivere
- ☐ sentire
- ☐ sentirsi
- ☐ servire
- ☐ soffrire
- ☐ sparire
- ☐ spendere
- ☐ sposarsi
- ☐ svegliarsi

- ☐ tenere
- ☐ trovare

- ☐ tuonare
- ☐ uscire
- ☐ vedere
- ☐ vendere
- ☐ venire
- ☐ versare
- ☐ vestirsi
- ☐ vivere
- ☐ volere

ADJECTIVES

- ☐ alto
- ☐ antico
- ☐ antipatico
- ☐ aperto
- ☐ arancione
- ☐ azzurro

- ☐ basso
- ☐ bello
- ☐ bianco
- ☐ biondo
- ☐ blu
- ☐ bruno
- ☐ brutto
- ☐ buono

- ☐ caro
- ☐ cattivo
- ☐ celeste
- ☐ centrale
- ☐ chiaro
- ☐ chiuso
- ☐ complicato
- ☐ corto

- ☐ difficile

- ☐ economico
- ☐ elegante

- ☐ facile
- ☐ felice
- ☐ forte

- ☐ giallo
- ☐ giovane
- ☐ giusto
- ☐ grande
- ☐ grigio

- ☐ inelegante
- ☐ intelligente
- ☐ interessante

- ☐ lungo

- ☐ maleducato
- ☐ marrone
- ☐ meridionale
- ☐ mite
- ☐ moderno
- ☐ molto

- ☐ nero
- ☐ noioso
- ☐ nuvoloso

- ☐ occidentale
- ☐ orientale

- ☐ parecchio
- ☐ piccolo
- ☐ poco
- ☐ preciso
- ☐ prossimo

- ☐ rosa
- ☐ rosso

- ☐ sbagliato
- ☐ scorso
- ☐ scuro
- ☐ semplice
- ☐ sereno
- ☐ settentrionale
- ☐ simpatico
- ☐ stupido

- ☐ tanto
- ☐ triste
- ☐ troppo

- ☐ umano
- ☐ ultimo

- ☐ variabile
- ☐ vecchio
- ☐ verde
- ☐ viola

OTHER PARTS OF SPEECH/EXPRESSIONS

- ☐ a
- ☐ abbastanza
- ☐ adesso
- ☐ alcuni
- ☐ alla settimana
- ☐ al mese
- ☐ all'anno
- ☐ allora
- ☐ altro
- ☐ biglietto di andata e ritorno
- ☐ in anticipo
- ☐ in orario
- ☐ in ritardo
- ☐ appena
- ☐ assegno turistico
- ☐ assistente di volo
- ☐ avanti
- ☐ basta
- ☐ fare il biglietto
- ☐ avere bisogno di
- ☐ carta d'imbarco
- ☐ cintura di sicurezza
- ☐ da
- ☐ davanti
- ☐ dentro
- ☐ a destra
- ☐ di
- ☐ dietro
- ☐ di fronte
- ☐ diritto
- ☐ mi dispiace
- ☐ dopo
- ☐ dopodomani
- ☐ durante
- ☐ a est
- ☐ Fa caldo/freddo/bel tempo/ brutto tempo/cattivo tempo
- ☐ fare male a
- ☐ fra
- ☐ tra
- ☐ fuori
- ☐ già
- ☐ giù
- ☐ ieri l'altro
- ☐ in
- ☐ indietro
- ☐ invece
- ☐ là
- ☐ lì
- ☐ lontano
- ☐ mal di
- ☐ Mamma mia!
- ☐ mattina
- ☐ mattino
- ☐ meno
- ☐ mentre
- ☐ modulo di prelevamento/ versamento
- ☐ molto
- ☐ a nord
- ☐ di notte
- ☐ oggi
- ☐ ogni
- ☐ ora
- ☐ a ovest
- ☐ parecchio

- ☐ Peccato!
- ☐ per
- ☐ a piedi
- ☐ poi
- ☐ di pomeriggio
- ☐ siete pregati
- ☐ presto
- ☐ previsto
- ☐ prima
- ☐ Pronto!
- ☐ proprio
- ☐ in punto
- ☐ qualche
- ☐ quanto
- ☐ quasi
- ☐ qui
- ☐ quindi
- ☐ sempre
- ☐ senz'altro
- ☐ di sera
- ☐ a sinistra
- ☐ C'è il sole
- ☐ di solito
- ☐ solo/solamente/soltanto
- ☐ sopra
- ☐ sotto
- ☐ spesso
- ☐ stamani
- ☐ stasera
- ☐ su
- ☐ a sud
- ☐ subito
- ☐ tardi
- ☐ Che tempo fa?
- ☐ tutto
- ☐ C'è il vento/Tira vento
- ☐ verso
- ☐ Va'/Vada via!
- ☐ vicino
- ☐ Sta'/Stia zitto!

Review Set 2

A. Match each noun with its meaning or exemplification.

___1. acqua	a. Si prende, per esempio, al bar.
___2. aereo	b. Si può riscuotere *(cash in)* in una banca.
___3. appuntamento	c. Assiste i passeggeri.
___4. aranciata	d. Il contrario *(opposite)* di decollo.
___5. assegno	e. È necessario per andare dal medico.
___6. assistente di volo	f. Si apre per mangiare.
___7. atterraggio	g. Si deve fare per viaggiare.
___8. bagaglio	h. Ci mettiamo i nostri vestiti quando viaggiamo.
___9. biglietto	i. necessità *(necessity)*
___10. bisogno	j. Si prende per andare in Italia.
___11. bocca	k. Si beve quando abbiamo sete.

B. Fill in the missing months, days, and seasons.

1. gennaio, febbraio, marzo, _______, _______, _______, luglio, agosto, _______, _______, novembre, _______

2. lunedì, _______, mercoledì, giovedì, _______, _______, domenica

3. primavera, _______, _______, inverno

C. Here are some communicative tasks for you to carry out.

1. Say that you have a fever.

____.

2. Tell someone to keep quiet.

____.

3. Tell someone to go away.

____.

4. Say that it's a beautiful day, but that it's windy.

____.

5. Tell a stranger to turn left.

____.

6. Say that it's two-thirty in the afternoon.

____.

D. Choose the appropriate response, matching item, synonym, or antonym.

___1. la calza

a. vestiario b. banca

___2. i capelli

a. sulla testa b. sul corpo

___3. la carne

a. si beve b. si mangia

___4. la cintura

a. si allaccia b. si mangia

___5. ovest

a. sì b. est

___6. addormentarsi

a. sentirsi b. svegliarsi

___7. mattina

a. sera b. mezzogiorno

___8. aprire

a. nevicare b. chiudere

___9. giovane

a. semplice b. vecchio

CHAPTER 13

Ti piace?
Do You Like It?

In this chapter you will learn:

- more about pronouns
- how to express your likes and dislikes
- how to speak about the past

Dialogue and Comprehension Activity 13

Non ti piaccio più?

Gina:	Caro, Gino, tu sei proprio noioso!	*—Dear Gino, you're really a nuisance!*
Gino:	Perché dici così? Non ti piaccio più?	*—Why do you say that? Don't you like me anymore?*
Gina:	Sì, ma non mi lasci mai in pace!	*—Yes, but you never leave me alone (in peace)!*
Gino:	È mezzogiorno. Andiamo insieme a prendere qualcosa da mangiare.	*—It's noon. Let's go together and get something to eat.*
Gina:	Ho già mangiato.	*—I've already eaten.*
Gino:	Allora andiamo al bar a prendere un caffè.	*—Then let's go to the bar to get a coffee.*
Gina:	L'ho già preso.	*—I've already had one.*
Gino:	Ho capito. Non mi ami più!	*—I understand (lit., I have understood). You don't love me anymore!*
Gina:	Caro Gino, non ti ho mai amato!	*—Dear Gino, I have never loved you!*

Fill in the words, in their appropriate forms, that are missing from the paraphrase of the above dialogue.

Gino è proprio (1)____________ Gino piace ancora a (2)____________ . Gino non lascia Gina mai in (3)__________ È (4)____________ e Gino vuole andare con Gina a (5)__________ qualcosa da mangiare ma Gina (6)____________ già mangiato. Allora lui vuole andare a prendere un caffè al bar, ma Gina l'ha già (7)____________ . Allora Gino pensa che Gina non lo ami più, ma Gina non lo ha mai (8)__________ .

Pronomi
Pronouns

	SUBJECT	OBJECT	
I	io	**mi**	*me*
you	tu	**ti**	*you* (fam.)
he	lui	**lo**	*he* (*it*)
she	lei	**la**	*she* (*it*)
you	Lei	**La**	*you* (pol.)
we	noi	**ci**	*us*
you	voi	**vi**	*you* (pl.)
they	loro	**li**	*them* (*m.*)
		le	*them* (*f.*)

Notice the differences between subject and object pronouns. Like reflexives, object pronouns come right before the verb. Let's see how they are used.

USEFUL VOCABULARY
festa *party*
giornale (*m.*) *newspaper*
rivista *magazine*

This satirical conversation between Gino and Gina is a good example of the use of object pronouns.

Gino: Oh, Gina bella! **Mi** ami?

Gina: No, non **ti** amo!

Gino: Allora è vero. Tu ami Marco?

Gina: No, non è vero. Non **lo** amo. Ma tu, invece, ami Giuseppina?

Gino: No, no! Non **la** amo.

(*Gina quickly changes the topic.*)

Gina: Sai, Gino, gli amici di Paolo **ci** vogliono invitare a una festa.

Gino: Invitano anche Marco? **Vi** invitano tutti e due?

Gina: Certo!

(*Again, Gina changes the topic!*)

Gina: Gino, tu leggi mai i giornali di questa città?

Gino: No, non **li** leggo mai.

Gina: E le riviste?

Gino: No, non **le** leggo mai. Scusa, ma devo andare. Ho un appuntamento (*date*) con Giuseppina!

Practice Set 75

Complete the following humorous dialogue with the appropriate object pronouns.

Marco: Ah, Gina. Come va? (1)__________ ami ancora? Io (2)__________ amo sempre!

Gina: Peccato! Perché io non (3)__________ amo più. Amo Gino!

Marco: Ma come? Io non so perché (4)__________ ami. È molto brutto. Ma ora dico la verità (*truth*). Io amo Giuseppina!

Gina: Ma è proprio vero che (*that*) (5)__________ ami? E Pina e Maria?

Marco: No, non (6)__________ amo più. E tu non ami più Gino e Paolo?

Gina: No, non (7)__________ amo più! Sai che gli amici vogliono il tuo (*your*) indirizzo e l'indirizzo di Giuseppina perché (8)__________ vogliono invitare a una festa.

Marco: (9)__________ vogliono invitare? Ma perché?

Gina: Perché siete molto simpatici!

Practice Set 76

Notice that **lo** and **la** also mean *it*. Therefore, **lo** can replace a masculine noun phrase and **la** a feminine one. **Li** and **le** are the corresponding plural forms (*them*):

Gino compra **il giornale.** *Gino buys the newspaper.*

Gino **lo** compra. *Gino buys it.*

Gino compra **i giornali.** *Gino buys the newspapers.*

Gino **li** compra. *Gino buys them.*

Quella donna non compra **la rivista.** *That woman does not buy the magazine.*

Quella donna non **la** compra. *That woman does not buy it.*

Quella donna non compra **le riviste.** *That woman does not buy the magazines.*

Quella donna non **le** compra. *That woman does not buy them.*

Now answer the following questions (*yes* or *no* as indicated) using the appropriate object pronouns.

Example: Mangi la pizza? (Sì)

Sì, **la** mangio.

1. Bevi il vino? (Sì) ____________________

2. Compri i giornali? (No) ____________________

3. Marco mangia la carne? (No) ____________________

4. Il professore mangia gli spaghetti? (Sì) ____________________

5. E tu mangi le paste? (No) ____________________

6. Leggi il giornale italiano? (Sì) ____________________

7. Leggi quella bella rivista? (Sì) ____________________

8. Hai le valige? (No) ____________________

Note as well that the familiar-polite distinction also applies here.

FAMILIAR	POLITE
Gino, non **ti** capisco. *Gino, I don't understand you.*	Signor Verdi, non **La** capisco. *Mr. Verdi, I don't understand you.*

Supply the appropriate pronoun.

9. Maria, ____________ amo!

10. Professore, non ____________ capisco.

11. Dottore, non ____________ sento.

12. Gino, non ____________ credo!

Practice Set 77

Saying *to me, to you,* etc., requires another set of pronouns, many of which are identical to the direct object pronouns you have just learned. These new pronouns are known as *indirect object* pronouns.

	DIRECT OBJECT	INDIRECT OBJECT	
me	mi	**mi**	*to me*
you	ti	**ti**	*to you* (fam.)
him	lo	**gli**	*to him*
her	la	**le**	*to her*
you	La	**Le**	*to you* (pol.)
us	ci	**ci**	*to us*
you	vi	**vi**	*to you* (pl.)
them	li / le	**gli**	*to them*

Although there is another way to say *to them,* for your communicative purposes **gli** is all you will need.

Note that there are only a few differences between the two types.

DIRECT	INDIRECT
Giovanni **mi** ama. ↑ *me*	Giovanni **mi** dà la rivista. ↑ *to me*
but	*but*
Giovanni **la** ama. ↑ *her*	Giovanni **le** dà la rivista. ↑ *to her*

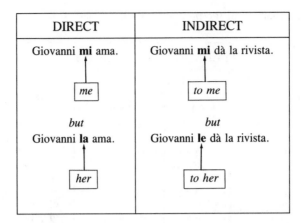

So it is those differences that you will need to practice.

	DIRECT	INDIRECT
Singular	**lo** (*m.*) **la** (*f.*) **La** *you* (*pol.*)	**gli** (*m.*) **le** (*f.*) **Le** *you* (*pol.*)
Plural	**li** (*m.*) **le** (*f.*)	**gli**

Put the appropriate pronoun in the blanks.

1. Io telefono a Maria; ______________ telefono ogni sera.
2. Maria invita lo studente francese; ______________ invita alla festa.
3. Noi telefoniamo agli zii; ______________ telefoniamo spesso.
4. Non mangio mai la pizza; non ______________ mangio perché preferisco gli spaghetti.
5. Io non mangio gli spaghetti; non ______________ mangio mai.
6. Dai il denaro all'impiegato? —Sì, ______________ do il denaro.
7. Quando compri quelle riviste? —______________ compro domani.
8. Signora, ______________ chiamo stasera.
9. Signora, ______________ telefono stasera.

At this point, a handy chart of all the pronouns you have learned in this book might help.

PERSONAL PRONOUNS			
SUBJECT	OBJECT		REFLEXIVE
	Direct	Indirect	
io *I*	mi *me*	mi *to me*	mi *myself*
tu *you*	ti *you*	ti *to you*	ti *yourself*
lui *he*	lo *him*	gli *to him*	si *himself*
lei *she*	la *her*	le *to her*	si *herself*
Lei *you*	La *you*	Le *you*	si *yourself*
noi *we*	ci *us*	ci *to us*	ci *ourselves*
voi *you*	vi *you*	vi *to you*	vi *yourselves*
loro *they*	li/le *them*	gli *to them*	si *themselves*

Practice Set 78

In the last Putting It All Together section you learned that reflexive pronouns are attached to the familiar imperative forms. Well, logically enough, so are object pronouns.

FAMILIAR	POLITE
Maria, ccompra**lo**! *Mary, buy it!*	Signora, **lo** compri! *Madam, buy it!*
Gino, telefona**gli**! *Gino, phone him!*	Dottore, **gli** telefoni! *Doctor, phone him!*

Now tell Gino to . . .

1. phone her. ________________ 2. wait for you. ________________

3. call them (*m.*). ________________ 4. eat it (pizza). ________________

Now tell Mr. Verdi the same things.

5. ________________ 6. ________________

7. ________________ 8. ________________

Piacere e Non Piacere
To Like and Not to Like

Those indirect object pronouns will certainly come in handy for expressing your likes and dislikes. But first, here is the verb **piacere** *to be pleasing to*, which is irregular in the present.

PRESENT OF **PIACERE**		
	SINGULAR	PLURAL
1st	**piaccio**	**piacciamo**
2nd	**piaci**	**piacete**
3rd	**piace**	**piacciono**

This verb allows you to express your likes and dislikes, but it is a tricky one indeed! Since it literally means *to be pleasing to,* you will have to think accordingly. Watch!

Your intended message: *John likes Mary.*

Change it to: *Mary* | *is pleasing* | *to* *John*

Supply the Italian forms: **Maria piace a Giovanni.**

Here is another example:
Your intended message: *The professors like the students.*

Change it to: *The students* | *are pleasing* | *to the* | *professors.*

Supply the Italian forms: **Gli studenti piacciono ai professori.**

To express dislike, just add **non** in the usual fashion.

Maria **non** piace a Giovanni. *John doesn't like Mary.*
Gli studenti **non** piacciono ai professori. *The professors do not like the students.*

You can also change the elements around in such sentences.

Maria piace a Giovanni or **A Giovanni piace Maria.**

Practice Set 79

This is the love story of John and Mary. Say that . . .

1. John likes Mary. ______________________
2. But Mary does not like John. ______________________
3. Mary's friends like John. ______________________
4. But John doesn't like Mary's friends. ______________________
5. John's friends like Mary a lot. ______________________

Practice Set 80

Review the list of indirect object pronouns above, then try your hand at translating the dialogue between Giuseppina, Pino, Angela, and Angelo.

Giuseppina: John, I don't like you! (1) ______________________

Pino: But I like you! (2) ______________________

Angela: Does Giuseppina like Mark and Dino? (3) ______________________

Angelo: Yes, she likes them. We like her, right? (4) ______________________

Angela: Yes, and we like him, and they like us. (5) ______________________

Practice Set 81

It does take a little practice before you feel comfortable using **piacere.** There is a simple rule of thumb you can use in many situations:

1. Assume the *indirect* object pronoun to correspond to the English subject.

   mi = *I,* **ti** = *you,* etc.

2. Make the verb agree with what follows.

   Mi piace la pizza. *I like pizza.*

   Mi piacci**ono** gli spaghetti. *I like spaghetti.*

If you are still in doubt about what to say go through the process described on page 182.

You are at a clothing store, and the clerk asks you whether you like something. Say that you like whatever is shown to you, but that it is (they are) too expensive.

Example: Le piace questa giacca?

Sì, mi piace, ma è troppo cara. (Don't forget about agreement!)

1. Le piace questa gonna? ______________________
2. Le piacciono queste scarpe? ______________________
3. Le piace questo vestito? ______________________
4. Le piacciono questi pantaloni? ______________________

A friend has come over to visit, and you offer him/her various foods and drinks. Ask first if he/she likes whatever you offer.

Example: il cappuccino

Ti piace il cappuccino?

USEFUL VOCABULARY
torta *cake* biscotto *biscuit/cookie* caramella *candy* cioccolatino *piece of chocolate*

5. la torta ______________________
6. le caramelle ______________________

7. il biscotto ______________________________

8. i cioccolatini ______________________________

You are talking to a friend. Ask her if her boyfriend likes certain things. Your friend answers that they both like whatever you ask about.

Example: la casa nuova

Gli piace la casa nuova?
Sì, ci piace a tutti e due. *(Yes, we both like it.)*

USEFUL VOCABULARY
nuovo *new* appartamento *apartment* prezzo *price*

9. l'appartamento nuovo ______________________________
____

10. i prezzi delle case ______________________________
____

Practice Set 82

Here are some more ways to express likes and dislikes.

CHE . . . ! WHAT A . . . !	
Likes	Dislikes
Che bel vestito! *What a nice dress!*	**Che** brutto vestito! *What an ugly dress!*
Che bella giacca! *What a nice jacket!*	**Che** brutta giacca! *What an ugly jacket!*

COME . . . **!/QUANTO** . . . ! HOW . . . !	
Come è bello quel vestito! *How nice that dress is!*	**Come** è brutto quel vestito! *How ugly that dress is!*
Come sono belli quei pantaloni! *How nice those pants are!*	**Come** sono brutti quei pantaloni! *How ugly those pants are!*
Or: **Quanto** è bello quel vestito! etc.	**Quanto** è brutto quel vestito!

Now say . . .

1. What a good cappuccino! ______________________________
2. What a bad (**cattivo**) wine! ______________________________
3. What a nice house! ______________________________
4. What an ugly car! ______________________________
5. How good the biscuits are! ______________________________
6. How bad the cake is! ______________________________
7. How nice the shoes are! ______________________________
8. How ugly the pants are! ______________________________

Il passato: prima parte
The Past: Part I

già	*already*
ancora	*yet*
appena	*just*
adesso	*now*

Bruno: Marco, a chi telefoni? A Maria?

Marco: No. Non le **ho telefonato** ancora. *or:* Non le **ho** ancora telefonato.

↑ *I haven't phoned*

La madre: Gina, stai mangiando adesso?

Gina: No, mamma. **Ho mangiato** già. *or:* **Ho** già **mangiato.**

↑ *I have eaten*

To form the simple past in Italian, do exactly what you do in English.

1. Use the verb *to have* (**avere**) in the present.
   This is known as the *auxiliary* verb.

2. Change the verb into a *past participle* as follows:

-are	-ere	-ire
mangi**are** ↓ **mangi** **ato**	vend**ere** ↓ **vend** **uto**	fin**ire** ↓ **fin** **ito**

3. Then put the two together:

ho **hai** **ha** **abbiamo** **mangiato** **avete** **hanno**	**ho** **hai** **ha** **abbiamo** **venduto** **avete** **hanno**	**ho** **hai** **ha** **abbiamo** **finito** **avete** **hanno**

This construction corresponds exactly to the English.

ho	mangiato	abbiamo	venduto	hanno	finito	etc.
I have	*eaten*	*we have*	*eaten*	*they have*	*finished*	

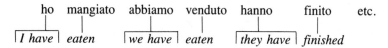

In addition, it allows you to cover two other English tenses.

ho mangiato

I have eaten.	I ate.	I did eat.
Ho mangiato già.	**Ho mangiato ieri.**	**Sì, ho mangiato!**
I have eaten already.	I ate yesterday.	Yes, I did eat!

Practice Set 83

Here is some more important mechanical practice. Simply answer each question as indicated.

Example: Hai mangiato?______________ già.

Ho mangiato già/Ho già mangiato.

USEFUL EXPRESSIONS
due mesi **fa** *two months ago* venti minuti **fa** *twenty minutes ago* tre anni **fa** *three years ago* etc.

1. Hai ascoltato la radio (*radio*)?—______________ la radio un'ora fa.
2. Hai venduto la macchina?—______________ la macchina una settimana fa.
3. Hai finito di mangiare?—______________ appena ______________ di mangiare.
4. Quanti vestiti ho comprato?—Tu ______________ tre vestiti.
5. Quanti vestiti ho voluto?—Tu ______________ solo un vestito.
6. Quante persone (*persons*) ho servito?—Tu non ______________ nessuno.
7. Sta lavorando Maria?—No, ______________ ieri.
8. Deve lavorare Maria?—No, ______________ lavorare ieri.

9. Pulisce la casa Gino?—No, ______________ la casa stamani.

10. Pagate il conto?—No, ______________ già ______________ il conto.

11. Dovete lavorare oggi?—No, ______________ lavorare la settimana scorsa.

12. Avete capito?—Sì, ______________ tutto!

13. Marco, Maria, (voi) ______________?—Sì, abbiamo mangiato.

14. Signore, signori, ______________ la verità (*truth*)?—Sì, abbiamo saputo tutta la verità.

15. Gianni, Maria, ______________?—No, non abbiamo ancora finito.

16. Stanno cenando?—No, ______________ già ______________.

17. Vendono la macchina?—No, ______________ la macchina il mese scorso.

18. Finiscono di mangiare?—No, ______________ di mangiare poco fa (*a little while ago*).

Practice Set 84

Of the verbs you have learned so far, the following have irregular past participles.

fare	**fatto**
aprire	**aperto**
bere	**bevuto**
chiedere	**chiesto**
chiudere	**chiuso**
conoscere	**conosciuto**
coprire	**coperto**
dare	**dato**
dire	**detto**
leggere	**letto**
mettere	**messo**
offrire	**offerto**
perdere	**perso** (also **perduto**)
prendere	**preso**
rispondere	**risposto**
scrivere	**scritto**
soffrire	**sofferto**
spendere	**speso**
vedere	**visto** (also **veduto**)
vivere	**vissuto**

Now, say that . . .

1. you put the pen on the table. ______________________________

2. you told the truth. ______________________________

3. Gino drank the wine already. ______________________________

4. Mary and Gino wrote the letter last week. ______________________________

5. you closed the window a minute ago. ____________________

6. you gave the traveler's check to the cashier. ____________________

7. it was cold yesterday. ____________________

8. it was warm last week. ____________________

9. you haven't yet read the magazine. ____________________

10. you lost your suitcase. ____________________

Practice Set 85

One last thing about the past tense. When the direct object pronouns **lo, la, li, le** (see above), as well as **ne** (see Chapter 9), are used, the past participle *agrees* with them in the normal fashion (see Chapter 8 for agreement patterns).

Hai mangiato **il panino?** *Did you eat the bun?*

Sì **lo** ho mangia**to.** *Yes, I ate it.*

Hai mangiato **gli spaghetti?** *Did you eat the spaghetti?*

Sì, **li** ho mangia**ti.** *Yes, I ate them.*

Hai mangiato **la pasta?** *Did you eat the pastry?*

Sì, **la** ho mangia**ta.** *Yes, I ate it.*

Hai mangiato **le caramelle?** *Did you eat the candies?*

Sì, **le** ho mangia**te.** *Yes, I ate them.*

Quante **caramelle** hai mangiato? *How many candies did you eat?*

Ne ho mangiate quattro. *I ate four of them.*

Now you try it.

> Note: You may use **l'** instead of **lo** or **la** in front of the verb **avere.**

1. Hai finito la lezione? ____________________

2. Hai bevuto il vino? ____________________

3. Hai comprato quelle scarpe? ____________________

4. Hai versato i soldi in banca? ____________________

5. Quanta pizza hai mangiato? ____________________ molta.

6. Quanti vestiti hai comprato? ____________________ alcuni.

7. Maria ha venduto la macchina? ______

8. Gino ha finito gli esercizi? ______

9. Loro hanno letto il giornale? ______

10. Loro hanno aperto le finestre? ______

Reading and Comprehension Activity for Chapter 13

Now it's time for you to test your reading skills. Read the following brief passage, then do the follow-up activity. Some of the words are glossed for you. You should be able to figure out the meaning of the others on your own.

Lettura

Gino è veramente un tipo noioso!	
Ieri ha chiesto *di nuovo* a Gina di	*again*
uscire con lui. L'ha chiamata per	
telefono, ma lei non ha risposto. Allora	
ha preso l'autobus *fino* a casa sua.	*(up) to*
A casa di Gina lui ha parlato con	
la sorellina per venti minuti, poi l'*ha*	*took her*
portata a prendere il gelato. Gina	*ice cream*
non c'era. Povero Gino!	*wasn't there*

A. Answer each question with a complete sentence.

1. Com'è Gino?

______.

2. Che cosa ha chiesto ieri a Gina?

______.

3. Che cosa ha fatto?

______.

4. Cosa ha preso per andare a casa di Gina?

______.

5. Che cosa ha fatto a casa di Gina?

______.

B. Now write your own little story about Gino. In it, say that Gino . . .

1. likes Gina. 2. phoned her yesterday. 3. took the bus to her house. 4. took her little sister to get an ice cream.

______

______

______

______

CHAPTER 14

Tutto in famiglia
All in the Family

In this chapter you will learn:

- more about how to speak of past events
- how to express possession
- kinship words

Dialogue and Comprehension Activity 14

Dov'è andato il papà?

Nino:	Mamma, dov'è andato il papà?	*—Mom, where did dad go?*
Francesca:	È uscito a fare la spesa.	*—He went out to do some shopping.*
Nino:	Quando torna?	*—When is he coming back?*
Francesca:	Fra poco. Perché?	*—In a little while. Why?*
Nino:	Ho rotto la mia bicicletta.	*—I wrecked (broke) my bike.*
Francesca:	La tua bicicletta? Come hai fatto?	*—Your bike? How did you do that?*
Nino:	Sono caduto!	*—I fell!*
Francesca:	Non piangere! Ti aiuto io a aggiustarla. Io sono molto brava a fare queste cose.	*—Don't cry! I can help you fix it. I'm very good at doing these things.*
Nino:	Grazie, mamma!	*—Thanks, mom!*

All of the following statements are false. Correct them.

Example: Il papà di Nino è andata al cinema.

Il papà di Nino è uscito a fare la spesa.

1. Il papà di Nino torna tardi.

____.

2. Nino ha rotto la sua testa.

____.

3. Nino è uscito.

____.

4. La mamma lo aiuta a aggiustare la sua penna.

____.

5. La mamma non è molto brava a aggiustare le cose.

____.

Il passato: seconda parte
The Past: Part II

Read the following.

Bruno: Marco, vai in centro?
Marco: No, ci **sono andato** già. (No, ci **sono** già **andato**).

I have gone

La madre: Gina, quando arrivano Mario e Maria?
Gina: Mamma, **sono arrivati** già. (Mamma, **sono** già **arrivati**).

they have arrived

Simply put, there are a few verbs that require the auxiliary verb **essere,** rather than **avere,** in the simple past tense, even though they allow you to express the same kinds of meanings.

sono andato

I have gone *I went* *I did go*

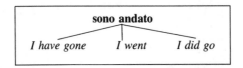

You will have to learn those few by memory. Of the verbs encountered so far in this book, the following require **essere** as the auxiliary verb in the past tense (irregular past participles are indicated as well).

arrivare	**entrare**	**essere (stato)**	**stare (stato)**
andare	**costare**	**partire**	**sparire**
uscire	**venire (venuto)**		

New verb: tornare *to come back/to return*

The past participle is formed in the normal way (see Chapter 13). But with these verbs, the past participle must agree with the subject, according to the regular agreement patterns (see Chapter 8).

Quell' uomo è andato in Italia l'anno scorso.

Quegli uomini sono andati in Italia l'anno scorso.

Quella donna è andata in Italia l'anno scorso.

Quelle donne sono andate in Italia l'anno scorso.

Here is **andare** fully conjugated for you.

(io)	**sono**	**andato/andata**
(tu)	**sei**	**andato/andata**
(lui)	**è**	**andato**
(lei)	**è**	**andata**
(noi)	**siamo**	**andati/andate**
(voi)	**siete**	**andati/andate**
(loro)	**sono**	**andati/andate**

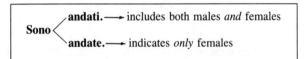

Sono < **andati.** → includes both males *and* females
andate. → indicates *only* females

Practice Set 86

Let's start off with a simple exercise. Put the appropriate form of the auxiliary verb **essere** in the blanks, as well as the corresponding ending on the past participle.

1. *Prof.:* Signore, quando è arrivato Lei dall'Italia?

   Sig.: (Io) ______________ arrivat _____ tre mesi fa.

   Prof.: E Lei signora?

   Sig. a: Io, invece, ______________ arrivat _____ solo tre giorni fa.

2. *Gino:* Marco, quando ______________ entrat _____?

   Marco: Due minuti fa.

   Gino: E tu Claudia? Quando ______________ entrat _____?

   Claudia: Poco fa.

3. *Il padre:* Dov'è Pino?

   La madre: Pino ______________ uscit _____ un'ora fa.

   Il padre: E Pina?

   La madre: Anche lei ______________ uscit _____ poco tempo fa.

4. *Dino:* Ciao, Marco e Pino. Dove siete andati?

   Marco e Pino: ______________ andat _____ in centro.

   Dino: E voi, Gina e Dina, dove siete andate?

   Gina e Dina: Anche noi ______________ andat _____ in centro.

5. *Dott.:* Claudia e Pino, perché ____________ tornat ____?

Claudia e Pino: Abbiamo un raffreddore tutti e due.

Dott.: E voi, Pina e Dina, perché ____________ tornat ____?

Pina e Dina: Perché abbiamo la febbre, dottore.

6. *Mauro:* Quando sono venuti quei signori?

Maria: Loro ____________ venut ____ ieri.

Mauro: E quelle signore?

Maria: Anche loro ____________ venut ____ ieri.

Practice Set 87

In addition to being used with these verbs, the auxiliary **essere** is required for *all* reflexive verbs (see Chapter 12). The past participle agrees with the subject.

La professoressa si è alzat**a** presto.

Il professore si è alzat**o** tardi.

Quei bambini si sono divertit**i** molto.

Quelle bambine invece, non si sono divertit**e**.

Now continue as in Practice Set 86.

1. *Marco:* Quando ti sei alzato?

Gino: Mi ____________ alzat ____ alle sei e mezzo.

Marco: E tu Gina?

Gina: Io, invece, mi ____________ alzat ____ alle otto precise.

2. *Marco:* Tu Paolo, quando ti ____________ svegliat ____?

Paolo: Solo una mezz'ora fa.

Marco: E tu Pina, quando ti ____________ svegliat ____?

Pina: Stamani presto.

3. *Dott.:* Perché si ____________ arrabbiat ____ quei due uomini?

Segretaria: Perché Lei non gli ha dato una ricetta.

Dott.: E quelle donne? Perché si ____________ arrabiat ____?

Segretaria: Sono le mogli di quegli uomini!

4. *Marco:* Dov'è andato Paolo?

Pino: A Roma. Si ____________ sposat ____.

Marco: E Paola?

Pino: Anche Lei è andata a Roma, e si ____________ sposat ____ con Paolo!

c'è *there is* → **c'è stato** *there has been*
ci sono *there are* → **ci sono stati/state** *there have been*

Il mio e il tuo
Mine and Yours

It's time to learn how to express possession. Above all else, notice that the definite article is required in Italian.

Practice Set 88

A. *My* and *mine*

Questo è **il mio** portafoglio. *This is my wallet.*	Questo è **il mio.** *This is mine.*
Questa è **la mia** borsa. *This is my purse.*	Questa è **la mia.** *This is mine.*
Questi sono **i miei** portafogli. *These are my wallets.*	Questi sono **i miei.** *These are mine.*
Queste sono **le mie borse.** *These are my purses.*	Queste sono **le mie.** *These are mine.*

Continue.

1. Questo è il _____ libro. Questo è il _____.
2. Questa è la _____ giacca. Questa è la _____.
3. Questi sono i _____ amici. Questi sono i _____.
4. Queste sono le _____ amiche. Queste sono le _____.

B. *Your* and *yours* (familiar)

Ecco **il tuo** giornale. *Here is your newspaper.*	Ecco **il tuo.** *Here is yours.*
Ecco **la tua** valigia. *Here is your suitcase.*	Ecco **la tua.** *Here is yours.*

Ecco **i tuoi** giornali. *Here are your newspapers.*	Ecco **i tuoi.** *Here are yours.*
Ecco **le tue** valige. *Here are your suitcases.*	Ecco **le tue.** *Here are yours.*

You continue. This time you must give the definite article as well.

5. Ecco le tue riviste. Ecco ____ ____.

6. Ecco i tuoi biglietti. Ecco ____ ____.

7. Ecco la tua carta d'imbarco. Ecco ____ ____.

8. Ecco il tuo giornale. Ecco ____ ____.

C. *His/her/its/your* (polite) and *his/hers/its/yours* (polite)

Conosci **il suo** amico? *Do you know his/her friend?*	Conosci **il suo?** *Do you know his/hers?*
Conosci **la sua** amica? *Do you know his/her friend?*	Conosci **la sua?** *Do you know his/hers?*
Conosci **i suoi** amici? *Do you know his/her friends (m.)?*	Conosci **i suoi?** *Do you know his/hers?*
Conosci **le sue** amiche? *Do you know his/her friends (f.)?*	Conosci **le sue?** *Do you know his/hers?*

This is a tough one! You must not think in English and just make the possessive agree with the noun.

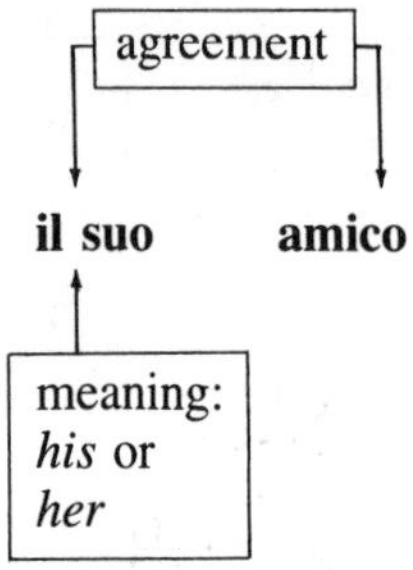

You continue.

9. Conosci il suo professore? Conosci ____ ____?

10. Conosci la sua professoressa? Conosci ____ ____?

11. Conosci i suoi clienti? Conosci ____ ____?

12. Conosci le sue amiche? Conosci ____ ____?

Now say that . . .

13. Questa è la sua maglia.
(his)

14. Questo è il suo vestito.
(her)

15. Queste sono le sue scarpe.
(his)

16. Questi sono i suoi ______ pantaloni.
(her)

17. Signor Dini, questa è la sua ______ maglia?
(yours)

18. Signora Dini, questi sono i suoi ______ pantaloni?
(your)

D. *Our* and *ours*

Abbiamo venduto **il nostro** appartamento. *We sold our apartment.*	Abbiamo venduto **il nostro.** *We sold ours.*
Abbiamo venduto **la nostra** casa. *We sold our house.*	Abbiamo venduto **la nostra.** *We sold ours.*
Abbiamo venduto **i nostri** appartamenti. *We sold our apartments.*	Abbiamo venduto **i nostri.** *We sold ours.*
Abbiamo venduto **le nostre** case. *We sold our houses.*	Abbiamo venduto **le nostre.** *We sold ours.*

You continue.

19. Abbiamo venduto ______ ______ macchine. Abbiamo venduto ______ ______.

20. Abbiamo venduto ______ ______ orologio. Abbiamo venduto ______ ______.

21. Abbiamo venduto ______ ______ orologi. Abbiamo venduto ______ ______.

22. Abbiamo venduto ______ ______ macchina. Abbiamo venduto ______ ______.

E. *Your* and *yours* (plural)

19

Il vostro amico parla bene. *Your friend speaks well.*	**Il vostro** parla bene. *Yours speaks well.*
La vostra amica parla bene. *Your friend speaks well.*	**La vostra** parla bene. *Yours speaks well.*
I vostri amici parlano bene. *Your friends speak well.*	**I vostri** parlano bene. *Yours speak well.*
Le vostre amiche parlano bene. *Your friends speak well.*	**Le vostre** parlano bene. *Yours speak well.*

You continue.

23. ______ ______ cappelli sono belli. ______ ______ sono belli.

24. ______ ______ scarpe sono belle. ______ ______ sono belle.

25. ______ ______ vino è buono. ______ ______ è buono.

26. ______ ______ amica è italiana. ______ ______ è italiana.

F. *Their* and *theirs*

Notice that in this case, the possessive is invariable.

È **il loro** appartamento? *Is it their apartment?*	È **il loro?** *Is it theirs?*
È **la loro** casa? *Is it their house?*	È **la loro?** *Is it theirs?*
Sono **i loro** appartamenti? *Are they their apartments?*	Sono **i loro?** *Are they theirs?*
Sono **le loro** case? *Are they their houses?*	Sono **le loro?** *Are they theirs?*

Continue.

27. È _______ _______ macchina? È _______ _______?
28. È _______ _______ corso? È _______ _______?
29. Sono _______ _______ vestiti? Sono _______ _______?
30. Sono _______ _______ gonne? Sono _______ _______?

A summary chart will certainly come in handy at this point.

	WITH MASCULINE NOUNS		WITH FEMININE NOUNS	
my/mine	**il mio** libro	**i miei** libri	**la mia** penna	**le mie** penne
your/yours	**il tuo** libro	**il tuoi** libri	**la tua** penna	**le tue** penne
his/her(s)/ your(s) (polite)	**il suo** libro	**i suoi** libri	**la sua** penna	**le sue** penne
our/ours	**il nostro** libro	**i nostri** libri	**la nostra** penna	**le nostre** penne
your/yours (plural)	**il vostro** libro	**i vostri** libri	**la vostra** penna	**le vostre** penne
their/theirs	**il loro** libro	**i loro** libri	**la loro** penna	**le loro** penne

Tutto in famiglia
All in the Family

Meet the Santucci family. But before the family members are introduced to you, review the adjectives of Chapter 8. Here are a few other useful descriptive words:

SOME USEFUL ADJECTIVES	
ricco *rich*	povero *poor*
magro *skinny/thin*	grasso *fat*
sincero *sincere*	timido *shy*
forte *strong*	gentile *gentle/kind*
generoso *generous*	pigro *lazy*

OTHER USEFUL WORDS
così *so*
volentieri *gladly*
insieme *together*
aiutare *to help*

LA FAMIGLIA SANTUCCI
THE SANTUCCI FAMILY

Ecco la famiglia Santucci.

Franco: Franco è il nonno. È molto vecchio. Ha 90 anni. È molto gentile e buono. Abita insieme con i suoi figli.

Franca: È la moglie di Franco. È, quindi, la nonna. Lei è molto sincera e aiuta tutti volentieri.

Francesco: È il figlio di Franco. Ha due figli. È, quindi, anche un padre. È molto generoso. Così, anche lui aiuta tutti sempre.

Francesca: È la moglie di Francesco e la madre di due figli. È molto gentile. È logicamente la moglie di Francesco.

Nino: È il figlio di Francesco e Francesca. È il fratello di Nina. È un po' pigro e anche un po' grasso.

Nina: È la sorella di Nino e la figlia di Francesco e Francesca. Lei è molto intelligente e bella. Ama molto la mamma e il papà.

Paola: È la figlia di Franco e Franca. È la zia di Nino e di Nina.

Paolo: È il marito di Paola. È, quindi, il cognato di Francesca. È lo zio di Nino e di Nina. È un uomo molto ricco, ma anche generoso.

Pina: È la figlia di Paolo e Paola. È, quindi, la cugina di Nino e Nina.

nonno *grandfather*	nonna *grandmother*
marito *husband*	moglie *wife*
padre *father*	madre *mother*
papà *dad*	mamma *mom*
figlio *son*	figlia *daughter*
fratello *brother*	sorella *sister*
zio *uncle*	zia *aunt*
cugino *cousin (m.)*	cugina *cousin (f.)*
cognato *brother-in-law*	cognata *sister-in-law*

Practice Set 89

A. Check the appropriate response.

1. Chi è il cugino di Pina?

   ☐ Nino
   ☐ Paolo

2. Chi è molto ricco, ma anche generoso?

   ☐ Paolo
   ☐ Francesco

3. Chi è molto intelligente e bella?

   ☐ Franca
   ☐ Nina

4. Chi è un po' pigro e grasso?

   ☐ Nino
   ☐ Franco

5. Chi abita insieme con i suoi figli?

   ☐ Franco
   ☐ Paola

B. Complete the following.

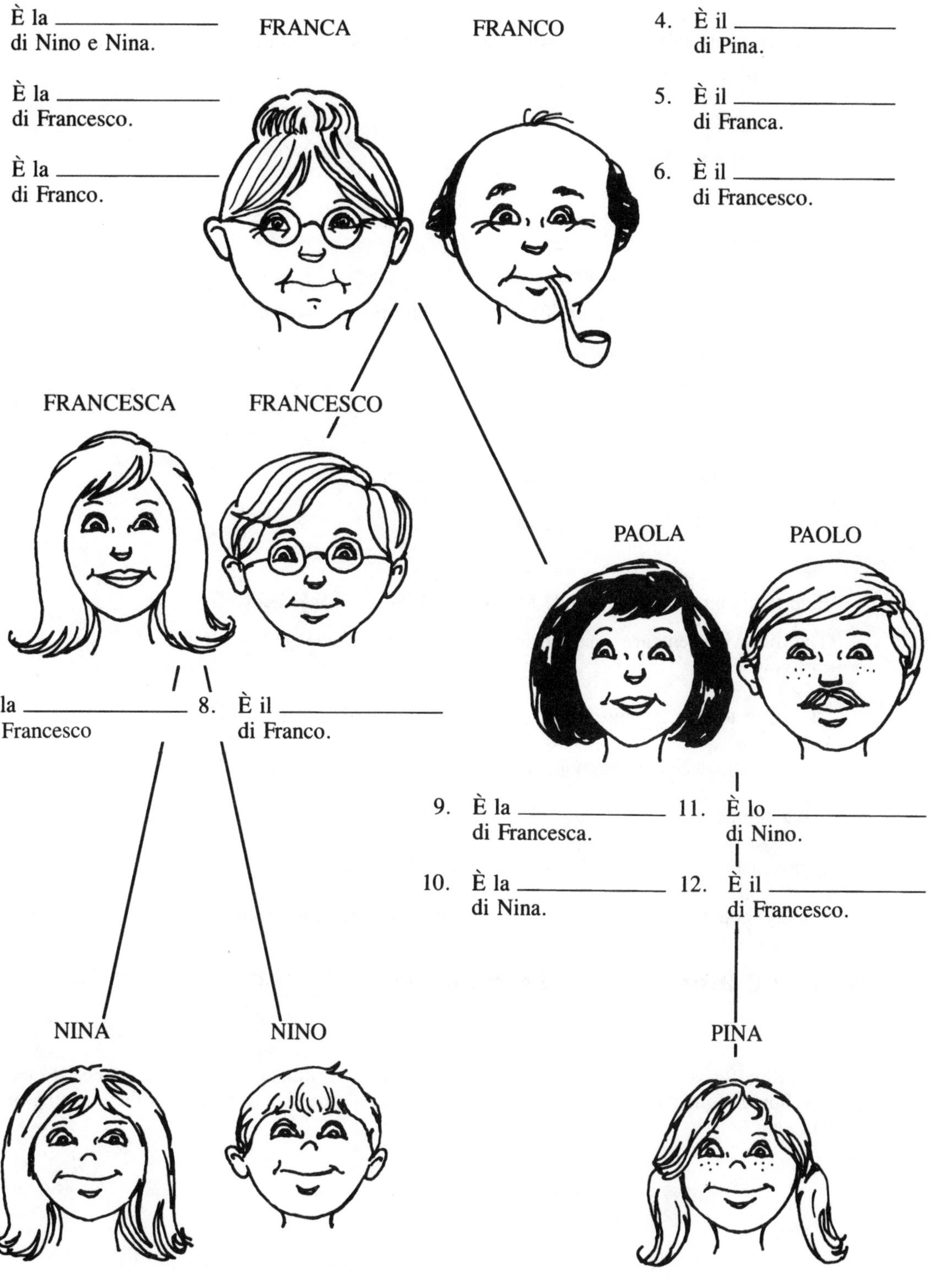

1. È la ______________ di Nino e Nina.
2. È la ______________ di Francesco.
3. È la ______________ di Franco.
4. È il ______________ di Pina.
5. È il ______________ di Franca.
6. È il ______________ di Francesco.
7. È la ______________ di Francesco
8. È il ______________ di Franco.
9. È la ______________ di Francesca.
10. È la ______________ di Nina.
11. È lo ______________ di Nino.
12. È il ______________ di Francesco.
13. È la ______________ di Nino.
14. È il ______________ di Nina.
15. È il ______________ di Pina.
16. È la ______________ di Nina.

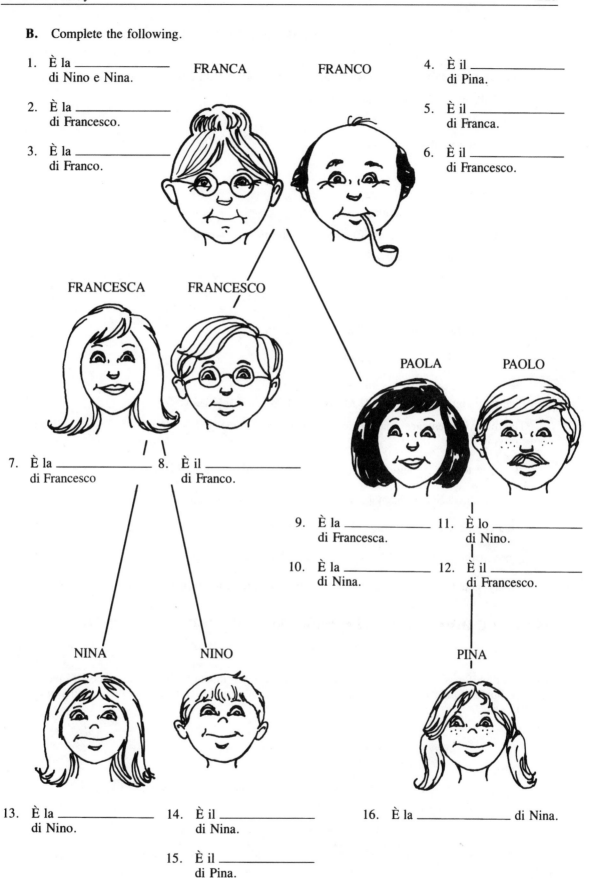

Practice Set 90

Here are a few rules to follow when using the possessive with family relations.

1. If the noun is *singular,* do *not* use the definite article:

   mio zio *my uncle*

   tua madre *your mother*

   etc.

2. This does not apply to **loro:**

   il loro zio *their uncle*

3. This also does not apply if the noun is *plural,* or *modified:*

   i miei zii *my uncles*

   ↑ plural noun

   la tua madre simpatica *your nice mother*

   ↑ modifying adjective

Find this a bit too complicated? Maybe a little practice will help.

The following sentences may or may not require an article. Put one in if necessary (in its appropriate form, of course).

1. Questo è ____ mio padre. 2. ____ miei zii abitano in Italia. 3. ____ tuo fratello ricco è anche molto generoso. 4. ____ suo cugino si chiama Alfredo, e ____ sua cugina si chiama Anna. 5. ____ loro padre è in Italia, ma ____ loro madre è negli Stati Uniti. 6. Dove abita ____ vostro cognato?

Finally, note that with **mamma, papà, nonno,** and **nonna,** dropping the article is optional.

Reading and Comprehension Activity for Chapter 14

Now it's time for you to test your reading skills. Read the following brief passage, then do the follow-up activity. Some of the words are glossed for you. You should be able to figure out the meaning of the others on your own.

Lettura

Dopo che ha fatto la spesa, il padre	
di Nino torna a casa e vede che sua	
moglie e suo figlio *stanno aggiustando*	*are fixing*
la bicicletta. Lui li vuole aiutare.	
Allora insieme, il padre, la madre e il	
figlio hanno lavorato tutto il	
pomeriggio. Quando è arrivata l'ora di	
cena, hanno finito di *aggiustare* la	*finished fixing*
bicicletta. Dopo cena i tre sono usciti	
con la sorella, Nina, a prendere un	
gelato insieme. La famiglia Santucci	*ice cream*
è una famiglia molto felice.	

A. Answer each question with a complete sentence.

1. Quando torna a casa il padre di Nino?

____.

2. Che cosa vede?

____.

3. Che cosa vuole fare?

____.

4. Che hanno fatto insieme, Nino, suo padre e sua madre, tutto il pomeriggio?

____.

5. Quando hanno finito di aggiustare la bicicletta?

____.

6. Dov'è andata la famiglia Santucci dopo cena?

____.

7. Com'è la famiglia Santucci?

____.

B. Now write your own little story about the Santucci's. In it, say that . . .

1. Yesterday the father went out to do (food) shopping. 2. Nino broke his bicycle. 3. Nino's mother and father helped Nino fix his bicycle. 4. The family went out after supper to get an ice cream.

____

____

____

____

Putting It All Together (Chs. 13 and 14)

Practice Set 91

A. Put an appropriate pronoun in each blank.

1. *Pino:* Marco, è vero che *(that)* Gina _____ telefona spesso?
2. *Marco:* No, non è vero. Non _____ telefona mai.
3. *Pino:* _____ piace Gina?
4. *Marco:* Sì, _____ piace, ma preferisco la sua amica.

5. *Pino:* Perché _____ preferisci?

   Marco: Perché è simpatica. Conosci i suoi amici?

6. *Pino:* Sì, _____ conosco molto bene. Sono tutti simpatici.

7. *Marco:* Andiamo al bar. _____ offro un cappuccino.

8. *Pino:* Va bene, ma più tardi. Telefona _____ verso le quattro!

9. *Marco:* Certo. _____ andiamo alle quattro. Ciao.

B. Add **piacere** to the list of verbs that require **essere** as their auxiliary verb in the past.

Ti è piaciut**a** la pizza? *Did you like the pizza?*

Non mi sono piaciut**i** quei pantaloni. *I didn't like those pants.*

Now say that . . .

1. you liked the shoes. ______________________________
2. he also liked the shoes. ______________________________
3. she didn't like the shoes. ______________________________
4. they liked the blue sweater. ______________________________
5. they didn't like the pants. ______________________________

C. Here is an easy exercise for you. Use either **avere** or **essere** in the blanks, as the case may be. They must, of course, be in their appropriate form.

1. Quando ______________ venuti i tuoi amici?
2. Giovanni ______________ sempre abitato in Francia.
3. Anche io ______________ andato in centro ieri.
4. E tu, cosa ______________ mangiato ieri sera?
5. Ti ______________ piaciuti gli spaghetti?

D. Only the possessives are missing from the following love letter. Can you supply them?

Cara Maria,

ti amo! Sei _____ *(my)* ragazza! Tu mi ami? Sono anche io _____ *(your)* ragazzo? Devi conoscere _____ *(my)* genitori (*parents*). Ti voglio sposare! Conosci Paolo? È _____ *(my)* amico. _____ *(his)* sorella ti conosce molto bene. Si chiama Claudia. Perché non vieni in Italia? Puoi venire anche con _____ *(your)* genitori.

Ciao per adesso.

Pasquale

E. Here are a series of mind bogglers for you. Can you figure out the following relations?

Example: il padre del padre — **il nonno**

la figlia di tua madre — **mia sorella**

Good luck!

1. la madre della madre ______
2. la moglie di tuo fratello ______
3. la sorella di tuo padre ______
4. il figlio di vostra zia ______
5. il fratello del padre ______

CHAPTER 15

Chi è il più alto?
Who's the Tallest?

In this chapter you will learn:

- how to compare things
- more about speaking of the past
- how to expand your sentence structure

Dialogue and Comprehension Activity 15

Tu eri piccola!

Claudia:	Giorgio, ricordi quando eravamo bambini?	*—George, do you remember when we were kids?*
Giorgio:	Sì, tu eri piccola, eri la più piccola della scuola.	*—Yes, you were small, you were the smallest in the school.*
Claudia:	È vero, anche se oggi sono più alta di te.	*—It's true, even though today I'm taller than you.*
Giorgio:	Io, invece, ero grasso.	*—I, instead, was fat.*
Claudia:	Ma oggi, invece, sei magro.	*—But today, instead, you're skinny.*
Giorgio:	Ricordi come giocavamo sempre insieme?	*—Do you remember how we used to play together?*
Claudia:	Sì, ma tu eri troppo attivo.	*—Yes, but you were too active.*
Giorgio:	E oggi sono troppo calmo.	*—But today I am too calm.*
Claudia:	Come cambiano le cose!	*—How things change!*

Answer each question with a complete sentence.

1. Com'era Claudia quando era bambina?

____.

2. Com'è oggi, invece?

____.

3. Com'era Giorgio?

____.

4. Che cosa facevano insieme?

____.

5. Com'è oggi Giorgio?

____.

Paragonare le cose
Comparing Things

Chi è il più alto?

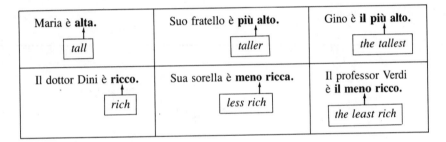

Maria è **alta.** ↑ *tall*	Suo fratello è **più alto.** ↑ *taller*	Gino è **il più alto.** ↑ *the tallest*
Il dottor Dini è **ricco.** ↑ *rich*	Sua sorella è **meno ricca.** ↑ *less rich*	Il professor Verdi è **il meno ricco.** ↑ *the least rich*

Comparison in Italian is quite simple:

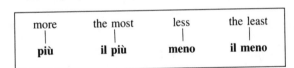

more	the most	less	the least
più	**il più**	**meno**	**il meno**

Do not forget, of course, to make your articles and adjectives agree in the normal fashion (see Chapters 5 and 8).

Practice Set 92

You and two friends are talking and making several comparisons. Follow the example. (Review possessives, Chapter 14, if necessary.)

Example: giacca: **più** bella

La mia giacca è bella.

La tua è più bella. *(to the friend closest to you)*

La sua è la più bella. *(referring to the other friend)*

1. zio: (**più**) generoso

____

2. moglie: (**meno**) timida

____

3. macchina: (**più**) grande

____

4. pantaloni: (**meno**) moderni

____

5. scarpe: (**più**) economiche

____

6. orologio: (**meno**) caro

____

7. fratello: (**più**) maleducato

____

Practice Set 93

Here's how to say *than:*

1. If two adjectives (or other part of speech) comparing the same thing are involved, use **che:**

   L'italiano è più complicato **che** difficile. *Italian is more complicated than difficult.*

   adjective *adjective*

2. If one adjective (or other part of speech) compares different things or people, then use **di** (contracted with the definite article as the case may be).

   Gina è più alta **di** Maria. *Gina is taller than Mary.*

   adjective

   Quell'uomo è meno ricco **del** dottore. *That man is less rich than the doctor.*

   adjective

Fill in the blanks with either **che** or **di** (in contracted form if required).

1. Quel commesso è più gentile _______________ sincero.
2. Mia zia scrive meno lettere _______________ tua zia.
3. Gli italiani bevono più caffè _______________ americani.
4. Il loro amico è più simpatico _______________ generoso.

- To say, for instance, the tallest *in* the room, use **di** (in contracted form if required).

Giorgio è il più alto **della** stanza.

5. Maria è la meno ricca ____________ sue amiche.

6. Quello è il dottore più bravo ____________ città.

Practice Set 94

The following synonyms are used frequently when making comparisons.

good	better	the best
buono	**più buono = migliore**	**il più buono = il migliore**
well	better	the best
bene	**più bene = meglio**	**il più bene = il meglio**
bad	worse	the worst
cattivo **male**	**più cattivo = peggiore** **più male = peggio**	**il più cattivo = il peggiore** **il più male = il peggio**

Now replace each expression with its equivalent.

1. Questo vino è **più buono** (____________) di quello.
2. Oggi sto **più bene** (____________) di ieri.
3. Questa caramella è **più cattiva** (____________) di quella.
4. Ieri sono stato **più male** (____________) di oggi.
5. Questo vino è **il più buono** (____________) d'Italia.
6. Oggi sto **il più bene** (____________) di tutta la settimana.
7. Questo vino è **il più cattivo** (____________) della città.
8. Oggi sto **il più male** (____________) di tutto il mese.

Il passato: terza parte
The Past: Part III

You have learned how to express past actions such as *I spoke, I have spoken, I did speak*. Now you will learn how to express such past actions as *I was speaking* and *I used to speak*. The tense that allows you to do this is known as the *imperfect*, because it allows you to express actions that were incomplete or, more accurately, ongoing in the past.

Let's see how to form the imperfect.

1. Drop the **-re** of the infinitive;

parl**are**	scriv**ere**	fin**ire**
|	|	|
parla-	**scrive-**	**fini-**

2. Add the following endings:

	Person		
SINGULAR	1st	parlạ**vo** scrivẹ**vo** finị**vo**	*I was speaking/ I used to speak/* etc.
	2nd	parlạ**vi** scrivẹ**vi** finị**vi**	*you were speaking/ you used to speak/* etc.
	3rd	parlạ**va** scrivẹ**va** finị**va**	*he/she was speaking/ he/she used to speak* or *you (pol.) were speaking/ used to speak/* etc.
PLURAL	1st	parla**vạmo** scrive**vạmo** fini**vạmo**	*we were speaking/ we used to speak/* etc.
	2nd	parla**vạte** scrive**vạte** fini**vạte**	*you were speaking/ you used to speak/* etc.
	3rd	parlạ**vano** scrivẹ**vano** finị**vano**	*they were speaking/ they used to speak/* etc.

Practice Set 95

Each situation requires the imperfect in the person indicated. First form the imperfect of the given verbs for each person, and then put them in their appropriate slots.

A. *I used to . . .*

andare ______________________
alzarsi mi ______________________
uscire ______________________
volere ______________________

Da giọvane *(as a youth)*, mi (1)____________ sempre tardi la mattina, perché (2)____________ a dormire tardi. (3)____________ ogni sera con i miei amici, perché mi (4)____________ divertire.

B. *You were . . .*

dormire ______
giardare ______
volere ______

Ieri, mentre tu (1) ______ la T.V., io leggevo il giornale. Poi, tu sei andato a dormire. Ma, perché (2) ______ se *(if)* (3) ______ uscire, invece, con i tuoi amici al bar?

C. *He/she/it/you (polite) used to . . .*

leggere ______
capire ______
ascoltare ______

Quando andava a scuola mio fratello non (1) ______ mai niente. Lui (2) ______ sempre la radio dalla mattina alla sera, e (3) ______ solamente le riviste a fumetti *(comic books).*

D. *We were . . .*

venire ______
dovere ______
camminare ______

La mamma: Ragazzi, avete visto vostro zio ieri?

I ragazzi: Sì, mamma, mentre (1) ______ per via Rossini.

La mamma: Dove andavate?

I ragazzi: (2) ______ andare a comprare un nuovo quaderno per la scuola. Abbiamo visto lo zio mentre (3) ______ a casa.

E. *You (pl.) used to . . .*

preferire ______
abitare ______
avere ______

Il prof.: Dove (1) ______ voi in Italia?

I due studenti: Abitavamo a Roma.

Il prof.: Quanti anni (2) ______ quando siete venuti in America?

I due studenti: Avevamo solo 15 anni.

Il prof.: Ma perché (3) ______ venire a studiare qui?

I due studenti: Perché volevamo imparare bene l'inglese.

F. *They were . . .*

mangiare ______________
volere ______________
servire ______________

Ieri, al Bar Roma, (1) ______________ un cappuccino eccellente *(excellent).* Anche i miei amici, che *(who)* di solito non bevono il caffè, ieri lo (2) ______________ bere. Mentre loro bevevano e (3) ______________ anche delle paste, io ho letto il giornale.

Practice Set 96

Of the verbs used so far in this book, the following have irregular imperfect conjugations.

Person	ESSERE		FARE		BERE		DIRE	
	Singular	*Plural*	*Singular*	*Plural*	*Singular*	*Plural*	*Singular*	*Plural*
1st	**ero**	**eravamo**	**facevo**	**facevamo**	**bevevo**	**bevevamo**	**dicevo**	**dicevamo**
2nd	**eri**	**eravate**	**facevi**	**facevate**	**bevevi**	**bevevate**	**dicevi**	**dicevate**
3rd	**era**	**erano**	**faceva**	**facevano**	**beveva**	**bevevano**	**diceva**	**dicevano**

The above verbs (in the imperfect) are missing from the dialogue. Can you supply them in their appropriate forms?

Il dott.: Signore, cosa (1) ______________ ieri quando si è sentito male?
(were you doing)

Sig.: (2) ______________ un po' di vino, quando mi è venuto un forte dolore *(pain)* allo stomaco.
(I was drinking)

Il dott.: Dove (3) ______________ ?
(were you)

Sig.: (4) ______________ in un bar con i miei amici. Tutti noi (5) ______________ qualcosa *(something)* insieme.
(I was) *(we were drinking)*

Il dott.: Cosa (6) ______________ e (7) ______________ i suoi amici quando si è sentito male?
(were they doing) *(were they saying)*

Sig.: Niente. Solo (8) ______________. Qual è il problema *(problem)?*
(they were drinking)

Il dott.: Lei soffre di mal di stomaco. Non si preoccupi *(Don't worry)!*

Frasi Più Lunghe
Longer Sentences

You have already learned how to combine sentences or parts of sentences with **e** *and* and **o** *or*. You have also learned how to expand your sentence with words such as:

mentre	quando	appena	perché	durante
while	*when*	*as soon as*	*because*	*during*

Here are a few more that will come in handy:

se	anche se	dopo che	così . . . come
if	*even if*	*after*	*as . . . as*
sia . . . che	**o . . . o**	**né . . . né**	**non solo . . . ma anche**
both . . . and	*either . . . or*	*neither . . . nor*	*not only . . . but also*

Practice Set 97

Fill in the blanks with the indicated words or expressions.

1. Quella macchina è ___ cara ___ quella.
   (as) *(as)*

2. _______ il mese di febbraio faceva molto freddo.
   (During)

3. Non mi sono piaciuti _______ gli spaghetti ____ la torta.
   (neither) *(nor)*

4. ________ studio l'italiano, ________ il francese.
   (Not only) *(but also)*

5. Ieri non siamo usciti _______ pioveva.
   (because)

6. __________ sono arrivati, siamo tutti andati al bar.
   (As soon as)

7. ______ sono andati via *(away)*, hanno lasciato tutto *(they left)*.
   (When)

8. ______ tu guardavi la T.V., io leggevo il giornale.
   (While)

9. Mi piacciono _____ i cioccolatini _____ le caramelle.
   (both) *(and)*

10. Devi prendere _______ questo ___ quello.
    (either) *(or)*

11. Vado al bar, solo ___ vieni anche tu!
    (if)

12. _______ piove, oggi esco lo stesso *(just the same)*.
    (Even if)

13. Ieri siamo andati via _____sei venuti tu.
    (after)

Practice Set 98

che — *that* / *which* / *who*

cui —— after a preposition (**a cui**/**di cui**/etc.)

Fill in the blanks with either **che** or **cui** as the case may be.

1. Il ragazzo ____________ legge il giornale è mio fratello.
2. Il ragazzo con ____________ sto parlando è mio cugino.
3. So ____________ il professore d'italiano è molto simpatico.
4. Il professore di ____________ parlo è molto simpatico.
5. Ecco la giacca ____________ ho comprato ieri in saldo *(on sale)*.
6. Ecco la giacca con ____________ sono uscito ieri.
7. La lingua ____________ io preferisco è, ovviamente *(obviously)*, l'italiano.
8. Non trovo la rivista ____________ leggevo pochi minuti fa.

USEFUL VOCABULARY INTRODUCED IN THE PRACTICE SETS OF THIS CHAPTER
ovviamente *obviously*
in saldo *on sale*
lo stesso *just the same*
lasciare *to leave (behind)*
preoccuparsi *to worry*
dolore *(m.)* *pain*
problema (m.) *problem*
qualcosa *something*
eccellente *excellent*
fumetti *comics*
da giovane *as a youth*

Now complete each sentence with one of the words or expressions in the box above. Each is to be used once.

9. ____________ Claudia era molto piccola.
10. Questo vestito costa poco perché è ____________.
11. Da bambino io leggevo sempre i ____________ .
12. ____________ , Claudia è molto alta!
13. Questo libro è proprio ____________.
14. C'è ____________ che devo fare oggi, ma non ricordo che cosa!
15. Gino ha ____________ colore di capelli che aveva da bambino.

16. Non c'è ____________ ! Lo faccio io!
17. Ho un forte ____________ allo stomaco. Ho mangiato troppo!
18. Non si ____________ signor Giusti, lo faccio io!
19. Che cosa hai ____________ sul tavolo?

Reading and Comprehension Activity for Chapter 15

Now it's time for you to test your reading skills. Read the following brief passage, then do the follow-up practice set. Some of the words are glossed for you. You should be able to figure out the meaning of the others on your own.

Lettura

Quanda era bambina Claudia andava spesso in vacanza con i suoi genitori. Di solito andavano *in montagna o*	*to the mountains*
al mare. La famiglia di Giorgio, invece, non andava mai in vacanza; preferivano stare a casa.	*to the sea*
Oggi, Claudia e Giorgio sono sposati. Hanno tre bei bambini. Loro vanno in vacanza *ogni tanto,* non regolarmente.	*every once in a while*
Tutto cambia nella *vita.*	*life*

A. Fill in the blanks with an appropriate verb in its correct form.

1. Quando Claudia ____________ bambina, lei ____________ spesso con i suoi genitori in vacanza.
2. Lei ____________ in montagna o al mare con i genitori.
3. Giorgio, invece, non ____________ mai in vacanza; lu ____________ stare a casa.
4. Oggi, Claudia e Giorgio ____________.
5. ____________ tre bambini e ____________ in vacanza ogni tanto.
6. Tutto ____________ nella vita.

B. Now write your own little story about Claudia and Giorgio. In it, say that . . .

1. Claudia was the smallest child in the school. 2. Giorgio was fat and active. 3. they always played together. 4. Claudia always used to go on vacation with her parents. 5. Giorgio and Claudia now go on vacation every once in while.

____

____

____

____

____

CHAPTER 16

Al ristorante!
At the Restaurant!

In this chapter you will learn:

- how to speak about the future
- how to express yourself emphatically
- how to order at a restaurant

Dialogue and Comprehension Activity 16

Dove andremo stasera?

Moglie:	Caro, dove andremo stasera?	*—Dear, where will we be going tonight?*
Marito:	Perché non andiamo a visitare la famiglia Spinelli?	*—Why don't we go and visit the Spinelli family?*
Moglie:	Non andrò mai più da loro.	*—I'll never go to their place again.*
Marito:	Perché?	*—Why?*
Moglie:	Perché ogni volta che andiamo lì tu ti metti sempre a parlare di sport.	*—Because every time we go there you always talk about sports.*
Marito:	Allora cosa faremo stasera?	*—So, what shall we do this evening?*
Moglie:	Perché non andiamo a un bel ristorante?	*—Why don't we go to a nice restaurant?*
Marito:	Ottima idea!	*—Excellent idea!*

Answer each question with a complete sentence.

1. Dove vuole andare il marito?

   ______________________________.

2. Ci vuole andare la moglie?

   ______________________________.

3. Perché?

   ______________________________.

4. Dove andranno invece?

______________________________.

Il futuro
The Future

You have learned how to speak about present and past actions. Now it's time to learn how to express future actions.

Forming the future of verbs is a straightforward matter:

1. Drop the **-e** of the infinitive and change the **a** of **-are** verbs to **e**.

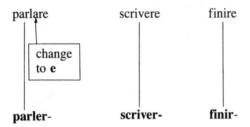

parlare (change to **e**) → **parler-**

scrivere → **scriver-**

finire → **finir-**

2. Add the following endings:

	Person		
Singular	1st	parler**ò** scriver**ò** finir**ò**	*I will speak* *I will write* *I will finish*
	2nd	parler**ai** scriver**ai** finir**ai**	*you will speak,* etc.
	3rd	parler**à** scriver**à** finir**à**	*he/she will speak* or *you (pol.) will speak,* etc.
Plural	1st	parler**emo** scriver**emo** finir**emo**	*we will speak,* etc.
	2nd	parler**ete** scriver**ete** finir**ete**	*you will speak,* etc.
	3rd	parler**anno** scriver**anno** finir**anno**	*they will speak,* etc.

Practice Set 99

Now for some of that important mechanical practice with the future. Provide the appropriate form of the verbs as indicated.

A. *I will . . .*

1. mangiare → **manger-** (Note that the **i** is dropped). — Domani ______________ tutta la pizza.
2. leggere → **legger-** — ______________ quella rivista più tardi.
3. divertirsi → **mi divertir-** — Sono sicuro (*sure*) che mi ______________ in Italia quest'estate.

B. *you will . . .*

1. pagare → **pagher-** (Notice that you will need an **h** to retain the hard **c** and **g** sounds.) — Giovanni, ______________ tu il conto?
2. mettere → **metter-** — Maria, dove ______________ la tua borsa?
3. finire → **finir-** — Pino, quando ______________ di lavorare?

C. *He/she/it/you* (pol.) *will . . .*

1. tornare → **torner-** — Signor Verdi, quando ______________ in Italia?
2. spendere → **spender-** — Sono sicuro che lui ______________tanti soldi per sua moglie.
3. costruire → **costruir-** — Quel signore ______________ una nuova casa l'estate prossima.

Now form each verb completely on your own.

D. *We will . . .*

1. cercare → ______________ — Noi ______________ un nuovo appartamento a primavera.
2. vendere → ______________ — Noi ______________ la nostra macchina fra una settimana.
3. partire → ______________ — Noi ______________ per l'Italia fra tre giorni.

E. *You* (pl.) *will . . .*

1. sposarsi → ______________ — Giorgio, Angela, quando vi ______________?

2. conoscere → ____________ Se andate in Italia, ____________ i vostri zii.

3. divertirsi → ____________ E certamente vi ____________ molto.

F. *They will . . .*

1. tornare → ____________ Fra due anni loro ____________ in Italia.

2. vendere → ____________ Quando ____________ la loro casa?

3. capire → ____________ Se studieranno, allora ____________ l'italiano molto bene.

Practice Set 100

Of the verbs encountered so far in this book, the following have irregular future forms.

	ESSERE		FARE		STARE	
1st 2nd 3rd	**sarò** **sarai** **sarà**	**saremo** **sarete** **saranno**	**farò** **farai** **farà**	**faremo** **farete** **faranno**	**starò** **starai** **starà**	**staremo** **starete** **staranno**
	BERE		DARE		TENERE	
1st 2nd 3rd	**berrò** **berrai** **berrà**	**berremo** **berrete** **berranno**	**darò** **darai** **darà**	**daremo** **darete** **daranno**	**terrò** **terrai** **terrà**	**terremo** **terrete** **terranno**
	VENIRE		VIVERE		VOLERE	
1st 2nd 3rd	**verrò** **verrai** **verrà**	**verremo** **verrete** **verranno**	**vivrò** **vivrai** **vivrà**	**vivremo** **vivrete** **vivranno**	**vorrò** **vorrai** **vorrà**	**vorremo** **vorrete** **vorranno**

The other irregular future conjugations follow this pattern:

1. Drop *both* vowels of the infinitive ending.

avere	andare	dovere	potere	sapere	vedere
|	|	|	|	|	|
avr-	**andr-**	**dovr-**	**potr-**	**sapr-**	**vedr-**

2. Add the normal endings.

io **avrò**, tu **andrai**, etc.

Now put the suggested verbs in their appropriate forms.

1. *Bruno*: Gianni, verrai all festa?

   Gianni: No, non ____________________.
   (I will not be coming.)

2. *Mario*: Paolo e Gina, dove ____________ quando vi sposerete?
   (will you live)

   Paolo e Gina: Vivremo in Italia.

3. *La professoressa*: Cosa __________ quello studente in Italia?
   (will he do)

   Maria: Niente, professoressa, ci va solo per una vacanza (*vacation*).

4. *La mamma*: Quando saprete se _______________ andare via?
   (you will have to)

   I figli: Domani, mamma.

5. *Il professore d'italiano*: Classe, come si dice . . . ____________; ______________;
   (they will see) *(they will know)*

   __________________; ____________; e ____________?
   (they will be able to) *(she will give)* *(he will drink)*

Enfasi
Emphasis

Many of the words, expressions, and structures you learned in previous chapters can be used to express emphasis. Here are a few techniques.

1. To emphasize the *subject* of a sentence, put it at the end.

   Io pago. → **Pago io**!
   Il professore ha ragione. → **Ha ragione il professore**!

2. To emphasize the persons referred to by means of object pronouns, put the pronouns *after* the verb and make the following changes. (Review Chapter 13.)

Direct Object Pronouns	Indirect Object Pronouns
mi → **me** *me*	mi → **a me** *to me*
ti → **te** *you*	ti → **a te** *to you*
lo → **lui** *him*	gli → **a lui** *to him*
la → **lei** *her*	le → **a lei** to *her*
La → **Lei** *you* (pol.)	Le → **a Lei** *to you* (pol.)
ci → **noi** *us*	ci → **a noi** *to us*
vi → **voi** *you* (pl.)	vi → **a voi** *to you* (pl.)
li, le → **loro** *them*	gli → **a loro** *to them*

Il professore ti aspetta. → **Il professore aspetta te, non me**!

Giovanni mi telefona. → **Giovanni telefona a me, non a te**!

- These emphatic pronouns also have another use. They are the only ones that can follow a preposition.

Io vengo solo con te.

Giovanni parla sempre di me.

3. Here are a few useful emphatic expressions:

Basta! *That's enough!* **Zitto!** *Quiet* (Ending agrees with subject like any adjective.) **Dico sul serio!** *I'm serious!* **Non scherzo!** *I'm not joking!* **È certo che . . .** *It's certain that . . .* **È ovvio che . . .** *It's obvious that . . .* **Sono sicuro che . . .** *I'm sure that . . .*

Practice Set 101

A. Answer the following emphatically by putting your subject at the end.

1. Tu paghi il conto? Sì, ______________________________!
2. Il professore ha sempre ragione? Sì, ______________________________!
3. L'italiano è una bella lingua? Sì, ______________________________!

B. Make the following statements emphatic by making the appropriate pronoun changes.

1. Tuo fratello mi chiama sempre. ______________________________
2. Li inviteremo alla festa. ______________________________
3. Perché ci vuoi? ______________________________
4. Che cosa vi dice? ______________________________
5. Gli telefoni spesso? ______________________________
6. Le telefonerai stasera? ______________________________

C. Put the suggested pronoun after the prepositions.

1. Io vado con _____.
   (them)
2. Tu vieni con _____ e lui viene con _____.
   (me) *(her)*
3. Lo faccio per _____, perché mi piaci.
   (you)

4. Questo vestito piace a ____ o a ______?
(*him*) (*you, pl.*)

5. Perché parli sempre di _____?
(*them*)

Al ristorante!
At the Restaurant!

To find out what to say and how to order at an Italian restaurant, just read the following dialogue. New vocabulary items are underlined and then defined at the end of the dialogue. You should be able to figure out the rest.

Cameriere: Buonasera, cosa prendono? (very formal address)

Moglie: Cosa c'è?

Cameriere: Per l'antipasto abbiamo un ottimo prosciutto e melone.
Per primo piatto, abbiamo dei ravioli squisiti.
Per secondo abbiamo della carne, del pesce. . .

Marito: Va bene. Io prendo il prosciutto e melone, i ravioli, e la carne. Cosa ha per contorni?

Cameriere: Patate, fagiolini, carote. . .

Marito: Bene, bene, prendo tutto! Cosa c'è da bere?

Cameriere: Vino e acqua minerale.

Marito: Molto bene. E poi, naturalmente, un po' di frutta, il dessert, e anche un cognac.

Cameriere: Altro, signore?

Marito: Va bene così!

Cameriere: E Lei signora?

Moglie: Niente, grazie. Voglio vedere quanto mangia mio marito!

cameriere (m.) *waiter*
antipasto *antipasto (appetizer)*
ottimo *excellent, exquisite*
prosciutto e melone *(cured) ham and cantaloupe*
primo/secondo piatto *first/second dish (serving)*
ravioli *ravioli*
squisito *delicious*
pesce (m.) *fish*
contorni *side dish (servings)*
patata *potato*
fagiolino *string bean*
carota *carrot*
acqua minerale *mineral water*
naturalmente *naturally*
frutta *fruit*
dessert *dessert*
cognac *cognac*

Practice Set 102

Check the appropriate response.

1. If a waiter came up to you, he might say . . .

   ☐ Buonasera, come sta?
   ☐ Buonasera, cosa prende?

2. To ask what there is, you might say . . .

   ☐ Cosa c'è?
   ☐ Cosa fa?

3. To say that you would like an appetizer, you might say . . .

   ☐ Vorrei il primo piatto.
   ☐ Vorrei l'antipasto.

4. To ask what side dishes are available, you might say . . .

   ☐ Cosa ha per contorni?
   ☐ Cosa ha per dessert?

5. To ask what there is to drink, you might say . . .

   ☐ Cosa c'è da fare?
   ☐ Cosa c'è da bere?

Practice Set 103

Here are the names of a few common things related to eating that you should know.

il coltello

il cucchiạio

la forchetta

il tovagliọlo

il bicchiẹre

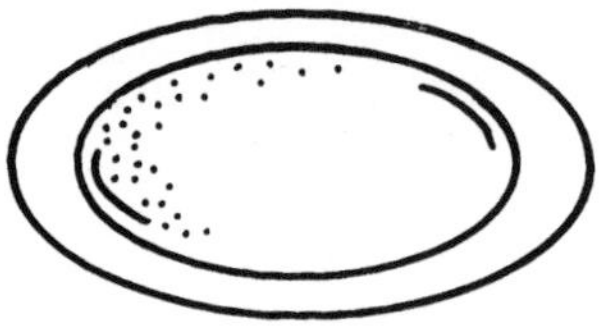

il piatto

la bottịglia

la tazza

Che cosa è?

1. Si usa per tagliare (*cut*) la carne: ______
2. Si usa per bere il vino: ______
3. Si usa per mangiare la minestra (*soup*): ______
4. Si usa per mangiare gli spaghetti: ______
5. Si usa per bere il caffè: ______
6. Si usa per pulirsi: ______
7. Contiene (*it contains*) il vino: ______
8. Contiene il cibo (*food*): ______

Reading and Comprehension Activity for Chapter 16

Now it's time for you to test your reading skills. Read the following brief passage, then do the follow-up activity. Some of the words are glossed for you. You should be able to figure out the meaning of the others on your own.

Lettura

Mentre stanno cenando al ristorante, la moglie e il marito parlano di dove andranno per la loro vacanza l'anno prossimo. Forse visiteranno la Francia o forse andranno negli Stati Uniti a *trovare* degli amici e dei *parenti.*	*visit* / *relatives*
Decidono, *alla fine*, di andare in Francia perché lì sapranno parlare la lingua del *paese*. E poi conoscono molta gente in Francia.	*in the end* / *country*

A. Answer each question with a complete sentence.

1. Che cosa fanno la moglie e il marito mentre stanno cenando?

______.

2. Dove andranno, forse, l'anno prossimo?

______.

3. Che cosa decidono alla fine?

______.

4. Perché?

______.

B. Now write your own little story about the husband and wife. In it, say that . . .

1. the wife doesn't want to visit the Spinelli family. 2. the husband always talks about sports. 3. the husband and wife will be visiting France next year. 4. they are going there because they know the language.

____

____

____

____

Putting It All Together (Chs. 15 and 16)

Practice Set 104

A. Say that . . .

1. it was raining yesterday. ______________________
2. it was snowing last week. ______________________
3. it was beautiful last month. ______________________
4. wine used to cost very little. ______________________
5. when you were young you used to watch TV always. ______________________

   ____
6. when you were ten years old, you used to play a lot. ______________________

   ____

B. Now say that . . .

1. tomorrow you will be going downtown. ______________________

   ____
2. your sister will be coming in a week. ______________________

   ____
3. your friends will be coming to the party. ______________________

   ____
4. you will eat only pizza. ______________________

   ____
5. both you and your friend will drink only mineral water.

   ____

6. you will be going out in a little while. ______________________________

____

C. Chi è il più alto/la più alta?

1. Giovanni è più alto di Marco, e Pino è meno alto di Marco. Chi è il più basso?

2. Maria è alta, ma Gina è più alta. Pina è più alta di Maria, ma meno alta di Gina. Chi è la più alta, Pina, Maria o Gina?

D. Have fun matching each caption with the appropriate frame of the following vignette.

1. __________ 2. __________ 3. __________ 4. __________

a. Questo signore è veramente maleducato!
b. Cosa ho detto di male?
c. Ha capito? Voglio mangiare!
d. Cameriere, mi dia da mangiare!

CHAPTER 17

Facciamo delle spese!
Let's Go Shopping!

In this chapter you will learn:

- how to express conditions
- how to express the *manner* of doing things
- how to shop at various stores

Dialogue and Comprehension Activity 17

Quanto costa quel vestito?

Commesso:	Desidera signora?	*—Can I help you madam?*
Signora:	Quanto costa quel vestito e quella camicetta?	*—How much does that dress and that blouse cost?*
Commesso:	Quali?	*—Which ones?*
Signora:	Quel vestito da sera azzurro e quella camicetta di seta.	*—That blue evening dress and that silk blouse.*
Commesso:	Oggi sono tutti e due in saldo.	*—Today both are on sale.*
Signora:	Quanto?	*—How much?*
Commesso:	Il vestito costa solo 250.000 lire e la camicetta solo 150.000 lire.	*—The dress costs only 250,000 liras and the blouse only 150,000 liras.*
Signora:	Sono veramente a buon prezzo, fortunamente!	*—They really are priced cheaply, fortunately!*
Commesso:	Li vuole?	*—Do you want them?*
Signora:	Sì, grazie.	*—Yes, thank you.*

Complete the following paraphrase of the above dialogue with appropriate words in their correct form.

Il vestito da sera che la signora vuole è (1) _________, e la camicetta è di (2) _________. Tutti e due sono in (3) _________. Il vestito (4) _________ solo 250.000 lire e la (5) _________ solo 150.000 lire. Sono tutti e due a (6) _________ prezzo.

Le condizioni
Conditions

Here are some words/expressions—some of which you have already encountered—that allow you to express conditions:

se *if*	**altrimenti** *otherwise*
ma *but*	**piuttosto** *rather*
però *however (but)*	
cioè *that is . . .*	

The *conditional* tense also allows you to express conditions. You will not need to learn all the conjugations, since one of its most frequent uses is to express *I would. . . .* The **-ei** ending added to the future stem (see Chapter 16) of both regular and irregular verbs will suffice for most of your communicative needs.

Lo compr**erei**, ma non ho soldi. *I would buy it, but I don't have any money.*

Lo f**arei**, però non ho tempo. *I would do it, but I don't have time.*

Ve**rrei** anche io, ma è troppo tardi. *I would come too, but it's too late.*

Practice Set 105

You are ordering at a restaurant, and the waiter suggests various things. Following the example, express certain conditions in your responses.

Example: *Cameriere:* Desidera un aperitivo?

You: **(volere)** No, grazie, ma **vorrei** un po' di antipasto.

1. *Cameriere:* Prende anche dei contorni?

   You: **(preferire)** No, grazie. ______________ solo la carne.

2. *Cameriere:* Il pesce è molto buono!

   You: **(mangiare)** Lo so, ma io ______________ piuttosto la carne.

3. *Cameriere:* Cosa prende da bere?

   You: **(bere)** Se ha l'acqua minerale, va bene. Altrimenti ______________ un po' di vino.

4. *Cameriere:* Desidera qualcos'altro (*something else*)?

   You: **(prendere)** Sì, grazie. Io ______________ un po' di frutta, altrimenti un gelato.

5. *Cameriere:* Va tutto bene?

   You: **(volere)** Sì, grazie. ______________ il conto, per favore.

Esprimere la modalità
Expressing Manner

	QUALITY (= ADJECTIVE)	MANNER (= ADVERB)
1. Adjectives ending in **-e**:	elegante	add **-mente** → **elegantemente** (*elegantly*)
	forte	add **-mente** → **fortemente** (*strongly*)
2. Adjectives ending in **-o**:	chiar**o** → change to **-a** → chiar**a**	add **-mente** → **chiaramente** (*clearly*)
	giust**o** → change to **-a** → giust**a**	add **-mente** → **giustamente** (*correctly*)

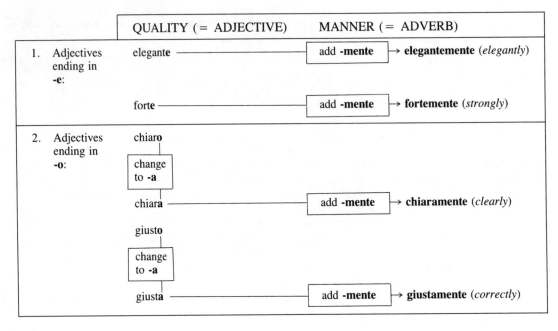

Practice Set 106

Complete your answer with the suggested adverb of manner, as in the example.

Example: È timido Giovanni?

Sì, lui si comporta sempre timidamente.

comportarsi	*to behave*

1. È sincera la professoressa?

____

2. È generoso il tuo amico?

____

3. Sono noiosi i suoi amici?

____

4. Sono intelligenti Marco e Maria?

____

5. È elegante la signora Martini?

____

Practice Set 107

If the adjective ends in **-le** or **-re**, then you must drop the final **-e**. (There are a few exceptions to this rule that you need not worry about.)

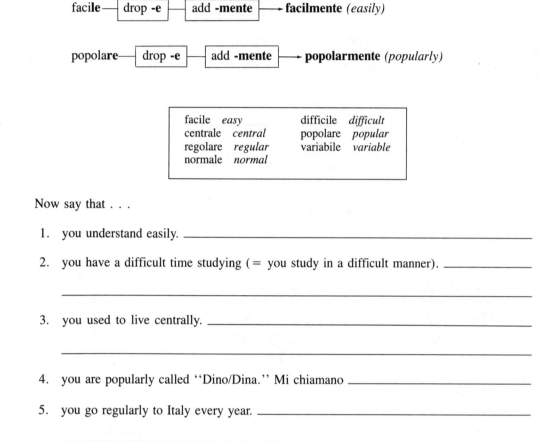

faci**le** → drop **-e** → add **-mente** → **facilmente** *(easily)*

popola**re** → drop **-e** → add **-mente** → **popolarmente** *(popularly)*

facile	*easy*	difficile	*difficult*
centrale	*central*	popolare	*popular*
regolare	*regular*	variabile	*variable*
normale	*normal*		

Now say that . . .

1. you understand easily. __________
2. you have a difficult time studying (= you study in a difficult manner). __________
3. you used to live centrally. __________
4. you are popularly called "Dino/Dina." Mi chiamano __________
5. you go regularly to Italy every year. __________
6. you normally drink wine at dinner (**a cena**). __________

Facciamo delle spese!
Let's Go Shopping!

fare delle spese	*to shop (in general)*
fare la spesa	*to shop for food*

COMMON STORES
negozio *store (in general)*
magazzino *department store*
alimentari *grocery store*
farmacia *pharmacy*
negozio di abbigliamento *clothing store*
negozio di mobilia (di arredamento) *furniture store*
negozio di elettrodomestici *appliance store*
tabaccheria *smoke shop*
oreficeria/gioielleria *jewelry store*
cartoleria *card shop*
libreria *bookstore*
edicola *newsstand*

Practice Set 108

Before you go shopping, here are the names of some things you might want to buy.

il giornale

la rivista

la sedia

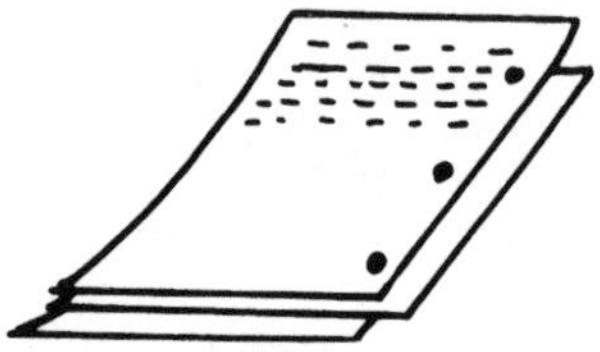

la carta

il calendario

il divano

il tavolo

la radio (*f.*)

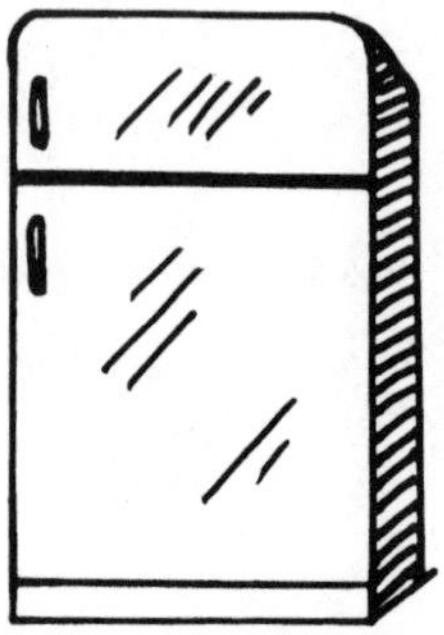

il frigorifero

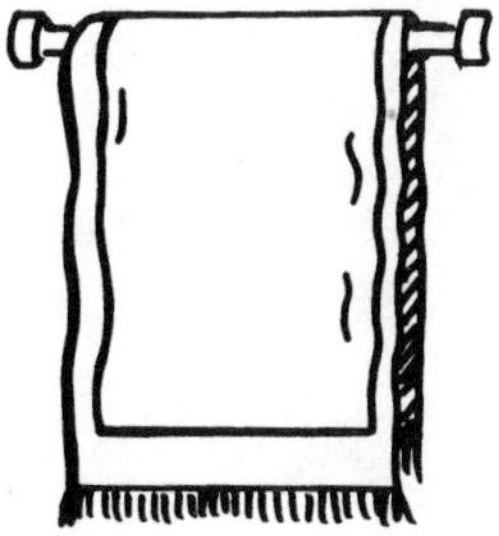

l'asciugamano

il televisore

la lạmpada

You are shopping at various places and stores. Ask two things, as in the model.

Example: all'edicola: giornale

Ha il giornale? Quanto costa?

1. alla libreria: romanzi (*novels*)

2. alla libreria: riviste di sport *(sports magazines*)

3. alla cartoleria: della carta e un calendario

4. alla gioielleria: un orologio d'oro (*gold*)

5. alla tabaccheria: i francobolli (*stamps*)

6. al negozio di elettrodomestici: una lampada, un frigorifero, un televisore, una radio

7. al negozio di mobilia (di arredamento): un tavolo, una sedia, un divano

____

____

8. al negozio di abbigliamento: un vestito da sera (*evening dress*)

____

____

9. al negozio di alimentari: della frutta, un po' di carne

____

____

Reading and Comprehension Activity for Chapter 17

Now it's time for you to test your reading skills. Read the following brief passage, then do the follow-up activity. Some of the words are glossed for you. You should be able to figure out the meaning of the others on your own.

Lettura

Generalmente la signora Dini *compra* le cose *in saldo*. Ma ieri	*she buys/on sale*
ha deciso di spendere molto per suo *nipote*. È andata in una libreria	*grandson*
per *comprargli* due libri: un libro di	*to buy him*
fiabe e un libro di *giochi*.	*fables/games*
Nel negozio chiede questi libri a una commessa. La commessa le *raccomanda* due bei libri *illustrati*.	*recommends/illustrated*
Alla signora Dini piacciono molto. Lei *spera* che piaceranno anche a suo nipote.	*she hopes*

A. Answer each question with a complete sentence.

1. Come compra le cose generalmente la signora Dini?

____.

2. Che cosa ha deciso di fare ieri?

____.

3. Dov'è andata?

____.

4. Quali libri voleva?

____.

5. Che cosa raccomanda la commessa?

____.

6. Che cosa spera la signora Dini?

____.

B. Now write your own little story about Mrs. Dini. In it, say that Mrs. Dini . . .

1. always buys things on sale. 2. decided yesterday to spend a lot for her grandson. 3. bought her grandson two beautiful illustrated books. 4. hopes that her grandson will like them.

____

____

____

____

CHAPTER 18

Davvero?
Really?

In this final chapter you will learn:

- how to express your feelings
- all about sports and jobs
- some odds and ends

Dialogue and Comprehension Activity 18

Vado a sciare!

Nadia:	Marco, che fai domani?	*—Mark, what are you doing tomorrow?*
Marco:	Vado a sciare.	*—I'm going skiing.*
Nadia:	Ah sì? Quanto tempo è che vai a sciare?	*—Oh yeah? How long have you been skiing?*
Marco:	Pratico lo sci da diversi anni.	*—I've been practicing skiing for a number of years.*
Nadia:	Io, invece, preferisco il nuoto.	*—I prefer swimming instead.*
Marco:	Lo so. Infatti hai vinto il campionato del nuoto l'anno scorso, non è vero?	*—I know. In fact you won the swimming championship last year, didn't you?*
Nadia:	Sì. Adesso vorrei imparare a sciare. Posso venire anch'io domani?	*—Yes. Now I would like to learn how to ski. Can I come tomorrow too?*
Marco:	Certo. A domani.	*—Of course. See you tomorrow.*

Answer each question with a complete sentence.

1. Che farà domani Marco?

____.

2. Quanto tempo è che va a sciare?

____.

3. Che cosa preferisce Nadia?

____.

4. Che cosa ha vinto l'anno scorso?

____.

5. Che cosa vuole imparare adesso?

____.

Esprimiamoci!
Let's Express Ourselves!

SURPRISE	
Davvẹro? **Veramente?**	*Really?*
Come mai?	*How come?*
NEGATION	
Non affatto!	*Not at all!*
Non sono d'accordo!	*I don't agree!*
Macché!	*No way!*
OTHER USEFUL EXPRESSIONS	
Magạri!	*I wish!*
Meno male!	*Thank goodness!*
Pazienza!	*Patience!*
Fa lo stesso!/Non importa!	*Just the same!/Doesn't matter!*
Peccato!	*Pity!/Too bad!*

Practice Set 109

A. Fill in each dialogue line as suggested.

1. *Bruno:* Sai che Mario ha sposato Gina?

You: ________?
(Really?)

2. *Bruno:* E sono andati a vivere in Italia.

   You: __________?
   (How come?)

3. *Bruno:* Perché tutti e due hanno trovato un buon lavoro in Italia. E tu hai trovato un buon lavoro?

   You: _______!
   (I wish!)

4. *Bruno:* Ma, non è vero che lavori per la FIAT?

   You: ________ ! Non lavoro da un anno!
   (No way!)

5. *Bruno:* ________!
   (Too bad!)

B. What would you say if someone said . . .

1. Che brutto tempo!

   ☐ Pazienza!
   ☐ Magari!

2. Scusi!

   ☐ Davvero?
   ☐ Non importa!

3. something with which you do not agree?

   ☐ Non sono d'accordo!
   ☐ Peccato!

4. emphatically.

   ☐ Non sono d'accordo!
   ☐ Macché!

5. something that relieved you of some anxiety.

   ☐ Magari!
   ☐ Meno male!

Gli sport e i mestieri
Sports and Jobs

COMMON SPORTS	
il calcio *soccer* il nuoto *swimming*	il tennis *tennis* il ciclismo *bicycling*
il pugilato *boxing* lo sci *skiing* la pallacanestro *basketball*	il pattinaggio *skating* l'automobilismo *car racing*

Practice Set 110

praticare il calcio/il nuoto/etc. *to play (do) soccer/swimming*/etc.

Complete each with the appropriate sport.

1. Pratica ______________.

2. Pratica ______________.

3. Pratica ______________.

4. Praticano ______________.

5. Pratica ______________.

6. Pratica ______________.

7. Pratica ______________.

8. Pratica ______________.

9. Pratica ______________.

Practice Set 111

You may have noticed that the words **lo sport** and **il tennis** do not end in a vowel. Most of these *foreign* words, taken from other languages, are masculine and do not change in the plural.

SINGULAR	PLURAL
lo sport *sport* **l'autobus** *bus*	**gli sport** *sports* **gli autobus** *the buses*

Moreover, you might recall the word **il problema** which, although it ends in **-a,** is actually masculine. Here are a few more like it.

SINGULAR	PLURAL
il problema *the problem* **il programma** *the program* **il cinema** *the movie theater*	**i problemi** *the problems* **i programmi** *the programs* **i cinema** *the movie theaters*

The following verbs are missing from the television sportscast. Supply them. Be careful! The tense might be in the present, past, or future!

giocare (a) *to play* nuotare *to swim* pattinare *to skate* sciare *to ski* vincere *to win (irregular past participle:* **vinto**) perdere *to lose (irregular past participle:* **perso**)

—Signore e signori, buonasera. Ecco le notizie sportive (*sports news*). Ieri sera, la nostra squadra (*team*) (1)________ *(lost)*. Domani (2)________________ *(it will play)* a Roma e forse (*maybe*) (3)________________ *(it will win)*.

—Adesso le notizie di sci. Giovanni Padolini (4)________ *(skied)* molto bene la settimana scorsa. È anche bravo al pattinaggio. (5)________________ *(He has skated)* tante volte in America.

—Infine *(finally)* le notizie di nuoto. Maria Varese (6)________ *(will swim)* domani. Buona fortuna Maria. E a tutti buonasera.

MESTIERI	
MALE	FEMALE
insegnante *teacher* **ingegnere** *engineer* **avvocato** *lawyer* **medico** *doctor* **commesso** *clerk* **cameriere** *waiter* **infermiere** *nurse* **segretario** *secretary*	**insegnante** *teacher* **ingegnere** *engineer* **avvocatessa/avvocato** *lawyer* **medico** *doctor* **commessa** *clerk* **cameriera** *waitress* **infermiera** *nurse* **segretaria** *secretary*

Practice Set 112

Whatever Marco says about Dino or Dina, you say the same about the other.

Marco: Dina desidera fare l'insegnante *(to be a teacher).*

You: Anche Dino desidera fare (1) ______________________.

Marco: La madre di Dino è ingegnere.

You: Anche il padre di Dina è (2) ______________________.

Marco: Il fratello di Dina fa l'avvocato.

You: Anche la sorella di Dino fa (3) ______________________.

Marco: In questo momento Dino lavora come *(as a)* segretario.

You: In questo momento *(moment)* anche Dina lavora come (4) ______________________.

Marco: Lo zio di Dino è infermiere.

You: Anche la zia di Dino è (5) ______________________.

Marco: Dina non vuole essere medico.

You: Neanche Dino vuole essere (6) ______________________.

Marco: L'amico di Dino lavora come commesso.

You: Anche l'amica di Dina lavora come (7) ______________________.

Marco: Dina ha lavorato come cameriera.

You: Anche Dino ha lavorato come (8) ______________________.

Infine
Finally

There are just a few more things that might come in handy when speaking Italian.

- Forming the plural of nouns and adjectives ending in **-ca** and **-ga** is easy.

-ca → **-che** (*k* sound) amica → **amiche**	**-ga** → **-ghe** (*g* sound) lunga → **lunghe**

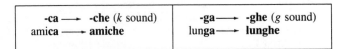

- Generally, this is also true of nouns and adjectives ending in **-go.**

-go → **-ghi** lungo → **lunghi**

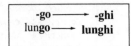

- In the case of those ending in **-co,** the general pattern is as follows:

-co → **-ci** (*ch* sound) *if a vowel precedes* am**ico** → **amici** ↑ *vowel*	**-co** → **-chi** (*k* sound) *if a consonant precedes* tede**sco** → **tedeschi** ↑ *consonant*
simpat**ico** → **simpatici** ↑ *vowel*	bia**nco** → **bianchi** ↑ *consonant*

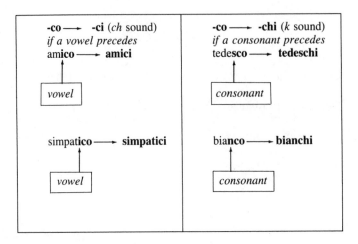

Practice Set 113

Answer each question by saying that you have many of the things, or know many of the people, asked about.

Example: Hai un amico italiano?

Sì, ho molti amici italiani.

1. Conosci un uomo tedesco?

____

2. Conosci una donna tedesca?

____

3. Hai i tuoi soldi in una banca?

____

4. Hai una giacca?

____

5. Conosci un medico italiano?

____

6. Hai una maglia bianca?

____

7. Hai un vestito bianco?

____

One last word about those pronouns! Sometimes it might be necessary to use both direct and indirect object pronouns simultaneously (review Chapter 13). In such cases, do the following:

1. Put the indirect pronoun before the direct pronoun (**lo, la, li,** and **le**), as well as **ne** (see Chapter 9).

2. Change the indirect pronoun as follows:

mi →	**me**
ti →	**te**
gli, le →	**glie**
ci →	**ce**
vi →	**ve**

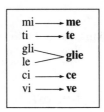

3. Attach only **glie.**

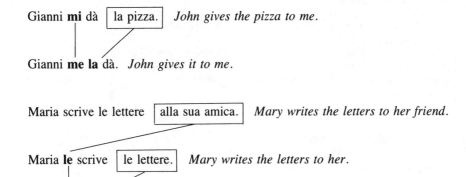

Gianni **mi** dà la pizza. *John gives the pizza to me.*

Gianni **me la** dà. *John gives it to me.*

Maria scrive le lettere alla sua amica. *Mary writes the letters to her friend.*

Maria **le** scrive le lettere. *Mary writes the letters to her.*

Maria **gliele** scrive. *Mary writes them to her.*

Practice Set 114

Replace each of the underlined objects with **lo, la, li, le,** or **ne** in an appropriate fashion. Then rewrite each sentence, making all necessary changes.

Example: Maria mi scrive *una lettera*.

Maria **me la** scrive.

1. Il professore ci insegna la lezione.

____

2. Domani ti venderò il mio orologio.

____

3. Fra poco vi darò le caramelle.

____

4. Maria gli scrive molte lettere.

____

5. Il dottore le scrive una ricetta.

____

Reading and Comprehension Activity for Chapter 18

Now it's time for you to test your reading skills. Read the following brief passage, then do the follow-up activity. Some of the words are glossed for you. You should be able to figure out the meaning of the others on your own.

Lettura

Nadia e Marco sono andati a sciare	
ieri. Lui è molto bravo ma lei *sta*	*is learning,*
imparando. Lei, *però*, è sempre	*however*
stata molto brava a nuotare.	
Dopo due ore di pratica *assieme* a	*together, with*
Marco, Nadia ha voluto sciare *da sola.*	*alone*
Tutto ad un tratto è caduta e ha rotto	*all of a sudden/she fell*
una gamba. Ma Nadia è molto	
coraggiosa. Dice che tornerà a sciare	*courageous*
tra un anno.	

A. Answer each question with a complete sentence.

1. Dove sono andati ieri, Nadia e Marco?

______________________________.

2. Com'è lui?

______________________________.

3. E lei?

______________________________.

4. Che cosa ha voluto fare Nadia, dopo due ore di pratica assieme a Marco?

______________________________.

5. Che cosa è accaduto *(What happened)?*

______________________________.

6. Che cosa dice Nadia?

______________________________.

B. Now write your own little story about Nadia and Marco. In it, say that . . .

1. Marco often goes skiing. 2. Nadia prefers swimming. 3. She wants to learn how to ski. 4. She broke her leg. 5. Nadia is very courageous. 6. Nadia says that she will be back skiing in a year.

____

____

____

____

____

____

Putting It All Together (Chs. 17 and 18)

Practice Set 115

A. Say . . .

1. that you would gladly like more **(ancora)** meat.

   ____

2. that you would go to the party, but it's too far.

   ____

3. you will also come if John comes; otherwise you will not come.

   ____

4. that you would prefer, rather, to eat fish.

   ____

5. that you always speak sincerely, even if timidly.

   ____

6. that you do not agree.

   ____

B. How would you say . . .

1. Really? ____
2. How come? ____
3. Not at all! ____
4. Patience! ____

5. Thank goodness! ____________________

6. I wish! ____________________

C. Here is a simple crossword puzzle for you to enjoy. The clues tell you only in what store the item can be bought. There are a few letters in the puzzle itself to help you. Good luck!

Orizzontali
1. Si compra in un negozio di elettrodomestici.
4. Si compra in un negozio di arredamento.
5. Si compra in un negozio di elettrodomestici.
7. Anche questo si compra in un negozio di elettrodomestici.

Verticali
2. Si compra sia in un negozio di elettrodomestici che in un negozio di arredamento.
3. Si compra in una cartoleria.
6. Si compra a un edicola.

D. In the following word search puzzle there are eight hidden words that may refer either to sports or to jobs. Can you find them?

b d g h j n u o t o l o s c i m l m
a v v o c a t o e o p l u t o l p e
p l o i t e r i n g e g n e r e l d
t n n e s s t e n n i s p o r t i i
c a l c k l o o i l o p o l u t e c
c a l c i o m n p u g i l a t o m o

Vocabulary Checkpoint #3 (Chs. 13–18)

Check the words and expressions that you know. Then review Chapters 13 through 18 and study those that you have forgotten.

NOUNS

☐ acqua minerale
☐ alimentari
☐ antipasto
☐ appartamento
☐ arredamento
☐ asciugamano
☐ automobilismo
☐ avvocatessa
☐ avvocato

☐ bicchiere
☐ biscotto
☐ bottiglia

☐ calcio
☐ calendario
☐ cameriere
☐ caramella
☐ carota
☐ carta
☐ cartoleria
☐ ciclismo
☐ cinema
☐ cioccolatino
☐ cognata
☐ cognato
☐ coltello
☐ commessa
☐ commesso
☐ contorni
☐ cucchiaio
☐ cugina
☐ cugino

☐ dessert
☐ divano

☐ dolore

☐ edicola
☐ elettrodomestici

☐ fagiolino
☐ famiglia
☐ farmacia
☐ festa
☐ forchetta
☐ frigorifero
☐ francobollo
☐ frutta
☐ fumetti

☐ gioielleria
☐ giornale

☐ infermiera
☐ infermiere
☐ ingegnere
☐ insegnante

☐ lampada
☐ libreria

☐ magazzino
☐ medico
☐ melone
☐ mestiere
☐ mobilia

☐ negozio
☐ nonna
☐ nonno
☐ nuoto

☐ oreficeria

☐ pallacanestro
☐ patata
☐ pattinaggio
☐ pesce
☐ piatto
☐ prezzo
☐ problema
☐ programma
☐ prosciutto
☐ pugilato

☐ radio
☐ ravioli
☐ ristorante
☐ rivista
☐ romanzo

☐ sci
☐ sedia
☐ segretaria
☐ segretario
☐ sport

☐ tabaccheria
☐ tazza
☐ televisore
☐ tennis
☐ torta
☐ tovagliolo

☐ zia
☐ zio

VERBS

☐ aiutare
☐ comportarsi
☐ lasciare
☐ nuotare

☐ pattinare
☐ perdere
☐ piacere
☐ praticare

☐ preoccuparsi
☐ sciare
☐ tornare
☐ vincere

ADJECTIVES

☐ eccellente
☐ forte
☐ generoso
☐ gentile
☐ grasso
☐ magro
☐ migliore

☐ normale
☐ nuovo
☐ ottimo
☐ peggiore
☐ pigro
☐ popolare
☐ povero

☐ ricco
☐ regolare

☐ sicuro
☐ sincero
☐ squisito
☐ timido

OTHER PARTS OF SPEECH/EXPRESSIONS

- ☐ Non affatto!
- ☐ altrimenti
- ☐ ancora
- ☐ Basta!
- ☐ È certo che
- ☐ che
- ☐ Come mai?
- ☐ così
- ☐ cui
- ☐ Non sono d'accordo!
- ☐ Davvero?
- ☐ dopo che
- ☐ Fa lo stesso
- ☐ Non importa
- ☐ fare la spesa
- ☐ fare le spese
- ☐ già
- ☐ da giovane
- ☐ insieme
- ☐ Macché!
- ☐ Magari!
- ☐ Meno male!
- ☐ meglio
- ☐ naturalmente
- ☐ né . . . né
- ☐ ovviamente
- ☐ ovvio
- ☐ È ovvio che
- ☐ Pazienza!
- ☐ Peccato!
- ☐ però
- ☐ piuttosto
- ☐ qualcosa
- ☐ in saldo
- ☐ se
- ☐ anche se
- ☐ Dico sul serio
- ☐ sia . . . che
- ☐ non solo . . . ma anche
- ☐ lo stesso
- ☐ veramente
- ☐ volentieri
- ☐ Zitto!

Review Set 3

A. Check the appropriate definition for each item.

1. alimentari

   a. si mangiano ☐ b. si leggono ☐

2. arredamento

   a. si fa in una macchina ☐ b. si fa in una casa ☐

3. avvocato

   a. un titolo ☐ b. una frutta ☐

4. biscotto

   a. si mangia ☐ b. si beve ☐

5. calcio

   a. una bibita ☐ b. uno sport ☐

6. coltello

   a. si usa per scrivere ☐ b. si usa per la carne ☐

7. cucchiaio

   a. si usa per la minestra ☐ b. si usa per la carne ☐

8. divano

   a. si trova nel salotto ☐ b. si trova nel frigorifero ☐

9. forchetta

   a. si usa per mangiare ☐ b. si usa per cantare ☐

B. Say the following things in Italian.

1. You prefer swimming.

____.

2. You won last year.

____.

3. You broke a leg yesterday.

____.

4. You are strong, kind, and popular.

____.

5. You do not agree.

____.

6. Thank goodness!

____.

ANSWER KEY

For Practice Sets 1 through 5 you might (rightly) have differences of opinion with the answers given here. This is bound to happen when translating names!

DIALOGUE 1

1. c 2. e 3. b 4. a 5. f 6. d

PRACTICE SET 1

1. Ann(e) 2. Anthony 3. Albert 4. Helen 5. No known equivalent 6. The same in English (Emma) 7. Isabel(le) 8. The same in English (Irma) 9. Hilary 10. No known equivalent 11. Orland 12. Octavian 13. Hugh 14. Hubert

PRACTICE SET 2

1. Danielle 2. The same in English (Claudia) 3. No known equivalent 4. The same in English (Laura) 5. No known equivalent 6. No known equivalent 7. Maurice 8. No known equivalent 9. Peter 10. No known equivalent 11. Adrienne 12. Mary 13. Paula 14. Louise 15. Lucy 16. Louis 17. Paul

PRACTICE SET 3

1.–2. No known equivalents 3. Dean 4. Domenic 5. Frances 6. (Probably) Fabian 7. The same in English (Loretta) 8. Louis 9. No known equivalent 10. Mark 11. Nicholas 12. No known equivalent 13. Usually rendered as Pat or Pascal 14. No equivalent 15. Robert 16. (Probably) Ron 17. Thomas 18. Theresa 19. Vincent 20. No known equivalent

PRACTICE SET 4

1. Charles 2. Michael 3. Catherine 4. Claude 5. (Probably) Marcel 6. (Probably) Francis 7. No known equivalent 8. No known equivalent 9. No known equivalent 10. Grace 11. No known equivalent 12. (Probably) Jean 13. The same in English (Angela) 14. George 15. John 16. Joseph 17. No known equivalent 18. (Probably) Pat or Pascal 19. Oswald 20. No known equivalent 21. Sandra 22. Frances 23. Rose 24. No known equivalent 25. No known equivalent 26. Maurice

PRACTICE SET 5

1. Rocky 2. Ralph or Raphael 3. Marcel 4. Emma 5. John 6. Joseph

PRACTICE SET 6

A.
1. Anna 2. Pina 3. Bruno 4. babbo 5. Pino/Dino/Gino 6. freddo 7. Michele 8. Claudia 9. Raffaello 10. Francesca 11. Luigi 12. Marcello 13. Marina 14. Emma 15. Pasquale 16. Giuseppe 17. Francesco 18. Luciano 19. Graziella 20. spaghetti 21. Angela 22. Giorgio 23. Gigliola 24. Bologna 25. pizza 26. Renzo 27. sciarpa 28. scarpa 29. Pasquale 30. Rocco 31. vecchio 32. faccia 33. peggio 34. rosso 35. birra 36. gatto

READING 1

A.
1. vero 2. falso 3. falso 4. vero 5. falso 6. vero 7. falso 8. vero 9. vero

B.
1. Claudia ama la pizza. 2. Pasquale ama gli spaghetti. 3. Giovanni ha un gatto. 4. Anche Francesca ha un gatto. 5. Lucia è italiana. 6. Michele è italiano. 7. Rosa è americana. 8. Maurizio è americano. 9. Paolo, Paola e Raffaele sono amici.

DIALOGUE 2

1. vero 2. vero 3. falso 4. falso 5. vero 6. vero

PRACTICE SET 7

1. Angela 2. Dino 3. Renata 4. Claudio 5. Gina 6. Bruno 7. Silvana 8. Franco 9. Luisa 10. Giovanni

PRACTICE SET 8

1. Firenze 2. italiana 3. lunedì 4. maggio 5. Il 6. Inghilterra 7. venerdì

PRACTICE SET 9

1. lira 2. bianco, rosso e verde 3. continentale/mediterraneo 4. Po 5. Vesuvio, Etna 6. penisola 7. Alpi, Appennini 8. Roma 9. Mediterraneo

READING 2

A.
1. b 2. a 3. e 4. c 5. d 6. g 7. f

B.
1. Maria ama l'Italia molto. 2. Maria abita in Spagna. 3. Maria è spagnola. 4. Maria e Mario sono amici. 5. Maria va in Italia a maggio con Mario.

PRACTICE SET 10

A.

c	a	f	f	è	d	d	r	u	i	o	j	l	l	o	u	p	c
n	m	m	i	l	l	y	p	b	n	r	l	f	f	n	m	o	i
b	i	r	r	a	n	m	i	l	l	o	p	k	m	n	m	f	t
f	d	l	l	p	p	d	z	d	t	s	m	m	n	n	c	c	t
s	s	r	g	g	b	b	z	t	t	s	p	e	g	g	i	o	à
d	d	e	v	v	b	g	a	t	t	o	l	p	t	m	n	o	p
c	c	d	b	a	b	b	o	m	n	m	f	a	c	c	i	a	s
g	g	d	b	n	m	k	l	p	o	i	y	t	r	h	j	l	p
k	l	o	b	v	e	c	c	h	i	o	m	n	k	l	o	p	p

B.
1. ieri 2. piatto 3. più 4. uomo 5. guanto 6. mai 7. pausa 8. ciao 9. spaghetti 10. scarpa 11. sciarpa 12. schiena 13. caffè 14. città 15. perché 16. francese 17. maggio 18. Italia

C.
1. f 2. d 3. c 4. b 5. e 6. a 7. g 8. o 9. n 10. p 11. s 12. q 13. r 14. l 15. m 16. k 17. i 18. j 19. h 20. t

DIALOGUE 3

1. Ciao, Maria. 2. Buongiorno, signor Rossi. 3. Buongiorno, signora Rossi. 4. (Claudia) come va? 5. Come sta, signor Rossi?/Signor Rossi, come sta? 6. (Sto) molto bene, grazie. 7. (Sto) così, così, purtroppo. 8. Ho mal di testa. 9. Ciao/Arrivederci, Claudia, a domani. 10. Buongiorno/ArrivederLa, signora Verdi, a presto.

PRACTICE SET 11

A.
1. ciao/salve 2. come 3. Molto/Abbastanza 4. tu 5. male

B.
1. signor 2. Buonasera/ArrivederLa

C.
1. ciao/salve (if you just got out of bed then you would say "buongiorno" *good morning*) 2. buongiorno 3. Buongiorno, signor Dini. 4. Buongiorno, signora Dini. 5. ciao/salve 6. Buonasera, professor Verdi. 7. Buonasera, professoressa Bianchi. 8. ciao/arrivederci 9. Buongiorno/ArrivederLa dottor Rossi. 10. Buongiorno/ArrivederLa, dottoressa Martini. 11. ciao/arrivederci 12. buonasera/arrivederLa 13. buonanotte 14. buonanotte 15. Bene, grazie, e tu? 16. Bene, grazie, e Lei? 17. Non bene, purtroppo, e tu? 18. Non bene, purtroppo, e Lei? 19. molto bene 20. benissimo 21. Come va? 22. Come va? 23. Come stai? 24. Come sta?

D.
1. c 2. h 3. g 4. d 5. e 6. f
7. i 8. j 9. b 10. a

PRACTICE SET 12

A.
1. presento 2. Piacere/(Molto) lieta/Felice
3. lieta 4. piacere 5. chiamo 6. chiamo
7. a (8) Arrivederci/Ciao/Ci vediamo
9. vediamo

B.
1. Permette 2. conoscerLa/fare la sua conoscenza
3. io 4. signor 5. professore/professor Verdi

C.
1. Come ti chiami? 2. Come si chiama?
3. Ti presento (*name*). 4. Le presento (*name*).
5. Permetti che ti presenti (*name*). 6. (Dottor Smith) permette che Le presenti (*name*).
7. (Molto) lieto. 8. (Molto) lieta.

D.
1. Permetti che mi presenti (*fam.*)./Permette che mi presenti (*pol.*). 2. Mi chiamo (*name*).
3. Piacere di conoscerLa, signor Rossi. 4. Felice di fare la sua conoscenza, signora Dini. 5. Il piacere è mio.

PRACTICE SET 13

A.
1. sei 2. hai 3. stai 4. sono 5. ho
6. sto 7. sono 8. hanno 9. stanno
10. siamo 11. abbiamo 12. stiamo
13. siete 14. avete 15. state 16. è
17. ha 18. sta 19. è 20. ha 21. sta
22. è 23. ha 24. sta

B.
1. sta 2. sto 3. È 4. sono 5. stai
6. sei 7. è 8. state 9. Stiamo
10. siete 11. siamo 12. sono

C.
1. ha 2. è 3. sono 4. hanno 5. hai
6. ho 7. sei 8. sono 9. avete
10. abbiamo 11. siete 12. siamo

D.
1. Il signor Dini e la signora Pace sono italiani.
2. Marisa ha ragione, ma Alberto ha torto.
3. Claudio ha paura e fretta. 4. Carla sta bene o (sta) male. 5. La signorina Dini ha fame e anche il signor Rossi ha fame. *or* La signorina Dini e anche il signor Rossi hanno fame.

READING 3
A.
1. falso 2. vero 3. vero 4. falso
5. vero 6. vero 7. falso 8. vero
B.
La signorina Balboni
1. Sta bene. 2. Ha sonno. 3. Abita a Roma.
4. È italiana. 5. Ha un orologio.

DIALOGUE 4
1. c 2. a 3. b 4. e 5. d

PRACTICE SET 14

A.
1. Sì, Giovanni e Maria hanno torto. 2. Sì, abbiamo ragione. 3. No, non ho caldo.
4. No, Claudia non ha sonno. 5. Sì, ho sonno.
6. Sì, c'è una matita. 7. No, non c'è una matita.
8. No, non ci sono due matite. 9. No, Gino e Gina non sono spagnoli. 10. Sì, è un orologio.

B.
1. Maria è italiana. 2. Sì, anche Mario è italiano. 3. Maria non sta bene/Maria sta male.
4. Perché ha sonno. 5. Mario sta molto bene.
6. Mario ha fame e sete.

C.
1. Mario è spagnolo?/È spagnolo Mario? 2. Che è?/Cosa è?/Che cosa è? 3. Chi è? 4. Perché sta (*pol.*) male?/Perché stai (*fam.*) male?
5. Claudia ha fretta?/Ha fretta Claudia? 6. Come si chiama?/Come ti chiami?

PRACTICE SET 15

1. Mi chiamo (*your name*)/Sono (*your name*)
2. Sì, sono sposato/sposata/No, non sono sposato/sposata. 3. Sono americano/italiano/etc.
4. Abito in campagna/in città/etc., in via/corso/viale (*your street/name*) 5. Just fill in the chart with your personal details.

PRACTICE SET 16

A.
1. È una finestra. 2. È una poltrona. 3. È una tavola. 4. È una scala. 5. È un divano.
6. È un tavolo. 7. È una sedia. 8. È una lavagna. 9. È uno zaino. 10. È un orologio.
11. È un libro. 12. È un quaderno. 13. È una penna. 14. È una matita.

B.
1. È una camera. 2. È un bagno. 3. È una sala da pranzo. 4. È una cucina. 5. È un salotto. a. È un muro. b. È una parete.
c. È un tetto. d. È un soffitto.

C.
1. un salotto, un pavimento, un corridoio, un tetto, un armadio, un comodino, una terrazza, una stanza e un interruttore. Dov'è? A casa. 2. una segreteria, un ufficio, uno studio, e un ascensore. Dov'è? Al lavoro.
3. un banco, un gesso, un cancellino, un esercizio, una scrivania, uno zaino, uno sbaglio, uno scaffale, una classe, una lezione, un'aula, un'uscita, e un'entrata. Dov'è? A scuola.

D.
1. una figlia 2. un bambino 3. una madre
4. un fratello 5. un'amica 6. un compagno
7. una professoressa 8. un insegnante 9. una ragazza 10. un'impiegata 11. un uomo

READING 4

A.

1. L'uomo/Il marito si chiama il signor Dini. 2. La donna/La moglie si chiama la signora Dini. 3. Il figlio si chiama Roberto. 4. La figlia si chiama Roberta. 5. Abitano in periferia. 6. La loro casa è molto bella. 7. Roberto e Roberta vanno a scuola. 8. Il signor Dini lavora in un ufficio. 9. Il signor Dini è un impiegato. 10. (Anche) la signora Dini lavora in un ufficio. 11. La signora Dini è un'impiegata.

B. 1. Il signor Rinaldi lavora in una scuola. 2. Anche la signora Vera-Rinaldi lavora in una scuola. 3. Il signor Rinaldi e la signora Vera-Rinaldi hanno un figlio e una figlia. 4. La figlia è (una) studentessa. 5. Anche il figlio è (uno) studente.

PRACTICE SET 17

A.

1. Bene/Molto bene/etc. 2. Mi chiamo *(your name)*. 3. Abito in campagna/in città/etc. 4. *Give your address (in Italian, of course)*. 5. Sì, sono sposato/No, non sono sposato. 6. Sì, sono italiano/italiana/No, non sono italiano/italiana. *(In the latter case you could also give your nationality.)* 7. Buongiorno/ArrivederLa.

B.

1. molto 2. sto molto bene 3. presenti 4. lieto 5. la sua conoscenza 6. piacere 7. mi 8. Sono

C.

1. Giovanni ha ragione, e non ha mai torto. 2. Non ho più freddo, sonno, fame e sete. 3. Maria, hai paura? 4. C'è una sedia? 5. Sì, ci sono due sedie. 6. Dove sono? 7. Ecco una sedia.

D.

1. una dottoressa *(matching male-female professionals)* 2. un'amica *(matching male-female friends)* 3. un impiegato *(matching male-female jobs)* 4. un uomo *(male-female counterparts)*

DIALOGUE 5

1. Scusi 2. Lei 3. favore 4. problema 5. Quanto 6. bene 7. grazie

PRACTICE SET 18

A.

1. Desidera (signore/signora/signorina)? 2. Desiderano (signori/signore/signorine)? 3. Scusa. 4. Scusi (signore, etc.). 5. Permesso/Scusi. 6. Prego/Permesso? 7. Prego/Avanti/S'accomodi. 8. Per favore/Per piacere. 9. Non importa. 10. Prego. 11. Salute! 12. Buon appetito! 13. Salute! 14. Grazie, altrettanto! 15. a. ti dispiace? b. Le dispiace? c. Sei molto gentile. d. È molto gentile.

B.

1. a. sei b. è c. hai d. ha e. stai f. sta 2. a. siete b. siete c. avete d. avete e. state f. state 3. stanno

PRACTICE SET 19

1. Sì, è vero/No, non è vero. 2. Certo/Non lo so! 3. Sì, sono d'accordo/No, non sono d'accordo. 4. Già/Ma va!

PRACTICE SET 20

A.

1. Sì, è il pettine di Maria. 2. Sì, è lo specchio di Maria. 3. Sì, è il portafoglio di Maria. 4. Sì, è la chiave di Maria. 5. Sì, è l'orologio di Maria. 6. Sì, è la fotografia di Maria. 7. Sì, è l'agenda di Maria.

B.

1. lo zio 2. gli uomini 3. i guanti 4. la scarpa 5. le schiene 6. la scena 7. le sciarpe 8. la faccia 9. le birre 10. il gatto 11. le pizze 12. il signore 13. i professori 14. il dottore 15. gli avvocati 16. le signore 17. la signorina 18. le professoresse 19. le dottoresse 20. l'italiano 21. l'italiana 22. gli americani 23. le americane 24. l'australiano 25. l'australiana 26. gli spagnoli 27. le spagnole 28. il tedesco 29. la tedesca 30. gli inglesi 31. le inglesi 32. il canadese 33. la canadese 34. i francesi 35. le francesi

C.

A casa:
il bagno, i bagni; il tetto, i tetti; il muro, i muri; il soffitto, i soffitti; il piano, i piani; il pavimento, i pavimenti; il corridoio, i corridoi; l'armadio, gli armadi; il comodino, i comodini; l'interruttore, gli interruttori; il divano, i divani; la stanza, le stanze; la porta, le porte; la finestra, le finestre; la camera, le camere; la sala (da pranzo), le sale (da pranzo); la cucina, le cucine; la scala, le scale; la terrazza, le terrazze; la poltrona, le poltrone; la parete, le pareti; la sedia, le sedie; la tavola, le tavole; il marito, i mariti; il figlio, i figli; il bambino, i bambini; il padre, i padri; il fratello, i fratelli; la moglie, le mogli; la figlia, le figlie; la bambina, le bambine; la madre, le madri; la sorella, le sorelle

A scuola:
il libro, i libri; il quaderno, i quaderni; il tavolo, i tavoli; il banco, i banchi; il gesso, i gessi; il cancellino, i cancellini; l'esercizio, gli esercizi; l'esame, gli esami; lo zaino, gli zaini; lo sbaglio, gli sbagli; lo scaffale, gli scaffali; la matita, le matite; la penna, le penne; la lavagna, le lavagne; la scrivania, le scrivanie; la classe, le classi; la lezione, le lezioni; l'entrata, le entrate; l'uscita, le uscite; l'aula, le aule; il ragazzo, i ragazzi; l'insegnante *(m.)*, gli insegnanti; il professore, i professori; l'amico, gli amici; il compagno, i compagni; lo studente, gli studenti, la ragazza, le ragazze; la studentessa, le studentesse; la professoressa, le professoresse; la compagna, le compagne; l'amica, le amiche; l'insegnante *(f.)*, le insegnanti

Al lavoro:
l'ufficio, gli uffici; l'ascensore, gli ascensori; lo studio, gli studi; la segreteria, le segreterie; l'uomo, gli uomini; l'impiegato, gli impiegati; la donna, le donne; l'impiegata, le impiegate

D.
1. Il professor Rossi non è francese.
2. Buongiorno, professor Rossi, come va?
3. Ecco la signora Martini. 4. ArrivederLa, signora Martini. 5. Il pettine e la chiave sono di Maria. 6. Anche lo specchio e l'orologio sono di Maria. 7. Gli italiani e i francesi sono simpatici. 8. Gli studenti hanno una lezione. 9. L'italiano è molto facile. 10. Giovanni è italiano.

READING 5
A.
1. Renata è una ragazza molto gentile. 2. Claudia e Renata sono studentesse. 3. Vanno all'università. 4. Claudia ha due gatti. 5. Renata ha un cane. 6. Le scarpe di Claudia sono molto belle. 7. L'orologio di Renata è bello. 8. Claudia e Renata sono due signorine molto simpatiche.
B.
1. Bruno abita a Roma. 2. Bruna abita a Firenze. 3. Bruno è un ragazzo gentile. 4. Bruna è una ragazza gentile. 5. Bruno ha un cane. 6. Bruna ha due gatti.

DIALOGUE 6
1. pensa 2. telefona 3. Guardo 4. ama 5. telefona 6. Mangio 7. ama 8. telefona 9. ascolta

PRACTICE SET 21

A.
1. amo 2. arrivo 3. ascolto 4. aspetto 5. ballo

B.
1. canti 2. cerchi 3. cominci 4. compri

C.
1. desidera 2. dimentica 3. domanda 4. entra

D.
1. giochiamo 2. guardiamo 3. guidiamo 4. invitiamo 5. impariamo

E.
1. insegnate 2. lavorate 3. mangiate 4. pagate 5. parlate

F.
1. pensano 2. portano 3. studiano 4. suonano 5. telefonano

PRACTICE SET 22

A.
1. Ascolta 2. Aspetto 3. Cerchiamo 4. guardano 5. paga 6. telefonate, è

B.
1. La donna canta e l'uomo suona. —Signora cosa fa?? —Canto l'opera, signore. 2. La moglie compra gli spaghetti. Il marito domanda: Maria che cosa compri? —Compro gli spaghetti e . . . —No, Maria, non mangio mai gli spaghetti! 3. Pasquale pensa a Claudia. Pasquale pensa anche a Gina. —Perché penso a Maria? Pasquale non pensa più!

PRACTICE SET 23

1. tu, io 2. Lui, lei 3. voi, noi 4. Lei 5. Loro

PRACTICE SET 24

A.
1. un caffè corretto 2. un cappuccino 3. una brioche e un tramezzino 4. il signor Verdi

B.
1. Vorrei 2. favore 3. Vorrei 4. tramezzino 5. un problema 6. sbaglio 7. *You might say something like:* Pazienza! *or* Non importa! *or, on the other hand,* Non capisco!, Non va bene!, *or* Impossibile! *(Impossible!)*

READING 6
A.
1. Pasquale va al bar. 2. Pasquale prende una coca-cola, un tramezzino al prosciutto e due paste. 3. Pasquale ha molta fame. 4. Maria entra nel bar mentre Pasquale mangia/Mentre Pasquale mangia, Maria entra nel bar. 5. Maria vede Pasquale. 6. Maria pensa: «Forse Pasquale non mi vede. Pasquale è un ragazzo ridicolo!». 7. Maria scappa via dal bar.
B.
1. Pasquale pensa sempre a Claudia, Gina e Maria. 2. Telefona sempre a Maria. 3. Ha sempre fame. 4. Pensa: «nessuno mi ascolta!». 5. È un ragazzo ridicolo.

PRACTICE SET 25

A.
1. —Permesso, signor Verdi?
—Prego. Avanti, Che c'è?
—Ecco un caffè per Lei.
—Grazie. Lei è molto gentile.
—Prego.
2. —Il professore è italiano, ma non insegna l'italiano.
—Non capisco.
—Perché insegna lo spagnolo.
—Ah, capisco.
3. —Desidera?
—Sì, vorrei un espresso, per favore.
—Corretto?
—No, risretto.
—Grazie.
—Prego.

B.
1. Salve. 2. Non c'è male, grazie. 3. Non bene, purtroppo. 4. ArrivederLa *(pol.)*

5. Sono Giovanni. 6. Permette che mi presenti. 7. Lieto/Lieta di conoscerLa. 8. Ecco le penne. 9. Stanno bene. 10. Dov'è il Bar Roma? 11. Chi ha paura? 12. Che fai? 13. Non faccio niente. 14. Salute! 15. S'accomodi. 16. Già . . . ecco . . . già 17. Sono d'accordo. 18. Meno male! 19. Pazienza!

C.

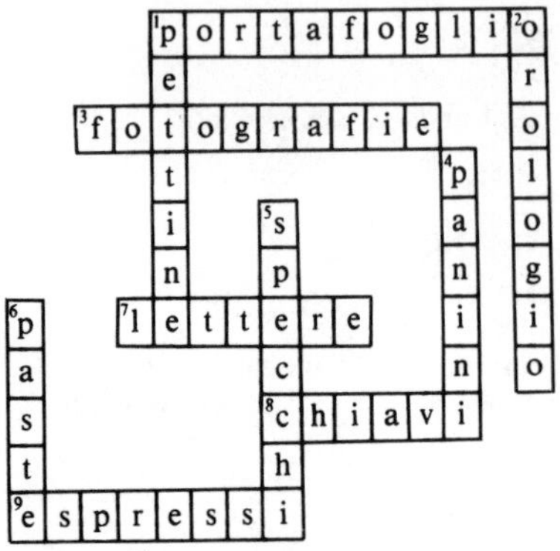

D.
1. d 2. c 3. a 4. b

REVIEW SET 1

A.
1. Suzy è americana. 2. Marco è australiano. 3. Dino è un bambino. 4. Lucia è canadese. 5. Marcello è il compagno di Maria. 6. Franca è una donna simpatica. 7. Carla è una professoressa. 8. Bruna è la figlia del signor Verdi e della signora Verdi. 9. Graziella è la sorella di Pina. 10. Lorraine è una donna francese. 11. Carlo è il marito di Tina. 12. Pina è la madre di Nicola. 13. Pina è una ragazza ridicola. 14. Juanita è spagnola. 15. Sophie e Helga sono tedesche.

B.
1. Vorrei 2. Abito in via Firenze, 12 3. Va bene 4. (Io) non sono sposata. 5. Salute! 6. Vorrei un (caffè) espresso ristretto. 7. Meno male! 8. Pasquale ha sempre sonno. 9. Non capisco.

C.
1. abito 2. canta 3. guardi 4. lavoriamo 5. studiate 6. telefonano

D.
1. gli zaini 2. gli uomini 3. gli uffici 4. i tedeschi 5. gli specchi 6. le sedie 7. gli sbagli 8. i pettini 9. le pareti

DIALOGUE 7

1. Nora e Giovanni sono al Bar Roma. 2. Nora prende un espresso. 3. Giovanni prende un cappuccino. 4. Vanno a casa di Dina. 5. Vanno dopo il caffè. 6. (No), Nora non conosce Dina. 7. Dina è l'amica di Pietro. 8. Vengono anche Rosa e Giuseppe (a casa di Dina).

PRACTICE SET 26

A.
1. Dov'è via Verdi? 2. Dov'è l'ufficio? 3. Dov'è Roma? 4. Dov'è l'uscita? 5. Dove lavora (Lei)? 6. Mi sa dire dov'è corso Garibaldi? 7. Mi sa dire dov'è il Bar Roma? 8. Mi sa dire dov'è viale Michelangelo?

B.
1. Come vai a Roma? 2. Come fa questo (Lei)? 3. Come si fa per andare a Roma? 4. Come si fa per andare in centro? 5. Come si fa per andare in periferia? 6. Come si fa per andare in campagna? 7. Come si fa per andare in corso Garibaldi?

C.
1. Che/Cosa/Che cosa fai? 2. Che/Cosa/Che cosa mangi? 3. Che/Cosa/Che cosa studia (Lei)? 4. Che/Cosa/Che cosa guardi?

D.
1. Chi parla (l') italiano? 2. Chi guida una FIAT? 3. Chi mangia gli spaghetti? 4. Chi balla?

E.
1. Perché non telefoni mai? 2. Perché (Lei) non mangia la pizza? 3. Perché non vai in Italia? 4. Perché non viene anche Lei?

F.
1. Qual è? 2. Quale libro è? 3. Quale uscita è?

G.
1. Quando arriva Giovanni? 2. Quando vanno Maria e Claudia? 3. Quando viene il signor Verdi?

H.
1. Quanto costa il cappuccino? 2. Quanto costano la brioche e il panino? 3. Quanto costa un espresso?

PRACTICE SET 27

A.
1. chiedo 2. chiudo 3. conosco

B.
1. corri 2. credi 3. leggi

C.
1. mette 2. perde 3. prende

D.
1. riceviamo 2. ripetiamo 3. rispondiamo

E.
1. scendete 2. scrivete 3. spendete

F.
1. vedono 2. vendono 3. vivono

PRACTICE SET 28

1. conosci 2. so 3. conoscono 4. sappiamo 5. conoscono/sanno 6. sapete/Conoscete

PRACTICE SET 29

1. scrive 2. chiudi 3. vivono 4. metto
5. leggete 6. prendiamo

PRACTICE SET 30

A.
1. questo 2. quel 3. questo 4. quello
5. questo 6. quell' 7. questi 8. quegli
9. questi 10. quegli 11. questi 12. quei
13. questa 14. quella 15. questa
16. quell' 17. queste 18. quelle
19. queste 20. quelle

B.
1. Questa 2. quella 3. Questo 4. quello
5. Queste 6. quelle 7. Questi 8. quelli

READING 7
A.
1. Giovanni, Nora, Rosa e Giuseppe sono a casa di Dina. 2. Dina chiede a Nora quale pasta vuole. 3. Nora non prende niente. 4. No, gli altri non sanno che cosa prendere. 5. Giorgio arriva mentre parlano. 6. Giorgio è il fratello di Rosa. 7. (Anche lui) prende qualcosa da mangiare e da bere. 8. A un certo momento gli amici decidono di andare al cinema.
B.
1. Giovanni prende sempre un cappuccino al *Bar Roma.* 2. Nora prende sempre un espresso al *Bar Roma.* 3. Dina è l'amica di Giovanni. 4. Nora non sa (che) cosa prendere a casa di Dina. 5. Giovanni prende sempre qualcosa da mangiare e da bere a casa di Dina. 6. Nora e Giovanni vanno sempre al cinema insieme.

DIALOGUE 8
1. vero 2. falso 3. falso 4. vero
5. vero 6. falso 7. vero 8. falso
9. vero

PRACTICE SET 31

A.
1. simpatica 2. buona 3. bella
4. piccola 5. giovane 6. bionda
7. intelligente 8. elegante

B.
1. buone 2. belle 3. piccole 4. giovani
5. eleganti

PRACTICE SET 32

1. un buon amico 2. un buon tramezzino
3. una buon'amica 4. una buona donna
5. buoni amici 6. buone amiche
7. quella bella donna 8. una bell'entrata
9. quel bel ragazzo 10. quel bello studente
11. il bell'amico 12, Quelle belle donne
13. quei bei ragazzi 14. quei begli studenti

PRACTICE SET 33

1. complicato 2. noiosi 3. lunga
4. giusti 5. care 6. antica 7. aperte

PRACTICE SET 34

1. grigia 2. giallo 3. verdi 4. marrone
5. viola 6. celesti 7. chiari 8. verde
9. blu 10. scure 11. arancione
12. grigia 13. viola 14. azzurra
15. marrone 16. gialla 17. bianca
18. blu

PRACTICE SET 35

A.
1. domenica 2. lunedì 3. venerdì
4. martedì 5. sabato 6. mercoledì
7. giovedì

B.
1. Il lunedì studio sempre l'italiano. 2. Il martedì pranzo spesso al Bar Roma. 3. Il mercoledì telefono spesso a Maria. 4. Il giovedì, invece, telefono sempre a Gino. 5. Il venerdì non vado mai in centro. 6. Il sabato vengo spesso in periferia. 7. La domenica mangio sempre la pizza.

C.
1. Oggi vado in campagna. 2. Ieri era lunedì. 3. La settimana scorsa era gennaio. 4. Domani è domenica. 5. La settimana prossima è primavera.

D.
1. novembre 2. aprile 3. luglio
4. febbraio 5. gennaio 6. marzo
7. dicembre 8. settembre 9. agosto
10. ottobre 11. maggio 12. giugno
13. l'estate 14. l'inverno 15. l'autunno
16. la primavera

PRACTICE SET 36

A.
1. Fa bel tempo. 2. Fa brutto/cattivo tempo *or* Fa (molto) freddo. 3. Fa (molto) caldo. 4. Piove. 5. C'è il sole. 6. Tira vento. 7. Fa freddo. 8. Fa molto freddo. 9. Lampeggia.

B.
1. È mite. 2. È nuvoloso. 3. È sereno. 4. Fa molto freddo. 5. C'è il sole. 6. C'è la nebbia. 7. Tira vento.

PRACTICE SET 37

A.
1. fare il biglietto 2. prenotazione 3. finestrino 4. valigia 5. anticipo 6. un minuto 7. fame

B.
1. Sì. 2. Fare il biglietto. 3. Non fumatori. 4. Vicino al finestrino 5. Grazie.

READING 8

A.

1. Roberto è all'aeroporto. 2. Aspetta lo zio e la zia (che arrivano da San Francisco). 3. È una bella giornata./Tira vento ma c'è il sole e fa caldo. 4. Roberto vede una vecchia amica, Carla. 5. Carla è una ragazza bella, intelligente e molto elegante. 6. Quando Roberto vede Carla va vicino a lei. 7. Roberto dice «Non vedo gli zii».

B.

1. Roberto è antipatico, noioso e maleducato. 2. Ha sempre fretta. 3. È all'aeroporto. 4. Aspetta lo zia e la zia che arrivano da San Francisco. 5. Ama Carla ma Carla non ama lui. 6. Vede Carla e va vicino a lei. 7. Comincia a parlare.

PRACTICE SET 38

A.

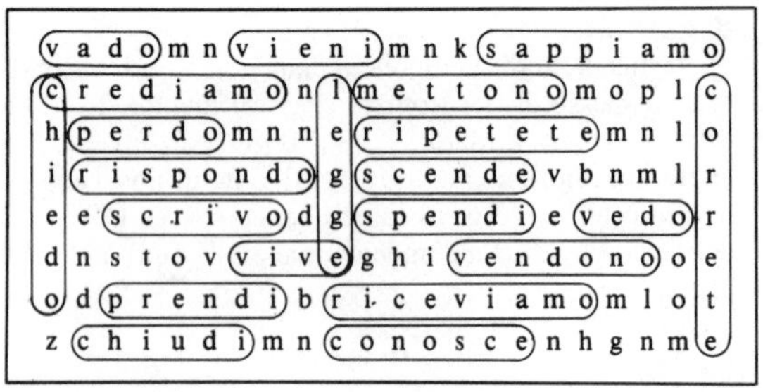

B.

1. No, quella. 2. No, quella. 3. No, quello. 4. No, quelle. 5. No, quelli. 6. No, quelli. 7. No, quello. 8. No, quelle. 9. No, quella. 10. No, quelli.

C.

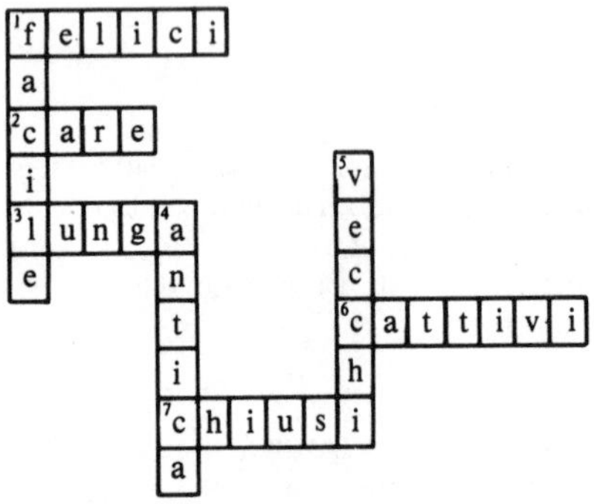

D.

1. lunedì 2. sabato 3. domenica 4. primavera 5. gennaio 6. maggio 7. aprile 8. ottobre

E.

1. È in orario l'aereo/L'aereo è in orario? 2. Non ho una/la carta d'imbarco. 3. Buon viaggio! 4. Fa molto freddo. 5. È mite. 6. Piove. 7. Nevica. 8. C'è il sole e tira vento.

DIALOGUE 9

1. ora 2. e 3. quindici 4. ha 5. qualche 6. tempo

PRACTICE SET 39

A.

1. due 2. dodici 3. quattro 4. quattordici 5. sei 6. sedici 7. otto 8. diciotto 9. venti 10. uno 11. undici 12. tre 13. cinque 14. quindici 15. sette 16. diciassette 17. nove 18. diciannove 19. dieci

B.

1. trenta 2. trentuno 3. trentadue 4. trentatrè 5. trentaquattro 6. trentacinque 7. trentasei 8. trentasette 9. trentotto 10. trentanove 11. quarantuno 12. quarantaquattro 13. quarantotto 14. cinquantadue 15. cinquantacinque 16. sessantatrè 17. sessantasette 18. settantadue 19. settantotto 20. ottantatrè 21. ottantasei 22. novantuno

C.

1. duecento trentasei 2. trecento cinquantasei 3. quattrocento ottantotto 4. cinquecento novantanove 5. seicento uno 6. settecento trentatrè 7. mille ottantanove 8. ventunmila *(drop the* **-o** *when joining up numbers ending in* **-uno***)* ottocento novanta 9. trecento quarantacinque mila ottocento novanta 10. un milione duecento trentaquattro mila cinquecento sessantasette 11. ventitrè milioni cinquecento sessantasette mila cinquecento quarantatrè 12. duecento trentaquattro milioni settecento sessantaquattro mila cinquecento ventotto 13. novecento novantanove milioni novecento novantanove mila novecento novantanove

D.

1. È il due gennaio. 2. È il primo febbraio. 3. È l'undici marzo *(the article is in front of a vowel).* 4. È il trenta maggio. 5. È l'otto aprile. 6. È il ventuno giugno (*or* ventun giugno). 7. È il quindici luglio. 8. È il ventotto agosto. 9. È il diciotto settembre. 10. È il sedici ottobre. 11. È il venticinque novembre. 12. È il primo dicembre.

E.

1. È il settimo giorno. 2. È la quarta stagione. 3. Sono le prime studentesse della classe. 4. Sono i secondi studenti della classe. 5. È il quarto giorno di aprile. 6. È il sesto giorno di giugno. 7. È il nono giorno di dicembre. 8. È il quinto giorno di luglio. 9. È l'ottavo giorno di agosto. 10. È il decimo giorno di ottobre. 11. È il trentesimo giorno di marzo. 12. È l'undicesimo giorno di gennaio. 13. È il quindicesimo giorno di settembre. 14. È il ventesimo giorno di novembre. 15. È il ventottesimo giorno di marzo. 16. È il ventitreesimo giorno di agosto.

PRACTICE SET 40

1. Sì, vorrei dei cappotti verdi. 2. Sì, vorrei degli ombrelli neri. 3. Sì, vorrei delle camicette rosse. 4. Vorrei delle cravatte gialle. 5. Sì, vorrei delle borse marrone. 6. Sì, vorrei dei fazzoletti viola. 7. Sì, vorrei degli impermeabili azzurri. 8. Sì, vorrei dei cappelli grigi. 9. Sì, vorrei delle gonne rosse. 10. Sì, vorrei delle maglie arancione.

PRACTICE SET 41

1. No, non desidero nessun espresso. 2. No, non desidero nessuna pasta. 3. No, non desidero nessuno zabaione. 4. No, non desidero nessun gelato. 5. No, non desidero nessun'aranciata. 6. No, non desidero nessun aperitivo. 7. No, non desidero nessun tramezzino. 8. No, non desidero nessuno spumante.

PRACTICE SET 42

1. Sì, ho alcune lettere. 2. Sì, ho alcuni pettini. 3. Sì, ho alcuni specchi. 4. Sì, ho alcuni portafogli. 5. Sì, ho alcune fotografie. 6. Sì, ho alcune valige. 7. Sì, ho alcuni biglietti. 8. Sì, ho alcuni guanti.

PRACTICE SET 43

1. Sì, conosco qualche italiano. 2. Sì, scrivo qualche lettera. 3. Sì, leggo qualche libro spesso. 4. Sì, compro qualche pasta. 5. Sì, mangio sempre qualche panino. 6. Sì, telefono spesso a qualche amico. 7. Sì, conosco qualche professoressa. 8. Sì, ho qualche lira.

PRACTICE SET 44

1. Vorrei del/un po' di vino. 2. Il martedì compro sempre del/un po' di latte. 3. Mangio spesso del/un po' di pane. 4. La domenica mangio spesso della/un po' di carne. 5. Metto sempre dello/un po' di zucchero nell'espresso. 6. Prendo sempre dell'/un po' di acqua con il vino. 7. Non compro mai latte il martedì. 8. Non mangio carne. 9. Non metto mai zucchero nell'espresso. 10. Non prendo mai acqua con il vino.

PRACTICE SET 45

1. Gina: Anche io alcuni tramezzini, grazie.
   Pino: Anche io qualche tramezzino, prego.
   Pina: Io, invece, non desidero nessun tramezzino. Vorrei dell'acqua.
2. Gino: Sì, dei panini, per favore.
   Pino: Anche io qualche panino, prego.
   Pina: Io, invece, non desidero nessun panino. Vorrei del latte.
3. Gino: Sì, degli aperitivi, per favore.
   Gina: Anche io alcuni aperitivi, grazie.
   Pino: Anche io qualche aperitivo, prego.
   Pina: Vorrei del vino.
4. Gino: Sì, dei cappuccini, per favore.
   Gina: Anche io alcuni cappuccini, grazie.
   Pina: Io, invece, non desidero nessun cappuccino. Vorrei del pane.

PRACTICE SET 46

1. Quale 2. Quante 3. Quanti 4. Quali 5. Quanti 6. Quali 7. Quale 8. Quanto 9. Quanta 10. quanti, hai, ventidue 11. quanti, ha, trentanove 12. quanti, ha, quarantasei

PRACTICE SET 47

1. poco 2. molto 3. troppa 4. molto 5. troppo 6. molta 7. molto 8. molta 9. molto, abbastanza 10. quasi 11. abbastanza, quasi 12. Tutti 13. tutte 14. tutti 15. tutto 16. Tutti e due 17. Tutte e due 18. tutto

PRACTICE SET 48

1. Non ne conosco molti. 2. Oggi ne scrivo. 3. Domani ne scrivo tre. 4. Tutti i mesi ne leggo alcuni. 5. Ne desidero due, grazie. 6. Quanti ne desidera? 7. Ne spendo sempre troppe. 8. Chi ne desidera? 9. Io ne prendo un po'.

PRACTICE SET 49

1. Sono le dodici. 2. Sono le sei. 3. È l'una. 4. Sono le cinque. 5. Sono le undici. 6. È l'una precisa. 7. Sono le tre precise. 8. Sono le dieci precise. 9. Sono le nove precise. 10. Sono le otto in punto. 11. Sono le sette in punto. 12. Sono le quattro in punto. 13. È l'una in punto. 14. Sono le due in punto. 15. Sono le otto. 16. Sono le tredici. 17. Sono le tre. 18. Sono le ventuno. 19. Sono le diciassette. 20. Sono le ventitrè. 21. Sono le venti. 22. È mezzanotte. 23. È mezzogiorno. 24. Sono le diciotto. 25. Sono le sei di/della sera. 26. Sono le undici di/della mattina (del mattino). 27. Sono le quattro di/della mattina (del mattino) *or* di/della notte. 28. È l'una di/della notte *(probably the best)*. 29. È l'una di/del pomeriggio. 30. Sono le undici di/della sera. 31. Sono le dieci di/della mattina (del mattino). 32. Sono le otto di/della sera. 33. Sono le otto e cinque. 34. Sono le nove e venticinque. 35. Sono le undici e quaranta. 36. Sono le sette e venti. 37. Sono le cinque e cinquanta. 38. Sono le sei e cinquantacinque. 39. Sono le sette e quindici. 40. Sono le sei e trenta. 41. Sono le tredici e dieci. 42. Sono le quattordici e venticinque. 43. Sono le sedici e quaranta. 44. Sono le diciotto e cinquantacinque. 45. Sono le ventidue e cinque. 46. Sono le ventitrè (precise/in punto). 47. Sono le venti e cinquantacinque. 48. Sono le diciassette e quarantacinque. 49. le dieci meno tredici 50. le ventuno meno cinque 51. le due meno uno 52. le diciassette meno dieci 53. le sei meno quattordici 54. È l'una e un quarto. 55. Sono le venti e mezzo/mezza. 56. Sono le sei e un

quarto. 57. Sono le ventidue e mezzo/mezza. 58. Sono le due meno un quarto. 59. Sono le quattordici meno un quarto.

PRACTICE SET 50

1. volte 2. ore 3. tempo 4. ora 5. volte 6. tempo

PRACTICE SET 51

1. Prima, poi 2. Qualche volta 3. adesso/ora, mai 4. già 5. appena 6. Ogni 7. Stamani, stasera 8. sempre, alla settimana 9. dopodomani 10. Appena 11. già 12. presto, tardi 13. quasi 14. Ogni, di solito 15. allora 16. all'anno 17. Ieri l'altro 18. presto, appena

PRACTICE SET 52

1. durante 2. mentre 3. durante 4. appena

PRACTICE SET 53

1. Lavoro da ieri. 2. Giovanni arriva tra/fra dieci minuti. 3. Leggo da tre ore. 4. Corro da venti minuti. 5. Vado al Bar Roma tra/fra un'ora.

READING 9

A.
1. a 2. b 3. a 4. b 5. a

B.
1. Pina ha una lezione di matematica. 2. Non ha tempo di stare con Marco. 3. È molto intelligente e brava in matematica. 4. Risolve il problema senza difficoltà.

DIALOGUE 10

1. sta 2. soffre 3. testa 4. gola 5. febbre 6. dottoressa 7. raffreddore 8. dormire 9. aspirina

PRACTICE SET 54

A.
1. apro 2. capisco 3. parto 4. finisco

B.
1. copri 2. preferisci 3. dormi

C.
1. offre 2. colpisce

D.
1. serviamo 2. costruiamo

E.
1. sentite 2. pulite

F.
1. soffrono 2. spariscono

PRACTICE SET 55

A.
1. pensa 2. andiamo 3. comincio 4. chiamo 5. abiti 6. aspetto 7. Studio 8. pranziamo 9. cominciano 10. spero

B.
1. vende 2. vedo 3. chiedono 4. Leggo 5. vivi 6. vendiamo 7. conosci 8. prendiamo 9. ripetono

C.
1. capite 2. preferisco 3. finisco 4. parte 5. capisco 6. preferisce 7. Capisci 8. preferisco 9. capiscono

PRACTICE SET 56

A.
1. salgono 2. bevete 3. danno 4. dici 5. beve 6. salgo 7. dà 8. esci 9. va

B.
1. diamo 2. dico 3. esco 4. viene 5. so

PRACTICE SET 57

1. della 2. Sul 3. in, a 4. dalla 5. dal 6. Alla 7. Nella 8. in, a 9. dall', da 10. in, a 11. Negli 12. da 13. dal 14. A

PRACTICE SET 58

1. Fra/Tra 2. Con il/Col 3. per, tra 4. dentro 5. dietro 6. Davanti 7. fuori 8. sopra 9. sotto 10. Tra/Fra 11. per 12. Con l'/Coll'

PRACTICE SET 59

1. nell' 2. in, nella 3. negli 4. dall' 5. a 6. In 7. alla 8. nella 9. nel

PRACTICE SET 60

1. Si sente male. 2. Mi dispiace. 3. mal di gola e un forte mal di testa. 4. ha la febbre a 40. 5. l'influenza 6. Tra due giorni.

PRACTICE SET 61

1. Ho mal di piedi. 2. Ho mal di testa. 3. Ho mal di denti. 4. Ho mal di gola. 5. Ho mal di stomaco. 6. Mi fa male la mano. 7. Mi fa male l'orecchio. 8. Mi fa male la lingua. 9. Mi fa male il naso. 10. Mi fa male l'occhio. 11. Mi fa male il labbro. 12. Mi fa male il dito. 13. Mi fa male la gamba. 14. Mi fa male il collo. 15. Mi fa male il ginocchio. 16. Mi fa male la gamba. 17. Mi fa male il gomito. 18. Mi fa male il braccio.

19. Ho una malattia che non è pericolosa. 20. Ho un forte raffreddore. 21. Mi fanno male i piedi. 22. Mi fanno male le gambe. 23. Ho la tosse. 24. Ho l'influenza. 25. Ho probabilmente la polmonite. 26. Mi fanno male i denti. 27. Mi fanno male gli occhi.

READING 10

A.

1. Elena torna dal medico. 2. Ha mal di stomaco e un forte mal di testa. 3. La dottoressa visita Elena. 4. Questa volta Elena ha un'indigestione. 5. Deve prendere una medicina digestiva.

B.

1. Elena non sta bene. 2. Ha mal di gola e di stomaco. 3. Ha l'influenza. 4. Ha bisogno di riposare e di dormire di più.

PRACTICE SET 62

A.

1. dodici *(numbers increase by three)* 2. sedici *(numbers decrease by one)* 3. cinquanta *(numbers increase by ten)* 4. cinquecento cinquantacinque *(all three digits are the same)* 5. quattromila quattro *(each number begins and ends with the same digit)* 6. 666,777 = seicento sessantasei mila, settecento settantasette *(first three digits repeat the last three of the previous number; the last three digits are the next highest digit)* 7. 999,999,999 = novecento novantanove milioni/novecento novantanove mila, novecento novantanove *(Can you figure out why?)*

B.

quarantasette

C.

1. tre ottavi 2. quattro venticinquesimi 3. dodici trentottesimi 4. un terzo 5. un nono 6. cinque undicesimi

D.

1. È il primo gennaio. 2. È il quattordici febbraio. 3. È il dodici marzo. 4. È il tre maggio. 5. È il quattro aprile. 6. È il primo ottobre.

E.

1. Sì, ne ho alcune. 2. Sì, ne ho alcuni. 3. Sì, ne ho un po'. 4. Sì, ne ho un po'. 5. Sì, ne ho alcuni. 6. Sì, ne ho un po'.

F.

1. No, non ho nessuna scarpa. 2. No, non ho nessuno zaino. 3. No, non ho nessun amico. 4. No, non ho nessun'amica. 5. No, non ho nessun guanto.

G.

1. Sì, conosco qualche studente. 2. Sì, leggo qualche libro. 3. Sì, compro qualche pasta. 4. Sì, desidero qualche matita.

H.

1. g 2. e 3. a 4. b 5. c 6. d
7. f 8. n 9. h 10. i 11. j 12. k
13. l 14. m 15. q 16. o 17. p
18. z 19. y 20. x 21. w 22. u
23. v 24. r 25. t 26. s

I.

1. Sono le otto e quindici/un quarto. 2. Sono le sette e quindici/un quarto. 3. Sono le quattro e quaranta/Sono le cinque meno venti. 4. Sono le nove e quaranta/Sono le dieci meno venti. 5. Sono le sedici e trenta/mezzo/mezza. 6. Sono le tredici (precise/in punto). 7. Sono le quattordici e venti. 8. Sono le ventitrè e trenta/mezzo/mezza.

J.

1. dormo, pulisci 2. capisce, preferisce 3. finiscono, spariscono 4. partiamo

K.

1. Do 2. Dico 3. Bevo 4. Esco 5. Salgo/Scendo 6. Tengo

L.

1. piede 2. orecchi 3. collo 4. ginocchio 5. gomito 6. dito 7. occhi 8. denti 9. raffreddore, tosse 10. polmonite, influenza

DIALOGUE 11

1. Lorenzo risponde al telefono. 2. Rosa deve parlare più forte. 3. Per andare a casa di Rosa Lorenzo deve andare al primo semaforo (vicino a casa sua), girare a sinistra e continuare per un isolato. 4. Maria è un'amica (di Lorenzo e di Rosa). 5. Lorenzo deve andare al *Bar Roma* tra qualche minuto.

PRACTICE SET 63

A.

1. Ascolta! 2. Aspetta Maria! 3. Balla con Gina! 4. Cantate! 5. Cercate la penna! 6. Cominciate la lezione! 7. Entri! 8. Guardi la T.V.! 9. Mangi il tramezzino! 10. Paghiamo! 11. Ceniamo! 12. Telefoniamo alla ragazza!

B.

1. Chiedi che ora è!/Chiedi che ore sono! 2. Chiudi la porta! 3. Leggi! 4. Mettete la borsa sulla scrivania! 5. Prendete un caffè! 6. Rispondete! 7. Scriva! 8. Venda la casa! 9. Corra! 10. Spendiamo le lire! 11. Chiudiamo la finestra!

C.

1. Apri la porta! 2. Finisci la pasta! 3. Servi il tè! 4. Dormite! 5. Pulite la camera! 6. Finite il panino! 7. Apra la finestra, per favore! 8. Finisca il tè, subito! 9. Partiamo! 10. Finiamo!

PRACTICE SET 64

1. faccia, fate 2. di', dite 3. dia, date 4. venga, venite 5. bevi, bevete 6. esci, uscite 7. Venga, venite 8. Salga, salite 9. tieni, tenete 10. vada, andate 11. stia, state 12. sii, siate 13. abbia, abbiate

PRACTICE SET 65

1. Mario, non ascoltare! 2. Professore, non ascolti! 3. Maria, non chiudere la porta! 4. Signora, non apra la finestra! 5. Gino, non finire il caffè! 6. Bambino, non venire qui! 7. Claudia, non stare zitta! 8. Ragazzi, non uscite! 9. Mario, non andare via!

PRACTICE SET 66

A.
1. Pronto. 2. sono 3. Sto

B.
1. C'è 2. sono

C.
1. sto guardando 2. sto mangiando 3. sto pulendo

PRACTICE SET 67

A.
1. Va' a sud un isolato! 2. Gira a sinistra al semaforo! 3. Continua per un isolato diritto! 4. Attraversa la strada!

B.
1. Vada a est due isolati! 2. Giri a destra al semaforo! 3. Continua per un isolato diritto! 4. Attraversa la strada!

C.
1. Io, invece, dormo sopra il letto. 2. Io, invece, preferisco stare dentro. 3. Io, invece, sto sempre davanti/di fronte. 4. Io, invece, abito lontano. 5. Io, invece, vado giù per le scale. 6. Io, invece, cammino avanti.

D.
1. in aereo/coll'aereo/con l'aereo 2. a piedi 3. in macchina/con la macchina/in automobile/coll'automobile 4. in treno/col treno/con il treno 5. in autobus/coll'autobus

E.
1. Sto girando 2. Stanno attraversando 3. Stiamo continuando 4. Sta camminando 5. Sta guidando

PRACTICE SET 68

1. Sì, ci vado tra poco. 2. Sì, ci vado oggi. 3. Sì, ci vado. 4. Sì, ci vado domani. 5. Sì, ci vado spesso.

READING 11

A.
1. Lorenzo va al bar. 2. Ci va a piedi. 3. Passa molti semafori. 4. Cammina per un'ora. 5. Perché il bar è un po' lontano da casa sua. 6. Al bar vede Rosa, Maria e altri amici. 7. Stanno bevendo il caffè e stanno parlando. 8. Lorenzo vuole andare al cinema. 9. Dopo il caffè tutti vanno al cinema.

B.
1. Lorenzo non vede Rosa da tanto tempo. 2. va sempre al bar a piedi. 3. vuole andare al cinema spesso. 4. abita/vive vicino a Rosa.

DIALOGUE 12

1. vero 2. falso 3. vero 4. vero 5. vero

PRACTICE SET 69

1. Devo studiare stasera. 2. Non posso uscire domani. 3. Voglio studiare tanto/molto. 4. Amo leggere. 5. Spero di imparare. 6. Puoi uscire? 7. Devi lavorare domani? 8. Vuoi mangiare una pasta? 9. Pensi di andare a Roma? 10. Cominci a imparare l'italiano? 11. Perché (Maria) non può venire al Bar Roma? 12. Perché non vuole bere il vino? 13. Perché non deve studiare? 14. Perché non sa ballare? 15. Vogliamo comprare/fare un biglietto. 16. Ci possiamo andare. 17. Dobbiamo partire. 18. Potete mangiare la carne? 19. Volete dello/un po' di zucchero? 20. Dovete andare a piedi? 21. (Mario e Maria) non possono comprare la casa. 22. Vogliono vivere in periferia. 23. Devono pulire la casa.

PRACTICE SET 70

A.
1. mi sveglio 2. mi alzo 3. mi lavo 4. mi vesto 5. ti addormenti 6. ti alzi 7. mi diverto

B.
1. si sposa 2. si sposano 3. vi sposate 4. Ci vogliamo divertire

C.
1. si sente 2. Mi sento 4. mi arrabbio 4. mi alzo

PRACTICE SET 71

1. Ci telefoniamo ogni giorno. 2. Non si conoscono. 3. Si amano. 4. Ci scriviamo sempre.

PRACTICE SET 72

1. si mangiano 2. si vende 3. si vendono 4. si bevono 5. si beve

PRACTICE SET 73

A.

1. soldi 2. Duecentomila lire 3. in contanti 4. ha un conto in quella banca 5. prelevare 200.000 lire da un conto 6. un modulo di prelevamento e un modulo di versamento

B.

1. cambiare 2. assegno turistico 3. dollari 4. versare 5. conto 6. bene 7. modulo (di versamento)

READING 12

A.

1. un conto alla banca vicino a casa sua.
2. di buon'ora alla banca perché ha molte cose da fare.
3. si veste in fretta, prende un caffè velocemente, e va con l'autobus alla banca. 4. trova la banca chiusa. 5. di ferie.

B.

1. Il signor Giusti vuole aprire un conto alla banca.
2. Compila un modulo alla banca/in banca. 3. La banca è vicino a casa sua. 4. Si alza sempre presto, si veste in fretta, e prende un caffè velocemente.

PRACTICE SET 74

A.

1. Mi sa dire dov'è (dove si trova) via Verdi?
2. Di dov'è? 3. Come si fa per andare a Firenze?
4. Quanto costa il caffè? 5. Non ho una/la prenotazione. 6. Vorrei un posto vicino al finestrino. 7. Pronto. 8. C'è il signor Dini?
9. Con chi parlo? 10. Chi parla? 11. Chi è?
12. Sono Gina.

B.

1. Versi 100.000 lire, per favore. 2. Vada a sinistra, poi giri a destra al semaforo.
3. Cammina verso il semaforo, e poi attraversa la strada.

C.

1. Alzati! 2. Svegliati! 3. Divertiti!
4. Fermati! 5. Si diverta! 6. Si alzi!
7. Si sposi! 8. Si fermi! 9. Svegliatevi!
10. Alzatevi! 11. Lavatevi! 12. Vestitevi!

D.

d	e	n	a	r	o	b	j	i	l	o	p	l	k	m	n	b	g	h	y	i	c
c	n	m	k	l	o	i	u	y	t	r	e	w	q	a	s	i	o	l	o	p	o
o	b	n	v	e	r	s	a	r	e	k	l	o	p	i	o	i	l	o	p	l	n
n	n	m	k	l	o	p	o	i	u	y	t	r	e	w	n	m	l	p	o	k	t
t	l	o	p	o	i	u	y	t	r	e	w	q	n	m	k	l	o	p	o	l	a
o	m	m	m	l	l	l	o	o	o	i	i	i	t	t	t	d	d	d	m	l	n
l	i	b	r	e	t	t	o	l	o	p	r	e	l	e	v	a	r	e	k	l	t
d	e	n	s	o	l	d	i	m	k	l	o	p	o	i	u	j	k	l	o	p	i

1. prelevare 2. versare 3. denaro
4. soldi 5. contanti 6. conto

REVIEW SET 2

A.

1. k 2. j 3. e 4. a 5. b 6. c
7. d 8. h 9. g 10. i 11. f

B.

1. aprile, maggio, giugno, settembre, ottobre, dicembre
2. martedì, venerdì, sabato 3. estate, autunno

C.

1. Ho la febbre. 2. Sta'/Stia zitto (-a)!
3. Va'/Vada via! 4. È una bella giornata./Fa bel tempo, ma tira vento. 5. Giri a sinistra.
6. Sono le due e mezzo del pomeriggio./Sono le quattordici e trenta.

D.

1. a 2. a 3. b 4. a 5. b 6. b
7. a 8. b 9. b

DIALOGUE 13

1. noioso 2. Gina 3. pace. 4. mezzogiorno 5. prendere 6. ha 7. preso
8. amato

PRACTICE SET 75

1. Mi 2. ti 3. ti 4. lo 5. la
6. le 7. li 8. vi 9. Ci

PRACTICE SET 76

1. Sì, lo bevo. 2. No, non li compro.
3. No, (Marco) non la mangia. 4. Sì, (il professore) li mangia. 5. No, non le mangio.
6. Sì, lo leggo. 7. Sì, la leggo. 8. No, non le ho. 9. ti 10. La 11. La 12. ti

PRACTICE SET 77

1. le 2. lo 3. gli 4. la 5. li
6. gli 7. le 8. La 9. Le

PRACTICE SET 78

1. Telefonale! 2. Aspettami! 3. Chiamali!
4. Mangiala! 5. Le telefoni! 6. Mi aspetti!
7. Li chiami! 8. La mangi!

PRACTICE SET 79

1. Maria piace a Giovanni. 2. Ma Giovanni non piace a Maria. 3. Giovanni piace agli amici di Maria. 4. Ma gli amici di Maria non piacciono a Giovanni. 5. Maria piace molto agli amici di Giovanni.

PRACTICE SET 80

1. Giovanni, (tu) non mi piaci. 2. Ma tu mi piaci. 3. Marco e Dino piacciono a Giuseppina?
4. Sì, le piacciono. (Lei) ci piace, vero? 5. Sì, le luci ci piace. E noi gli piacciamo.

PRACTICE SET 81

1. Sì, mi piace, ma è troppo cara. 2. Sì, mi piacciono, ma sono troppo care. 3. Sì, mi piace, ma è troppo caro. 4. Sì, mi piacciono, ma sono

troppo cari. 5. Ti piace la torta? 6. Ti piacciono le caramelle? 7. Ti piace il biscotto? 8. Ti piacciono i cioccolatini? 9. Gli piace l'appartamento nuovo?/Sì, ci piace a tutti e due. 10. Gli piacciono i prezzi delle case?/Sì, ci piacciono a tutti e due.

PRACTICE SET 82

1. Che buon cappuccino!/Che cappuccino buono! 2. Che vino cattivo! 3. Che bella casa!/Che casa bella! 4. Che brutta macchina!/Che macchina brutta! 5. Come (Quanto) sono buoni i biscotti! 6. Come (Quanto) è cattiva la torta! 7. Come (Quanto) sono belle le scarpe! 8. Come (Quanto) sono brutti i pantaloni!

PRACTICE SET 83

1. Ho ascoltato la radio un'ora fa. 2. Ho venduto la macchina una settimana fa. 3. Ho appena finito di mangiare. 4. Tu hai comprato tre vestiti. 5. Tu hai voluto solo un vestito. 6. Tu non hai servito nessuno. 7. No, ha lavorato ieri. 8. No, ha dovuto lavorare ieri. 9. No, ha pulito la casa stamani. 10. No, abbiamo già pagato il conto. 11. No, abbiamo dovuto lavorare la settimana scorsa. 12. Sì, abbiamo capito tutto! 13. Marco, Maria, avete mangiato? 14. Signore, signori, avete saputo la verità? 15. Gianni, Maria avete finito? 16. No, hanno già cenato. 17. No, hanno venduto la macchina il mese scorso. 18. No, hanno finito di mangiare poco fa.

PRACTICE SET 84

1. Ho messo la penna sul tavolo. 2. Ho detto la verità. 3. Gino ha bevuto già il vino. 4. Maria e Gino hanno scritto la lettera la settimana scorsa. 5. Ho chiuso la finestra un minuto fa. 6. Ho dato l'assegno turistico al cassiere. 7. Ha fatto freddo ieri. 8. Ha fatto caldo la settimana scorsa. 9. Non ho ancora letto la rivista. 10. Ho perso la valigia.

PRACTICE SET 85

1. Sì, la ho finita/l'ho finita. 2. Sì, lo ho bevuto/l'ho bevuto. 3. Sì, le ho comprate. 4. Sì, li ho versati. 5. Ne ho mangiata molta. 6. Ne ho comprati alcuni. 7. Sì, Maria la ha venduta/l'ha venduta. 8. Sì, Gino li ha finiti. 9. Sì, (loro) lo hanno letto/l'hanno letto. 10. Sì, (loro) le hanno aperte.

READING 13

A.

1. Gino è un tipo noioso. 2. Ha chiesto a Gina di uscire con lui. 3. Ha chiamato Gina per telefono. 4. Ha preso l'autobus. 5. A casa di Gina ha parlato con la sorellina per venti minuti e poi l'ha portata a prendere il gelato.

B.

1. A Gino piace Gina. 2. Gino l'ha chiamata ieri. 3. Ha preso l'autobus fino a casa sua. 4. Ha portato la sorellina a prendere un gelato.

DIALOGUE 14

1. Il papà di Nino torna fra poco (presto). 2. Nino ha rotto la (sua) bicicletta. 3. Nino è caduto. 4. La mamma lo aiuta a aggiustare la sua bicicletta. 5. La mamma è molto brava a aggiustare le cose.

PRACTICE SET 86

1. sono arrivato, sono arrivata 2. sei entrato, sei entrata 3. è uscito, è uscita 4. Siamo andati, siamo andate 5. siete tornati, siete tornate 6. sono venuti, sono venute

PRACTICE SET 87

1. Mi sono alzato, mi sono alzata 2. ti sei svegliato, ti sei svegliata 3. si sono arrabbiati, si sono arrabbiate 4. Si è sposato, si è sposata.

PRACTICE SET 88

1. mio, mio 2. mia, mia 3. miei, miei 4. mie, mie 5. le tue, le tue 6. i tuoi, i tuoi 7. la tua, la tua 8. il tuo, il tuo 9. il suo, il suo 10. la sua, la sua 11. i suoi, i suoi 12. le sue, le sue 13. la sua 14. il suo 15. le sue 16. i suoi 17. la sua 18. i suoi 19. le nostre, le nostre 20. il nostro, il nostro 21. i nostri, i nostri 22. la nostra, la nostra 23. I vostri, I vostri 24. Le vostre, le vostre 25. Il vostro, il vostro 26. La vostra, La vostra 27. la loro, la loro 28. il loro, il loro 29. i loro, i loro 30. le loro, le loro

PRACTICE SET 89

A.

1. Nino 2. Paolo 3. Nina 4. Nino 5. Franco

B.

1. nonna 2. madre 3. moglie 4. nonno 5. mariot 6. padre 7. moglie 8. figlio 9. cognata 10. zia 11. zio 12. cognato 13. sorella 14. fratello 15. cugino 16. cugina

PRACTICE SET 90

1. no article 2. I (miei zii) 3. Il (tuo fratello ricco) 4. no article, no article 5. Il (loro padre), la (loro madre) 6. no article

READING 14

A.

1. Il padre di Nino torna a casa dopo che ha fatto la spesa. 2. Vede che sua moglie e suo figlio stanno aggiustando la bicicletta. 3. Lui li vuole aiutare. 4. Nino, suo padre e sua madre hanno lavorato (hanno aggiustato la bicicletta) tutto il pomeriggio. 5. Hanno finito di aggiustare la bicicletta quando è arrivata l'ora di cena. 6. Dopo cena la famiglia Santucci è andata a prendere un gelato. 7. La famiglia Santucci è molto felice.

B.

1. Ieri il padre è uscito a fare la spesa. 2. Nino ha

rotto la sua bicicletta. 3. La madre e il padre di Nino lo hanno aiutato a aggiustare la sua bicicletta. 4. La famiglia è uscita dopo cena a/per prendere un gelato.

PRACTICE SET 91

A.
1. ti 2. mi 3. Ti 4. mi 5. la
6. li 7. Ti 8. mi 9. ci

B.
1. Mi sono piaciute le scarpe. 2. Le scarpe sono piaciute anche a lui. 3. Non le sono piaciute le scarpe. 4. Gli è piaciuta la maglia azzurra. 5. Non gli sono piaciuti i pantaloni.

C.
1. sono 2. ha 3. sono 4. hai
5. sono

D.
1. la mia 2. il tuo 3. i miei 4. il mio
5. Sua 6. i tuoi

E.
1. la nonna 2. mia cognata 3. mia zia
4. nostro cugino 5. lo zio

DIALOGUE 15
1. Quando era bambina Claudia era piccola; era la più piccola della scuola. 2. Oggi, invece, è più alta di Giorgio. 3. Giorgio era grasso e attivo. 4. Giocavano sempre insieme. 5. Oggi Giorgio è magro e attivo.

PRACTICE SET 92

1. Mio zio è generoso. Tuo zio è più generoso. Suo zio è il più generoso. 2. Mia moglie è timida. Tua moglie è meno timida. Sua moglie è la meno timida. 3. La mia macchina è grande. La tua (macchina) è più grande. La sua (macchina) è la più grande. 4. I miei pantaloni sono moderni. I tuoi (pantaloni) sono meno moderni. I suoi (pantaloni) sono i meno moderni. 5. Le mie scarpe sono economiche. Le tue (scarpe) sono più economiche. Le sue (scarpe) sono le più economiche. 6. Il mio orologio è caro. Il tuo (orologio) è meno caro. Il suo (orologio) è il più caro. 7. Mio fratello è maleducato. Tuo fratello è più maleducato. Suo fratello è il più maleducato.

PRACTICE SET 93

1. che 2. di 3. degli 4. che
5. delle 6. della

PRACTICE SET 94

1. migliore 2. meglio 3. peggiore
4. peggio 5. il migliore 6. il meglio
7. il peggiore 8. il peggio

PRACTICE SET 95

A.
1. alzavo 2. andavo 3. Uscivo
4. volevo

B.
1. guardavi 2. dormivi 3. volevi

C.
1. capiva 2. ascoltava 3. leggeva

D.
1. camminavamo 2. Dovevamo 3. venivamo

E.
1. abitavate 2. avevate 3. preferivate

F.
1. servivano 2. volevano 3. mangiavano

PRACTICE SET 96

1. faceva 2. Bevevo 3. era 4. Ero
5. bevevamo 6. facevano 7. dicevano
8. bevevano

PRACTICE SET 97

1. così . . . come 2. Durante 3. né . . . né
4. Non solo . . . ma anche 5. perché
6. Appena 7. Quando 8. Mentre
9. sia . . . che 10. o . . . o 11. se
12. Anche se 13. dopo che

PRACTICE SET 98

1. che 2. cui 3. che 4. cui 5. che
6. cui 7. che 8. che
9. Da giovane 10. in saldo 11. fumetti
12. Ovviamente 13. eccellente 14. qualcosa
15. lo stesso 16. problema 17. dolore
18. preoccupi 19. lasciato

READING 15
A.
1. era, andava 2. andava 3. andava, preferiva
4. sono sposati 5. Hanno, vanno 6. cambia

B.
1. Claudia era la più piccola della scuola. 2. Giorgio era grasso e attivo. 3. (Loro) giocavano sempre insieme. 4. Claudia andava sempre in vacanza con i suoi genitori. 5. Giorgio e Claudia adesso/ora vanno in vacanza ogni tanto.

DIALOGUE 16
1. Il marito vuole andare a visitare la famiglia Spinelli. 2. La moglie non ci vuole andare. 3. Perché ogni volta che (lei e suo marito) vanno lì, il marito si mette sempre a parlare di sport. 4. Andranno invece a un bel ristorante.

PRACTICE SET 99

A.
1. mangerò 2. Leggerò 3. divertirò

B.
1. pagherai 2. metterai 3. finirai

C.
1. tornerà 2. spenderà 3. costruirà

D.
1. cercheremo 2. venderemo 3. partiremo

E.
1. sposerete 2. conoscerete 3. divertirete

F.
1. torneranno 2. venderanno 3. capiranno

PRACTICE SET 100

1. verrò 2. vivrete 3. farà 4. dovrete
5. vedranno, sapranno, potranno, darà, berrà

PRACTICE SET 101

A.
1. Sì, pago (il conto) io! 2. Sì, ha sempre ragione il professore. 3. Sì, è una bella lingua l'italiano!

B.
1. Tuo fratello chiama me sempre. 2. Inviteremo loro alla festa. 3. Perché vuoi noi? 4. Che cosa dice a voi? 5. Telefoni a lui spesso?
6. Telefonerai a lei stasera?

C.
1. loro 2. me . . . lei 3. te
4. lui . . . voi 5. loro

PRACTICE SET 102

1. Buonasera, cosa prende? 2. Cosa c'è?
3. Vorrei l'antipasto. 4. Cosa ha per contorni?
5. Cosa c'è da bere?

PRACTICE SET 103

1. il coltello 2. il bicchiere 3. il cucchiaio
4. la forchetta 5. la tazza 6. il tovagliolo
7. la bottiglia 8. il piatto

READING 16
A.
1. La moglie e il marito parlano di dove andranno per la loro vacanza l'anno prossimo mentre stanno cenando. 2. Forse andranno in Francia o negli Stati Uniti./Forse visiteranno la Francia o forse andranno negli Stati Uniti (a trovare degli amici e dei parenti). 3. Alla fine decidono di andare in Francia. 4. Perché lì sapranno parlare la lingua del paese.
B.
1. La moglie non vuole andare a visitare la famiglia Spinelli. 2. Il marito parla sempre di sport/dello sport. 3. Il marito e la moglie visiteranno la Francia l'anno prossimo. 4. Vanno lì perché sanno la lingua.

PRACTICE SET 104

A.
1. Ieri pioveva. 2. La settimana scorsa nevicava.
3. Il mese scorso faceva bel tempo. 4. Il vino costava molto poco. 5. Quando ero giovane, guardavo sempre la T.V. 6. Quando avevo dieci anni, giocavo tanto/molto.

B.
1. Domani andrò in centro. 2. Mia sorella verrà tra (fra) una settimana. 3. I miei amici verranno alla festa. 4. Mangerò solo (la) pizza. 5. Io e il mio amico (la mia amica) berremo solo (l')acqua minerale. 6. Tra (fra) poco uscirò.

C.
1. Pino 2. Gina

D.
1. d 2. c 3. a 4. b

DIALOGUE 17
1. azzurro 2. seta 3. saldo 4. costa
5. camicetta 6. buon

PRACTICE SET 105

1. Preferirei 2. mangerei 3. berrei
4. prenderei 5. Vorrei

PRACTICE SET 106

1. Sì, lei si comporta sempre sinceramente.
2. Sì, lui si comporta sempre generosamente.
3. Sì, loro si comportano sempre noiosamente.
4. Sì, loro si comportano sempre intelligentemente.
5. Sì, lei si comporta sempre elegantemente.

PRACTICE SET 107

1. Capisco facilmente. 2. Studio difficilmente.
3. Abitavo centralmente (in centro) 4. Mi chiamano popolarmente "Dino/Dina." 5. Vado regolarmente in Italia ogni anno. 6. Bevo normalmente il vino a cena.

PRACTICE SET 108

1. Ha romanzi? Quanto costano? 2. Ha riviste di sport? Quanto costano? 3. Ha della carta e un calendario? Quanto costano? 4. Ha un orologio d'oro? Quanto costa? 5. Ha i francobolli? Quanto costano? 6. Ha una lampada, un frigorifero, un televisore, e una radio? Quanto costano? 7. Ha un tavolo, una sedia, e un divano? Quanto costano?
8. Ha un vestito da sera? Quanto costa? 9. Ha della frutta e un po' carne? Quanto costano?

READING 17
A.
1. Generalmente la signora Dini compra le cose in saldo. 2. Ieri ha deciso di spendere molto per suo nipote. 3. E andata in una libreria (per comprargli due libri). 4. Voleva un libro di fiabe e un libro di giochi. 5. La commessa raccomanda due bei libri

illustrati. 6. La signora Dini spera che i due libri piaceranno a suo nipote.

B.

1. La signora Dini compra sempre le cose in saldo.
2. Ha deciso ieri di spendere molto per suo nipote.
3. Ha comprato due bei libri illustrati per suo nipote.
4. Spera che piaceranno a suo nipote.

DIALOGUE 18

1. Domani Marco va/andrà a sciare. 2. Va a sciare da diversi anni/Pratica lo sci da diversi anni. 3. Nadia preferisce il nuoto. 4. L'anno scorso ha vinto il campionato del nuoto. 5. Adesso vuole imparare a sciare.

PRACTICE SET 109

A.

1. Davvero?/Veramente? 2. Come mai? 3. Magari! 4. Macché! 5. Peccato!

B.

1. Pazienza! 2. Non importa! 3. Non sono d'accordo! 4. Macché! 5. Meno male!

PRACTICE SET 110

1. lo sci 2. il calcio 3. la pallacanestro 4. il pugilato 5. il tennis 6. il nuoto 7. l'automobilismo 8. il ciclismo 9. il pattinaggio

PRACTICE SET 111

1. ha perso 2. giocherà 3. vincerà 4. ha sciato 5. Ha pattinato 6. nuoterà

PRACTICE SET 112

1. l'insegnante 2. ingegnere 3. l'avvocatessa/ l'avvocato 4. segretaria 5. infermiera 6. medico 7. commessa 8. cameriere

PRACTICE SET 113

1. Sì, conosco molti uomini tedeschi. 2. Sì, conosco molte donne tedesche. 3. Sì, ho i miei soldi in molte banche. 4. Sì, ho molte giacche. 5. Sì, conosco molti medici italiani. 6. Sì, ho molte maglie bianche. 7. Sì, ho molti vestiti bianchi.

PRACTICE SET 114

1. Il professore ce la insegna. 2. Domani te lo venderò. 3. Fra poco ve le darò. 4. Maria gliene scrive molte. 5. Il dottore gliela scrive.

READING 18

A.

1. Ieri Nadia e Marco sono andati a sciare. 2. Lui è molto bravo (a sciare). 3. Lei sta imparando, però, è sempre stata molto brava a nuotare.
4. Dopo due ore di pratica assieme a Marco, Nadia ha voluto sciare da sola. 5. (Tutto ad un tratto) Nadia è caduta e ha rotto una gamba. 6. Nadia dice che tornerà a sciare tra un anno.

B.

1. Marco va spesso a sciare. 2. Nadia preferisce il nuoto/nuotare. 3. Vuole imparare a sciare.
4. Nadia ha rotto una/la gamba. 5. Nadia è molto coraggiosa. 6. Nadia dice che tornerà a sciare tra un anno.

PRACTICE SET 115

A.

1. Vorrei ancora (della) carne, volentieri.
2. Andrei alla festa, ma è troppo lontano.
3. Verrò anche io, se viene Giovanni; altrimenti non vengo. 4. Preferirei, piuttosto, mangiare (il) pesce. 5. Parlo sempre sinceramente, anche se timidamente. 6. Non sono d'accordo.

B.

1. Davvero?/Veramente? 2. Come mai?
3. Non affatto! 4. Pazienza! 5. Meno male!
6. Magari!

C.

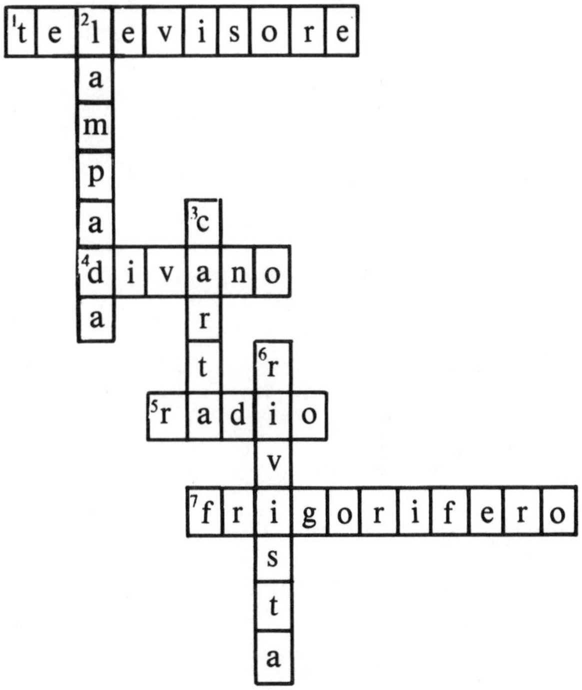

D.

b d g h j n u o t o l o s c i m l m
a v v o c a t o e o p l u t o l p e
p l o i t e r i n g e g n e r e l d
t n n e s s t e n n i s p o r t i i
c a l c k l o o i l o p o l u t e c
c a l c i o m n p u g i l a t o m o

REVIEW SET 3

A.

1. a 2. b 3. a 4. a 5. b 6. b
7. a 8. a 9. a

B.

1. Preferisco il nuoto/nuotare. 2. Ho vinto l'anno scorso. 3. Ho rotto una gamba ieri. 4. Sono forte, gentile, e popolare. 5. Non sono d'accordo. 6. Meno male!

IRREGULAR VERB CHARTS

The irregular forms of the verbs used in this book are listed here. The conjugation follows the normal pattern:

andare: vado (1st person singular), vai (2nd person singular), va (3rd person singular), andiamo (1st person plural), andate (2nd person plural), vanno (3rd person plural)

---

andare *to go*

Present: vado, vai, va, andiamo, andate, vanno
Future: andrò, andrai, andrà, andremo, andrete, andranno
Imperative: —, va', vada, andiamo, andate, vạdano

---

aprire *to open*

Past participle: aperto

---

avere *to have*

Present: ho, hai, hai, abbiamo, avete, hanno
Future: avrò, avrai, avrà, avremo, avrete, avranno
Imperative: —, abbi, abbia, abbiamo, abbiate, ạbbiano

---

bere *to drink*

Present: bevo, bevi, beve, beviamo, bevete, bẹvono
Past participle: bevuto
Imperfect: bevevo, bevevi, beveva, bevevạmo, bevevạte, bevẹvano
Future: berrò, berrai, berrà, berremo, berrete, berranno
Imperative: —, bevi, beva, beviamo, bevete, bẹvano

---

chiedere *to ask*

Past participle: chiesto

---

chiudere *to close*

Past participle: chiuso

---

coprire *to cover*

Past participle: coperto

---

correre *to run*

Past participle: corso

---

dare *to give*

Present: do, dai, dà, diamo, date, danno
Past participle: dato
Imperfect: davo, davi, dava, davạmo, davạte, dạvano
Future: darò, darai, darà, daremo, darete, daranno
Imperative: —, da', dia, diamo, date, dịano

---

dire *to say*

Present: dico, dici, dice, diciamo, dite, dịcono
Past participle: detto
Imperfect: dicevo, dicevi, diceva, dicevamo, dicevate, dicẹvano
Future: dirò, dirai, dirà, diremo, direte, diranno
Imperative: —, di', dica, diciamo, dite, dịcano

---

dovere *to have to*

Present: devo, devi, deve, dobbiamo, dovete, dẹvono
Future: dovrò, dovrai, dovrà, dovremo, dovrete, dovranno

---

essere *to be*

Present: sono, sei, è, siamo, siete, sono
Past participle: stato
Imperfect: ero, eri, era, eravamo, eravate, ẹrano
Future: sarò, sarai, sarà, saremo, sarete, saranno
Imperative: —, sii, sia, siamo, siate, sịano

---

fare *to do/to make*

Present: faccio, fai, fa, facciamo, fate, fanno
Past participle: fatto
Imperfect: facevo, facevi, faceva, facevamo, facevate, facẹvano
Future: farò, farai, farà, faremo, farete, faranno
Imperative: —, fa', faccia, facciamo, fate, fanno

---

leggere *to read*

Past participle: letto

---

mettere *to put*/**mettersi** *to put on*

Past participle: messo

---

offrire *to offer*

Past participle: offerto

---

perdere *to lose*

Past participle: perso

---

piacere *to like* (= to be pleasing to)

Present: piaccio, piaci, piace, piacciamo, piacete, piạcciono

---

potere *to be able to*

Present: posso, puoi, può, possiamo, potete, pọssono
Future: potrò, potrai, potrà, potremo, potrete, potranno

---

prendere *to take*

Past participle: preso

---

rispondere *to answer*

Past participle: risposto

---

salire *to go up*

Present: salgo, sali, sale, saliamo, salite, sạlgono
Imperative: —, sali, salga, saliamo, salite, sạlgano

---

sapere *to know*

Present: so, sai, sa, sappiamo, sapete, sanno
Future: saprò, saprai, saprà, sapremo, saprete, sapranno

---

scrivere *to write*

Past participle: scritto

---

soffrire *to suffer*

Past participle: sofferto

---

stare *to stay*

Present: sto, stai, sta, stiamo, state, stanno
Past participle: stato
Imperfect: stavo, stavi, stava, stavamo, stavate, stạvano
Future: starò, starai, starà, staremo, starete, staranno
Imperative: —, stia, stiamo, state, stịano

---

tenere *to hold/to keep*

Present: tengo, tieni, tiene, teniamo, tenete, tẹngono
Future: terrò, terrai, terrà, terremo, terrete, terranno

---

uscire *to go out*

Present: esco, esci, esce, usciamo, uscite, ẹscono
Imperative: —, esci, esca, usciamo, uscite, ẹscano

---

vedere *to see*

Past participle: visto (also veduto)
Future: vedrò, vedrai, vedrà, vedremo, vedrete, vedranno

---

venire *to come*

Present: vengo, vieni, viene, veniamo, venite, vẹngono
Past participle: venuto
Future: verrò, verrai, verrà, verremo, verrete, verranno
Imperative: —, vieni, venga, veniamo, venite, vẹngano

---

vincere *to win*

Past participle: vinto

---

vivere *to live*

Past participle: vissuto
Future: vivrò, vivrai, vivrà, vivremo, vivrete, vivranno

---

volere *to want to*

Present: voglio, vuoi, vuole, vogliamo, volete, vọgliono
Future: vorrò, vorrai, vorrà, vorremo, vorrete, vorranno

VOCABULARIES

You will find all the words used in this book in the following vocabulary.

Italian–English

- All nouns ending in **-e,** as well as irregular nouns, are marked for gender.
- All **-ire** verbs conjugated with **-isc-** in the present are marked.
- Nonreflexive verbs conjugated with the auxiliary verb **essere** in the past are indicated with **essere** in parentheses.

A

a to, at
abbastanza enough
abitare to live/dwell
accomodarsi to make oneself comfortable; **S'accomodi!:** Make yourself comfortable!
acqua water
acqua minerale mineral water
addormentarsi to fall asleep
adesso now
aereo airplane
affatto at all; **Non affatto**: Not at all!
agenda daily appointment book
agosto August
aiutare to help
alcuni (alcune) some/several
alimentari food store
allacciare to fasten
alla settimana/al mese/all'anno per week/month/year
almeno at least
allora then, therefore
alto tall
altrettanto and to you too
altrimenti otherwise
altro other
alzarsi to get up
amare to love
amica *(f.)* friend
amico *(m.)* friend
americana *(f.)* American
americano *(m.)* American
anche also, too
ancora still, yet, again
andare (essere) to go
(di) andata e ritorno return (ticket)
anno year
annoiarsi to get bored
(in) anticipo ahead of time; **in orario/in ritardo** on time/late
antico ancient

antipasto appetizer
antipatico unpleasant
aperitivo aperitif
aperto open
appena as soons as, just
appartamento apartment
appuntamento appointment, date
aprile April
aprire to open
aranciata orange drink
arancione orange
armadio closet
arrabiarsi to get angry
arredamento furniture/ decoration
arrivare (essere) to arrive
arrivederci/ arrivederLa goodbye
ascensore *(m.)* elevator
asciugamano towel
ascoltare to listen (to)
aspettare to wait for
assegno turistico traveler's check
assistente *(m./f,)* **di volo** flight attendant
atterraggio landing
attraversare to cross
aula classroom
autraliana *(f.)* Australian
australiano *(m.)* Australian
autobus *(m.)* bus
automobile *(f.)* automobile
automobilismo car racing
autunno autumn
avanti come in
avere to have
avvocatessa *(f.)* lawyer
avvocato *(m.)* lawyer
azzurro blue

B

babbo *(fam.)* dad
bagaglio baggage
bagno bath, bathroom
ballare to dance
bambina little girl (child)
bambino little boy (child)
banca bank
banco desk
barista *(m./f.)* bartender
basso short
Basta! That's enough!
bello beautiful, handsome
bene well
bere to drink
bianco white
bicchiere *(m.)* drinking glass
biglietto ticket; **fare il biglietto** to buy a ticket
biondo blond
birra beer
biscotto biscuit, cookie
bisogno need; **avere bisogno di** to need
blu dark blue
bocca mouth
borsa purse
bottiglia bottle
braccio arm
brioche *(f.)* sweet pastry
bruno brown-haired
brutto ugly
buonanotte good night
buon appetito literally, (have a) good appetite
buonasera good evening/ afternoon/hello/goodbye
buongiorno good day/good morning/hello/goodbye
buono good

C

caffè *(m.)* coffee
calcio soccer
caldo hot, warm
calendario calendar
calza stocking
calzino sock
cambiare to change, to exchange
camera bedroom
cameriera waitress
cameriere waiter
camicetta blouse
camicia shirt
camminare to walk
campagna country(side); **in campagna** in the country
canadese *(m./f.)* Canadian
cancellino eraser
cantare to sing
capelli hair
capire (isc) to understand
cappello hat
cappotto coat
cappuccino strong coffee served with steamed milk
caramella candy
carne *(f.)* meat
caro dear, expensive
carota carrot
carta paper; **carta d'imbarco** boarding pass
cartoleria card shop
casa house, home; **a casa** in the home, at home
cattivo bad
causa cause
celeste light blue
cenare to dine, to have supper
centrale central
centro center; **in centro** downtown
cercare to search/look (for)
certamente (also **certo**) certainly; **È certo che** It's certain that
che what, that/which/who
chi who
chiamarsi to call oneself, to be named; **Come si chiama?** What is your name?
chiaro clear, light
chiave *(f.)* key
chiedere to ask
chiudere to close
chiuso closed
ciao hi, bye
ciclismo bike riding/racing
cinema *(m.)* movie theater, movies
cintura belt
cintura di sicurezza safety belt
cioccolatino piece of chocolate
città *(f.)* city; **in città** in the city
classe *(f.)* class (of students)
cliente *(m./f.)* customer
cognata sister-in-law
cognato brother-in-law
cognome *(m.)* surname
colazione *(f.)* breakfast
collo neck
colpire (isc) to hit, to strike
coltello knife
comandante *(m.)* airline captain
come how, as; **Come mai?**: How come?
cominciare to begin/start
commessa *(f.)* clerk
commesso *(m.)* clerk
comodino drawer
compagna companion/friend *(f.)*
compagno companion/friend *(m.)*
compilare to fill out
complicato complicated
complicazione *(f.)* complication
comportarsi to behave
comprare to buy
con with
conoscere to know someone/ something
contanti cash
continuare to continue
conto bill, account
contorni side dishes/servings
coprire to cover
corpo body
correre to run
corretto correct
corridoio corridor
corto short
corso avenue, course
così so, thus, as
costare to cost
costruire (isc) to build, to construct
cravatta tie
credere to believe
cucchiaio spoon
cucina kitchen
cugina *(f.)* cousin
cugino *(m.)* cousin
cui which who(m)

D

da from, since, to, at
d'accordo I agree; **Non sono d'accordo** I don't agree
dare to give
data date
davanti in front
davvero really
decollo take-off
denaro money

dente *(m.)* tooth
dentro within, inside
desiderare to want/wish/desire
dessert *(m.)* dessert
(a) destra (to the) right
di of
dicembre December
dietro behind
difficile difficult
di fronte in front of
dimenticare to forget
dire to say
diritto straight (ahead)
dispiacere to be sorry; **Mi dispiace** I'm sorry
dito finger
divano sofa
divertirsi to enjoy oneself
dọllaro dollar
dolore *(m.)* pain
domani tomorrow; **A domani** See you tomorrow
domẹnica Sunday
domandare to ask
donna woman
dopo (che) after
dopodomani the day after tomorrow
dormire to sleep
dottore *(m.)* doctor
dottoressa *(f.)* doctor
dove where
dovere to have to
durante during

E

e and
eccellente excellent
ecco here/there is
economico cheap, economical
edicola newsstand
elegante elegant
elettrodomestico appliance
entrare (essere) to enter
entrata entrance
errore *(m.)* error
esame *(m.)* exam
esercizio exercise
essere (essere) to be
est east; **a est** to the east
estate *(f.)* summer

F

faccia face
facile easy
fagiolino string bean
fame *(f.)* hunger
famiglia family
fare to do, to make; **fa caldo/freddo**/etc. it's warm/cold/etc.
fare male a to hurt
fare la spesa to shop for food
fare spese to shop
fare lo stesso to be just the same
farmacia pharmacy
fazzoletto handkerchief
febbraio February
febbre *(f.)* fever
felice happy
fermarsi to stop
festa party
figlia daughter
figlio son
finestra window
finestrino window of a vehicle
finire (isc) to finish
forchetta fork
forse maybe
forte strong
fotografia photograph
fra (*also* **tra**) between, among, in
francese *(m./f.)* French
fratello brother
freddo cold
fretta hurry
francobollo stamp
frigorifero refrigerator
frutta fruit
fumatore *(m.)* smoker
fumetti comics
fuori outside

G

gamba leg
gatto cat
gelato ice cream
generoso generous
gennaio January
gentile gentle, kind
gesso chalk
già already
giacca jacket
giallo yellow
ginocchio knee
giocare to play (a sport/game/etc.)
gioielleria jewelry shop
giornale *(m.)* newspaper
giorno day
giovane young, youth; **da giovane** as a youth
giovedì Thursday
girare to turn
giù down
giugno June
giusto right, correct
gola throat
gomito elbow
gonna skirt
grande big, large
grasso fat
grazie thank you
grigio gray
guanto glove
guardare to watch, to look at
guidare to drive

I

ieri yesterday; **ieri l'altro** the other day
imparare to learn
impermeabile *(m.)* raincoat
impiegata *(f.)* employee
impiegato *(m.)* employee
importa/Non importa It doesn't matter
in in, to, at
indietro back(ward)
indirizzo address
inelegante inelegant
infermiera *(f.)* nurse
infermiere *(m.)* nurse
influenza flu
ingegnere *(m./f.)* engineer
inglese *(m./f.)* English
insegnante *(m./f.)* teacher
insegnare to teach
insieme together
intelligente intelligent
interessante interesting
interruttore *(m.)* switch
invece instead
inverno winter
invitare to invite
isolato block
italiana *(f.)* Italian
italiano *(m.)* Italian

L

là there
labbro lip
lampada lamp
lampeggiare lightning
lasciare to leave (behind)
latte *(m.)* milk
lavagna blackboard
lavare to wash
lavarsi to wash oneself
lavorare to work
lavoro work
leggere to read
lettera letter
lezione *(f.)* lesson
lì there
libreria bookstore
libretto account book
libro book
lieto delighted
limonata lemonade
lingua language, tongue
lira unit of Italian money
lontano far
luglio July
lunedì Monday
lungo long

M

ma but
Macchè No way
macchiato coffee with a touch of milk
macchina car
madre *(f.)* mother
Magari! I wish!
magazzino department store
maggio May
maglia sweater
magro skinny, thin
mai never, ever
malattia sickness
mal di suffer from
male bad(ly)
maleducato rude
Mamma mia! Mother of mine!
mangiare to eat
mano *(f.)* hand (*pl.* **le mani**)

marito husband
marrone brown
martedì Tuesday
marzo March
matita pencil
mattina (*also* **mattino**) morning
Ma va! No way!
medico doctor
meglio better
melone *(m.)* cantaloupe
meno less
Meno male! Thank goodness!
mentre while
mercoledì Wednesday
meridionale southern
mese *(m.)* month
mestiere *(m.)* job
mettere to put
mettersi to put on
mezzanotte *(f.)* midnight
mezzo half
mezzogiorno noon
migliore better
minuto minute
mite mild
mobilia furniture
moderno modern
modulo form, slip; **modulo di prelevamento** withdrawal; **modulo di versamento** deposit
moglie *(f.)* wife
molto much, a lot, very
muro wall

N

naso nose
naturalmente naturally
nè . . . nè neither . . . nor
neanche not even
nebbia fog
negozio store
nero black
nessuno no one; **non . . . nessuno** not . . . any
neve *(f.)* snow
nevicare to snow
niente nothing
noisoso boring
nome *(m.)* name
nonna grandmother
nonno grandfather
nord north; **a nord** to the north
normale normal
notte *(f.)* night
novembre November
nulla nothing
nuotare to swim
nuoto swimming
nuovo new
nuvoloso cloudy

O

o or, either
occhio eye
occidentale western
offrire to offer
oggi today
ogni each, every
ora hour, time, now
orecchio ear
oreficeria watch/jewelry shop
orientale eastern
orologio watch, clock
ottimo excellent
ottobre October
ovest west; **a ovest** to the west
ovvio obvious

P

padre *(m.)* father
pagare to pay
pallacanestro *(f.)* basketball
pane *(m.)* bread
panino bun, roll
pantaloni pants
parecchio several
parete *(f.)* partition/wall
parlare to speak
partire to leave/depart
pasta pastry
patata potato
pattinaggio skating
pattinare to skate
paura fear
pausa pause
pavimento floor
pazienza patience
Peccato! Pity!/Too bad!
peggio worse
peggiore worse
penna pen
pensare to think
per for, through, in order to
perché why, because
perdere to lose
per favore please
periferia suburbs; **in periferia** in the suburbs
Permesso Excuse me
permettere to permit, to allow
però however, but
pesce *(m.)* fish
pettine *(m.)* comb
piacere *(m.)* to like; a pleasure
piano level (floor)
piatto plate, dish
piccolo small
piede *(m.)* foot; **a piedi** on foot
pioggia rain
pigro lazy
piovere to rain
più more
piuttosto rather
pizza pizza
poco a little, few
poi then
polmonite *(f.)* pneumonia
poltrona armchair
pomeriggio afternoon
popolare popular
porta door
portafoglio wallet
portare to bring
posto place
potere to be able to
povero poor
pranzare to have lunch
praticare to play at a sport
preciso precise
preferire (isc) to prefer
prego you're welcome, please
prelevare to withdraw (money)
prendere to take
prenotazione *(f.)* reservation
preoccuparsi to worry
presentare to introduce, to present
presto soon, early; **a presto** see you soon
previsto expected
prezzo price
prima before
primavera spring
problema *(m.)* problem
programma *(m.)* program
pronto hello (on the phone)
proprio really
prosciutto ham
prossimo next
professore *(m.)* professor
professoressa *(f.)* professor
pugilato boxing
pulire (isc) to clean
pulirsi to clean oneself
(in) punto on the dot
purtroppo unfortunately

Q

quaderno workbook
qualche some
qualcosa something
quale which
quando when
quanto how (much)
quarto quarter
quasi almost
qui here
quindi therefore

R

radio *(f.)* radio
raffreddore *(m.)* (a) cold
ragazza girl
ragazzo boy
ragione *(f.)* reason
ravioli ravioli
regolare regular
ricco rich
ricevere to receive
ripetere to repeat
rispondere to answer
ristorante *(m.)* restaurant
ristretto strong coffee
rosa pink
rivista magazine
romanzo novel
rosso red

S

sabato Saturday
sala da pranzo dining room
(in) saldo on sale
salire (essere) to go up

salotto living room
salute bless you/cheers
salve hi
sapere to know (how to do something)
sbagliato mistaken
sbaglio mistake
scaffale *(m.)* bookshelf
scala staircase
scarpa shoe
scena scene
scendere to go down
schiena back (of the body)
sci skiing
sciare to ski
sciarpa scarf
scompartimento compartment/section
scorso last; **l'anno scorso** last year
scrivania writing desk
scrivere to write
scuola school
scuro dark
scusa (*pol.* **scusi** excuse me)
se if; **anche se** even if
sedia chair
segretaria *(f.)* secretary
segretario *(m.)* secretary
segreteria secretarial office
semaforo traffic lights
semplice simple
sempre always
sentire to hear
sentirsi to feel
senz'altro without a doubt
sera evening
sereno calm
serio serious; **Dico sul serio** I'm serious
servire to serve
sete *(f.)* thirst
settembre September
settimana week
settentrionale northern
sia . . . che both . . . and
sicuro sure
signora Mrs./lady
signore Mr./Sir/gentleman
signorina Miss/Ms./young lady
simpatico nice
sincero sincere
sinistra left; **a sinistra** to the left
soffitto ceiling
soffrire to suffer
soldi money
sole *(m.)* sun
solito/di solito usually
solo only (also **solamente/soltanto**); **non solo . . . ma anche** not only . . . but also
sonno sleep
sopra above
sorella sister
sotto below, under
spagnola *(f.)* Spanish
spagnolo *(m.)* Spanish
sparire (isc) to disappear
specchio mirror
spendere to spend (money)
sperare to hope
spesso often
sport sport
sposarsi to get married
sposato married
spumante *(m.)* sparkling wine
squisito delicious
stagione *(f.)* season
stamani this morning
stanza room
stare (essere) to stay
stasera this evening
stesso same
stomaco stomach
strada street, road
studente *(m.)* student
studentessa *(f.)* student
studiare to study
studio study, professional office
stupido stupid
su on, up
subito right away
sud south; **a sud** to the south
suonare to play (an instrument)
svegliarsi to wake up

T

tabaccheria smoke shop
tanto much, a lot, very
tardi late
tavola eating table
tavolo table (in general)
tazza cup
tè tea
tedesca *(f.)* German
tedesco *(m.)* German
telefonare to phone
televisore *(m.)* television set
tempo time/weather
tenere to hold, to keep
tennis *(m.)* tennis
terrazza balcony, terrace
testa head
tetto roof
timido shy
tornare (essere) to return, to come back
torta cake
torto wrong
tosse *(f.)* cough
tovagliolo napkin
tramezzino sandwich
treno train
triste sad
troppo too (much)
trovare to find
tuonare to thunder
tutto all, everyone

U

ufficio office
ultimo last
umano human
unghia fingernail
uscire (essere) to go out
uomo man (*pl.* **gli uomini**)
uscita exit

V

va bene o.k.
valigia suitcase
variabile variable
vecchio old
vedere to see
vendere to sell
venerdì Friday
venire (essere) to come
vento wind
vero true
verde green
versare to deposit (money)
verso toward
vestiario clothing
vestirsi to dress oneself
vestito dress, suit
vicino near
vino wine
via street
viale *(m.)* larger street
vincere to win
viola purple, violet
vivere to live
volentieri gladly
volere to want to
volta time (occurrence)

Z

zabaione *(m.)* type of (egg) drink
zaino knapsack, bag
zero zero
zia aunt
zio uncle
zitto quiet
zucchero sugar

English–Italian

In this vocabulary you will find only the most frequently used words and expressions.

A

(to be) able to potere
address indirizzo
after dopo
afternoon pomeriggio
(to be) afraid avere paura
again ancora
airplane aereo
airport aeroporto
all tutto
already già
also anche
always sempre
American americano/americana
and e
answer rispondere
appetizer antipasto
appointment appuntamento
April aprile
arm braccio
arrive arrivare
ask chiedere
at least almeno
August agosto
aunt zia
automobile automobile *(f.)*
autumn autunno

B

bank banca
be essere, stare
Be quiet! Zitto!
beautiful bello
because perché
(to) become angry arrabbiarsi
bedroom camera
beer birra
begin (in)cominciare
believe credere
belt cintura
bicycling ciclismo
big grande
bill conto
biscuit biscotto
block (street) isolato
blond biondo
blouse camicetta
blue azzurro
boarding pass carta d'imbarco
body corpo
bottle bottiglia
boy ragazzo
bread pane *(m.)*
brother fratello
bus autobus
but ma, però
buy comprare

C

cake torta
calendar calendario
call chiamare
candy caramella
captain comandante
car macchina
cash in contanti
change cambiare
cheap economico
child bambino/bambina
city città
clean pulire; to **clean oneself** pulirsi
clerk commesso
clock orologio
coffee caffè *(m.)*
cold raffreddore *(m.)*; **cold** avere freddo
comb pettine *(m.)*
come venire
compartment scompartimento
cough tosse *(f.)*
cousin cugino

D

dad papà, babbo
dance ballare
daughter figlia
day giorno
December dicembre
delicious squisito
deposit slip modulo di versamento
desire desiderare
dinner cena
do/make fare
doctor dottore/medico
dollar dollaro
door porta
dress/suit vestito
dress vestirsi
drink bere
drive guidare
during durante

E

each/every ogni
ear orecchio
east est
elegant elegante
English inglese *(m./f.)*
enough abbastanza
enter entrare
error errore *(m.)*
evening sera
ever/never mai
excuse me scusi *(pol.)*/scusa *(fam.)*
eye occhio

F

face faccia
fall cadere
family famiglia
far lontano
father padre
February febbraio
feel sentirsi
fever febbre *(f.)*
fill out compilare
find trovare
finger dito
finish finire
first primo; **at first** prima
fish pesce *(m.)*
for per
fork forchetta
French francese *(m./f.)*
from da
fruit frutta

G

generous generoso
gentle/kind gentile
German tedesco
get up alzarsi
girl ragazza
give dare
gladly volentieri
glass (drinking) bicchiere *(m.)*
glove guanto
go andare
good buono, bravo
good afternoon buonasera
goodbye arrivederci *(fam.)*/arrivederLa *(pol.)*
good evening buonasera
good morning buongiorno
good night buonanotte
go out uscire
grandfather nonno
grandmother nonna
gray grigio

H

hair capelli
ham prosciutto
hand mano *(f.)* *(pl.* le mani)
handkerchief fazzoletto
hat cappello
have avere
have to dovere
head testa
hear sentire
help aiutare
here qui
(to) hold/keep tenere
hour ora
house casa
how come
how much quanto
however però
(to be) hungry avere fame
(to be in a) hurry avere fretta
husband marito

I

ice cream gelato
impossible impossibile
in in
instead invece
intelligent intelligente
Italian italiano

J

jacket giacca
January gennaio
July luglio
June giugno

K

key chiave *(f.)*
knife coltello
know sapere, conoscere

L

last ultimo
leave partire
left sinistra; **to the left** a sinistra
leg gamba
letter lettera
like piacere
little piccolo
(a) little poco
live vivere, abitare
look at guardare
look for cercare
lunch pranzo

M

magazine rivista
man uomo (*pl.* gli uomini)
March marzo
May maggio
maybe forse
meat carne *(f.)*
midnight mezzanotte *(f.)*
milk latte *(m.)*
minus/less meno
mistake sbaglio
Monday lunedì
money denaro/soldi
month mese *(m.)*
more più
morning mattina/mattino
mother madre *(f.)*
mouth bocca
movie theater/movies cinema *(m.)*
much/very molto, tanto

N

name nome; **to be named** chiamarsi
near vicino
neck collo
need avere bisogno di
new nuovo
newspaper giornale
next prossimo
nice simpatico
night notte *(f.)*
noon mezzogiorno
no one nessuno
north nord
nose naso
not even neanche
nothing niente/nulla
November novembre
now adesso/ora

O

October ottobre
of di
often spesso
okay va bene
old vecchio
on su
on foot a piedi
only solo/solamente/soltanto
open aperto
open aprire
or o
other altro
otherwise altrimenti
outside fuori

P

pain dolore *(m.)*
pants pantaloni
paper carta
pastry pasta
patience pazienza
pay pagare
pen penna
pencil matita
pharmacy farmacia
phone telefonare
pink rosa
place posto
play giocare, suonare
plate/dish piatto
please per favore
poor povero
prefer preferire
price prezzo
purse borsa
put mettere

R

radio radio
raincoat impermeabile *(m.)*
really davvero, proprio
receive ricevere
red rosso
restaurant ristorante *(m.)*
return tornare
rich ricco
right destra; **to the right** a destra
road strada
room stanza
rude maleducato

S

same lo stesso
say dire
scarf sciarpa
season stagione *(f.)*
see vedere
sell vendere
September settembre
shirt camicia
shoe scarpa
shop fare delle spese
short basso
sing cantare
sister sorella
skirt gonna
sleep dormire
small piccolo
so così
soccer calcio
something qualcosa
son figlio
south sud
Spanish spagnolo
speak parlare
spoon cucchiaio
spring primavera
stamp francobollo
stay stare
store negozio
street via
sugar zucchero
suitcase valigia
summer estate *(f.)*
sun sole *(m.)*
Sunday domenica
sure sicuro
sweater maglia
swim nuotare
swimming nuoto

T

table tavola, tavolo
take prendere
tall alto
tea tè
thank you grazie
then poi, allora
there lì/là
think pensare
(to be) thirsty avere sete
Thursday giovedì
ticket biglietto
tie cravatta
to a, in
today oggi
together insieme
tomorrow domani
tonight stasera
too (much) troppo
tooth dente *(m.)*
toward verso
traffic lights semaforo
train treno
Tuesday martedì

U

ugly brutto
uncle zio
under sotto
understand capire
unfortunately purtroppo
usually di solito

W

wait (for) aspettare
waiter cameriere
waitress cameriera

walk camminare
want volere
wash lavare; **to wash oneself** lavarsi
watch orologio
water acqua
weather tempo
Wednesday mercoledì
week settimana
well bene
west ovest
what che
when quando
where dove
which quale
while mentre
white bianco
who chi
why perché
wife moglie *(f.)*
window finestra, finestrino
wine vino
winter inverno
with con
woman donna
write scrivere
(to be) wrong avere torto

Y

year anno
yellow giallo
yes sì
yesterday ieri
young giovane
you're welcome prego

NOTES

NOTES

NOTES

NOTES

NOTES

NOTES